CONSTELLATIONS
星宿海

西奥多·罗斯福 西部狂野时代

Forging a President

HOW THE WILD WEST CREATED TEDDY ROOSEVELT

[美] 威廉·黑泽尔格鲁夫 | 著 朱林勇 | 译

北京航空航天大学出版社
BEIHANG UNIVERSITY PRESS

图书在版编目（CIP）数据

西奥多·罗斯福：西部狂野时代 /（美）威廉·黑泽尔格鲁夫著；朱林勇译. -- 北京：北京航空航天大学出版社，2020.6

书名原文：Forging a Presient

ISBN 978-7-5124-3061-7

Ⅰ. ①西… Ⅱ. ①威… ②朱… Ⅲ. ①罗斯福（Roosevelt Franklin Delano 1882–1945）—传记 Ⅳ. ① K837.127=5

中国版本图书馆 CIP 数据核字（2020）第 042099 号

西奥多·罗斯福：西部狂野时代

出版统筹： 邓永标
责任编辑： 曲建文
责任印制： 秦 赟
出版发行： 北京航空航天大学出版社
地　　址： 北京市海淀区学院路 37 号（100191）
电　　话： 010-82317023（编辑部）010-82317024（发行部）010-82316936（邮购部）
网　　址： http: //www.buaapress.com.cn
读者信箱： bhxszx@163.com
印　　刷： 天津画中画印刷有限公司
开　　本： 880mm × 1230mm 1/32
印　　张： 10
字　　数： 216 千字
版　　次： 2020 年 6 月第 1 版
印　　次： 2020 年 6 月第 1 次印刷
定　　价： 58.00 元

如有印刷质量问题，请与本社发行部联系调换
联系电话：（010）82317024

西奥多·罗斯福（Theodore Roosevelt，1858—1919），又译狄奥多·罗斯福，人称老罗斯福，昵称泰迪（Teddy），美国军事家、政治家、外交家，第26任美国总统。曾任美国海军部副部长，参与美西战争，在古巴的圣地亚哥战役中战功卓著，获得圣胡安山英雄称号。1900年当选副总统，1901年总统威廉·麦金莱被无政府主义者刺杀身亡，他继任总统，时年42岁，是美国历史上最年轻的总统。

罗斯福进入白宫后仍本色不改。他喜欢带着朋友甚至内阁官员进行野外徒步，在白宫里练拳击，跟孩子打闹，高声朗读，等等。1908年的一次拳击练习使其左眼永久失明。他精力充沛，对许多事务有狂热的兴趣，以至某国大使说，“记住，总统就像6岁小儿”。

在总统任期内，他的主要贡献是建立资源保护政策，保护了森林、矿物、石油等资源；建立公平交易法案，推动劳工与资本家和解。对外奉行门罗主义，实行扩张政策，建设强大军队，干涉美洲事务。因成功地调停了日俄战争，获得1906年的诺贝尔和平奖——是第一个获得此奖项的美国人。他的独特个性和改革主义政策，使他成为美国历史上最伟大的总统之一，被美国的权威期刊《大西洋月刊》评为影响美国的100位人物中的第15名。

1908年卸任后，因与共和党有分歧而脱党，代表进步党参选总统，试图东山再起，但败于美国民主党候选人伍德罗·威尔逊，从此退出政坛。

他的远房侄子富兰克林·罗斯福日后也当选为美国总统，故在中文环境里常称富兰克林·罗斯福为“小罗斯福”。

罗斯福在总统任内开创了诸多先例。1901年首次邀请一位黑人（Booker T. Washington）在白宫共进晚餐；Oscar S. Straus成为第一个被任命为内阁部长的犹太人；麦金莱遇刺后，罗斯福成为第一位接受特勤部门全天候保护的总统；他是第一位在总统官方肖像上打领带的，自此成为美国总统肖像的着装惯例；他是第一个从副总统继位总统，并于下次大选中获胜连任者。1906年，他获得诺贝尔和平奖，同年视察巴拿马运河区，开创现任总统出国访问的先例。

罗斯福的女儿爱丽丝（Alice Roosevelt Longworth）是一位个性鲜明、颇受非议的人物。朋友们有时劝他管束自己的女儿，他却说：“我可以当美国总统，也可以管好爱丽丝，但实在无法同时做两件事。”有其父必有其女，爱丽丝形容她老爹爱出风头，“恨不得在每一场婚礼上做新郎、每一场葬礼上做尸首”。

目 录
Contents

绪　言

西奥多·罗斯福用“浪漫时光”来描述自己和美国西部荒野的关系。这段经历从1883年持续到1887年。[①] 他出版了七部与美国西部荒野有关的书，再后来，作为总统，考虑到美国人民的长远利益，他还将数百万公顷的西部土地划为保护区。

泰迪·罗斯福“精力充沛、喜欢折腾”的个性，深深植根于他在西部荒野度过的那段生活。

早在1803—1805年间就有探险者绘制出美国西北地区的地图，但是，一直到第三条跨洲铁路——北太平洋铁路建成，美国人才终于能够一边享受舒适旅程，一边翻阅描写基特·卡尔森（Kit Carson）和吉姆·卜瑞杰（Jim Bridger）等西部探险家的廉价小说。

这条铁路使得像泰迪·罗斯福这样的纽约客也有机会去恶土（Badlands）这样的大荒原上。今天被称为恶土荒原国家公园（Badlands National Park）、位于美国南达科他州西南的这片土地，大约于6亿年前在地球表面形成，跟大峡谷有着相似的地形地貌。

---

① 埃德蒙德·莫里斯:《西奥多·罗斯福的崛起》，纽约：兰登书屋，1979年，第466页。

的确，如果没有西部荒野，就没有今天的美国。西部荒野为“美国雄心”——后来又称“天定命运”，赋予了重要的内涵。有很多美国年轻人受到“去西部吧，年轻人”这个口号的诱惑，义无反顾地踏上那片他们还一无所知的狂野之地。

当时的美国政府根本没有足够人力来控制由于托马斯·杰斐逊主导的“路易斯安那购地案”（Louisiana Purchase）而新增的大片国土。从那时起，美国人就痴迷于探索未知的领域。比如，在一部名为《荒野》（*Wild*）的电影中，女主角在自己的人生变得支离破碎之后，决定徒步走完那条贯穿美国西部荒野，途经加利福尼亚州、俄勒冈州和华盛顿州，全长4286千米的“太平洋屋脊步道”。一年以后，她已重拾生活的信心，变成全然不同的一个人。这就是西部荒野所能赐予美国人民的——从头再来、重塑自我的一个机遇。现在如此，在19世纪尤其如此。

一说到西奥多·罗斯福这个名字，美国人就会想起最终变成非凡个性的那个形象：这是一位身材魁梧、喜欢磕牙、挥舞大棒、大摇大摆、热衷于鼓吹领土扩张论的牛仔，他生动诠释了20世纪初那个活力充沛的美国。

活力充沛正是西奥多·罗斯福所遵循的人生信条，在他心目中，牛仔就是秉持这种人生信条的典范。由于西奥多·罗斯福的推崇，牛仔思想给美国文化打上了一道深深的烙印。

“危险与苦难、仅仅被数周时间的野蛮放纵所打断的长年累月的劳累，使他们变得面容憔悴，却无法黯淡他们毫不在乎的眼神，更不能摧毁他们自信满满、桀骜不驯的气质。”他后来在书中这样写道，把牛仔上升为他心目中理想化的、北美大平原居民的形象，带着些许德国哲学家弗里德里希·威廉·尼采笔下人物的气息。[①]

美国哥伦比亚大学历史学教授埃里克·方纳（Eric Foner）这样描述美国牛仔的持久神话："斗志昂扬、精力充沛，过着纵马驰骋、出生入死的危险生活的那个形象，具有一种持久的魅力。驱赶着一两千头牛，跋涉数百英里，去到市集；不畏惧电闪雷鸣、暴风骤雨、旱灾侵袭、牛群惊逃、蛇蝎当道和蟊贼威胁；以马车为家，以狗为伴，披星戴月，风餐露宿——牛仔占据了美国民间英雄谱的最重要位置。"[②]

当然，西奥多·罗斯福自己跟他心目中的牛仔形象相去甚远。他经常挂在嘴边的一句话是："一旦牛仔掌握了套索和骑马的技艺，他同样看重的另一项成就便是枪法了。"[③]

即便在西部生活了几年，罗斯福并未熟练掌握套索技艺，尽管有一次在从河里救起一位英国人时，他展现出惊人的套索技巧。

他的眼睛近视，因此没有成为神枪手，尽管有一次开枪射中了灰熊两眼之间的位置。

真相是这样的：依靠顽强的毅力，西奥多·罗斯福彻底改变自己，成为一名牛仔。初到西部荒野时，他还是一个受哮喘

① 西奥多·罗斯福：《牧场生活与狩猎之道》，纽约：百年出版公司，1899年，第3页。

② 艾瑞克·弗纳尔、约翰·A. 加拉提编：《美国历史阅读指南》，纽约：霍顿·米夫林·哈考特出版公司，1991年，在"牛仔"词条下。

③ 艾瑞克·弗纳尔、约翰·A. 加拉提编：《美国历史阅读指南》，纽约：霍顿·米夫林·哈考特出版公司，1991年，第6页。

折磨、面色苍白、身体孱弱的年轻人。年幼时，他父亲不得不用婴儿车推着他快跑，以便让他的肺吸到更多新鲜空气。

很多人担心西奥多·罗斯福会夭折，但他还是活下来了。1884年，西奥多·罗斯福成为共和党全国代表大会的一名总代表，他是一位政治影响力不断攀升的进步改革派新星。同年，他的妻子和母亲不幸相继去世，仅仅相隔12个小时。

他的生命之光一下子变得黯淡。四个月之后，经历过一场痛彻骨髓的政治生涯的挫败，罗斯福远走西部荒野，没告诉任何人归期。

1890年，美国人口普查局负责人弗里德里克·杰克逊·特纳宣布，美国的疆界最终封闭。

他确认了这个消息，并宣称，开疆拓土的历程塑造了美利坚民族的性格；它给予拓荒者们“一片崭新的机遇之地，一扇逃离历史束缚的大门”[①]。

泰迪·罗斯福去的是达科他的恶土地区，这里位于狂野西部的边缘。

这位戴着厚厚近视眼镜、小心翼翼从停靠在小密苏里火车站的列车上走下来的哮喘患者，和几年之后重返政坛、健硕高大、霸气侧漏的那个人完全不同。经过这番历练，他成为人们熟知的泰迪·罗斯福。

西部荒野重塑了西奥多·罗斯福，正如它重塑了美国。这一片无法律约束、无宗教信仰的荒原，为人们提供了无限自

---

① 弗里德里克·杰克逊·特纳：《美国历史上的边疆》，纽约：亨利·霍尔特出版公司，1921年，第38页。

由——就看你有没有胆量来取。

罗斯福后来写道："从事牛仔的工作，不需要特别的才能和特殊的训练。然而，来自东部的年轻人必须在尝试之前先考虑清楚：在辽阔的西部荒野上，为生存而奋斗的过程是异常艰苦的；性格不强悍、体格不健壮的人，是活不下来的……"[①]

牛仔生活对年轻的罗斯福有着强大的吸引力。他在恶土地区的各种情势下，经受住了严寒与酷热的考验，并发现了美国文化的精髓。就在此地，美国的性格展现给了罗斯福，而他自己则变成这种性格的化身。

西部荒野交付给这位体重125磅的男人，这位都市"公子哥"，一场精彩的历险：他遇到各种各样的危险对手——枪手、灰熊、小偷、盗马贼、厚颜无耻的农庄主、心狠手辣的亡命之徒，以及充满敌意的印第安人。

他曾经被马掀翻在地，摔断一根肋骨，一边肩膀脱臼，差点气绝身亡；不止一次在天气恶劣的荒野中迷路，几乎冻死——与此同时，他还得跟哮喘的老毛病较劲，不顾医生让他避免刺激虚弱的心脏，应该像隐士那样安安静静生活的告诫。

为了从同一天丧母丧妻的双重打击中振作起来，为了重新寻到自己的人生方向，西奥多·罗斯福不惜把自己逼到让虚弱的心脏要么强壮起来，要么永远停跳的极端境地。而西部荒野就是这场殊死搏斗的舞台。

---

① 西奥多·罗斯福：《牧场生活与狩猎之道》，纽约：百年出版公司，1899年，第7页。

序幕：这头雄麋（1912年）

泰迪·罗斯福在密尔沃基市的吉尔帕特里克酒店用完餐，径直走向轿车——他要去密尔沃基会堂发表一场演说。

1912年的总统选战，由于罗斯福脱离共和党、组建“雄麋党”（进步党）而变得异常激烈。

罗斯福自认为有把握战胜现任总统威廉·霍华德·塔夫脱和民主党候选人、普林斯顿大学原校长伍德罗·威尔逊。他陶醉于四处发表演说，攻击塔夫脱总统能力平庸，嘲讽威尔逊书生气十足、有着“药剂师”的气质。

罗斯福打算发表一篇振奋人心的演说。他把五十多页的讲稿折叠了两次，揣进上衣口袋内侧，跟铁皮眼镜盒挤在一起。

而此时，精神病患者、曾经的纽约酒馆老板约翰·施兰克正设法靠近他。施兰克相信，已去世的威廉·麦金莱总统多次给他托梦，告诉他：谁也不能（违背宪法）连续三次担任总统。

施兰克购买了一把价值14美元、口径0.38英寸的柯尔特转轮手枪以及价值55美分的弹药。自已故总统麦金莱在棺材里坐起来跟他说“给我报仇”，施兰克就从新奥尔良、亚特兰大、查尔斯顿、田纳西，再到密尔沃基，一路尾随着西奥多·罗斯福。

寻找机会刺杀罗斯福的施兰克为打发时间，此前还去了当地酒吧喝啤酒，抽“头奖牌”雪茄。

终于，他的机会来了。罗斯福刚从酒店出来，坐上一辆敞篷车。

他起身向人群挥手时，施兰克逼近，举起手枪，扣动了扳机。子弹穿透罗斯福口袋里的演讲稿和眼镜盒，射入胸膛。罗斯福一下子跌坐在车里。

子弹从右侧射入，留在肋骨之间。这位前总统迅速掏出手帕抹了一下嘴，看看有没有血，以判断自己是否肺部受伤。他随即宣布，不用去医院，按计划发表演说。

私人医生坚持要罗斯福去医院接受救治，但他根本听不进去。“你要帮我完成这次演说。这或许是我最后的一次，我绝不会放弃！”

西奥多·罗斯福到密尔沃基会堂发表了一篇时长九十多分钟的演说。尽管内衣渗满鲜血，罗斯福还是对听众吼出了那句名言：“子弹的威力不够，杀不死这头雄麋！”[①]

听众欢欣鼓舞。罗斯福去了医院，医生们诊断后决定，让那颗子弹留在胸口里。罗斯福给妻子伊迪丝发电报说，伤势还不如以前从马背上摔下来那么严重。

罗斯福又坐火车去芝加哥的一家医院。他换上干净衣服，

① 坎迪斯·米勒德：《怀疑之河》，纽约：安科尔图书公司，2005 年，第 420 页。

然后要来热毛巾准备剃胡须。他一边剃着胡须，一边哼小曲儿，完事以后，爬上卧铺，倒头便睡，活像一个无忧无虑的孩子。

罗斯福遭遇近距离枪击后，还发表了长达一个半小时的演说，这一举动让媒体和公众十分惊讶。而实际上，这正是他们心目中的泰迪·罗斯福形象。

那位病病恹恹、被哮喘折磨的纽约曼哈顿富人之子，诞生于美国东部；而这头忍着子弹射入胸膛的痛楚，发表了冗长演说的雄麋，却诞生在美国西部。

第 1 章　达科他的恶土荒原（1885 年）

为了找寻一匹丢失的马儿，西奥多 · 罗斯福一不小心走得太远。在保留着原始地貌的“恶土”荒原上骑行非常吃力，他不得不频繁地停下来歇口气儿。

据说，居住在这里的印第安人会经常袭击来自达科他地方的小密苏里镇的白人。更可怕的传言说，为了避免被抓捕后遭受难以忍受的凌辱，白人不得不随身携带蛇毒，以便在不幸被捕时自杀以求解脱。

1885 年，西奥多 · 罗斯福骑着矮种马，背着温彻斯特杠杆步枪，踏上了这片恶土。他认为自己已经是一名牛仔，但在周围人眼里，他不过是一位戴着厚厚的近视眼镜、身型瘦削、时常因哮喘而咳嗽、来自纽约的公子哥。

达科他的这片“如炼狱般”的恶土荒原，当时还是一片无人地带。[1] 直到八年以后，美国政府才宣布西部疆域封闭。那时候，一个男人还可以来此接受磨砺，经历一段迷失，然后重生、崛起——如果他能生存下来的话。

---

① 埃德蒙德 · 莫里斯：《西奥多 · 罗斯福的崛起》，纽约：兰登书屋，1979 年，第 198 页。

然而，当罗斯福跨越一片炎热的平原时，他根本顾不上想这些，而是目光紧盯着前方。他在琢磨，远处山脊上突然出现的五个印第安人到底想干什么。他们骑着快马，手持猎枪，正朝他飞奔而来！①

罗斯福翻身下马，举枪瞄准。他躲藏在马后面。那五个疾驰的印第安人距离他越来越近。

在白人拓荒者和美洲原住民之间发生的那场被称为“克斯特最后的抵抗”（Custer's Last Stand）的“小巨角河战役”（Battle of Little Bighorn）已过去10年，而那位著名的印第安人阿帕奇部落酋长杰罗尼莫仍然在逃。虽然美洲印第安战争正趋于平息，来自欧洲的白人移民与美洲原住民之间的仇杀事件仍时有发生。

罗斯福后来写道：“在荒无人烟的地方孤身遭遇一帮年轻的捣蛋鬼通常意味着危险，因为这些尚未成年的印第安人好斗、张狂而鲁莽。”②

罗斯福知道，如果原地不动，可能是等死，但如果放下步枪或者试图逃跑，就死定了。于是，他端起步枪，架在马鞍子上，开始瞄准攻击目标。

他的眼镜框紧挨着枪筒，头上的汗水使得鼻梁发痒。他压低了帽檐儿。这群印第安人大喊大叫，把步枪高举过头顶，向

① 埃德蒙德·莫里斯：《西奥多·罗斯福的崛起》，纽约：兰登书屋，1979年，第198页。

② 西奥多·罗斯福：《奋发有为的人生》，纽约：百年出版公司，1904年，第11页。

他冲过来。眼见此情此景，罗斯福不由得深吸了一口恶土荒原上灼热的、搅和着马鞍子的难闻气息的空气。

他后来写道："双方遭遇在一片开阔的平原上。这种情况下最容易发生杀戮。"①

身处开阔地带也给了罗斯福一个优势。他轻易地瞄准了跑在中间位置的那位印第安人。如果一个人知道有人正拿枪瞄准自己的胸膛，他在发起冲锋之前一定会再三考虑值不值得冒险。

当然，罗斯福也清楚，印第安人还是有胜算的。因为即使他一枪撂倒了一个，其他印第安人也会将他杀死。也许，他们剥下他的头皮或者用战斧将他剁成肉酱，就像对待其他白人俘虏一样。

他唯一能做的，就是等待。他一年前从大都市纽约来到这里，如丧家之犬搭乘夜班火车来西部寻找自己的命运。他现在明白，这里同样是一个杀机重重的世界。

① 西奥多·罗斯福：《牧场生活与狩猎之道》，纽约：百年出版公司，1899 年，第 102 页。

第2章　有心而无力（1869年）

这个男孩又犯病了。罗斯福一家正在欧洲旅行，老西奥多·罗斯福拿他儿子没办法。此时，他们刚到了维也纳，那可怕的疾病总是在半夜时分才发作。

罗斯福一家搞不清楚这孩子到底怎么得的这种怪病，对于如何去给他治疗也是束手无策。往常，儿子一犯病，抓狂的老罗斯福就抱着他，在过道里来回走动。要是还不行，就在大半夜用马车载着他在纽约的大街上狂奔。

仆人们驾驶马车在夜幕下的纽约街头飞驰。这样，这个男孩就可以张大嘴巴，迎风呼吸，以缓解症状。然而，眼下他们是在异国他乡，他只能眼睁睁看着儿子处在窒息的边缘。

泰迪·罗斯福的父亲采用各种办法，试图给他的支气管消肿，让他可以畅快地呼吸。罗斯福的母亲曾经这样描述当时的情形："情况严重到了他必须坐在床上才能呼吸的地步。喝了一杯浓浓的清咖啡之后，痉挛的症状消失，他终于可以睡觉了。要是咖啡不起作用，恐怕他一整夜都会被哮喘折磨着。"①

---

① 埃德蒙德·莫里斯：《西奥多·罗斯福的崛起》，纽约：兰登书屋，1979年，第24页。

罗斯福一家被当时那些落后的、甚至互相矛盾的治疗理论弄得无所适从。哮喘的发作可能归结于多种原因：孩子跌倒了，或因看见了什么而受到惊吓，呼吸了恶劣空气或者新鲜空气，或者淋了一场雨。也有一种理论认为，哮喘是遗传疾病，来自母亲。

另一种理论认为，患者的心理状态不稳定，自己制造了这种哮喘症状，他们自己应该对这种疾病负责。有时，这样的患者被诊断属于“神经质”的类型。

当一位名叫亨利·海德·索尔特的英国内科医生于 1864 年发布了一篇研究论文，认为哮喘属于“神经性疾病”时，这个精神紧张的男孩一度吃尽了苦头。

索尔特指出，一些患者因为突然看到火或者奔马而哮喘发作，但是他们在就医途中哮喘症状却消失了。很多时候，哮喘似乎是由于精神抑郁而被诱发的。

索尔特在论文中宣称，体育锻炼是一个人可以避免哮喘发作的最好办法：“人体器官为行动而生，而不仅仅是存在；它们是拿来用、使劲用的，而不仅是存在那儿；当它们被用好了，就会变得健康。”[①]

罗斯福的父亲把这种理论当成了福音，像信徒一样向他灌输这种理论。行动，更多的行动，可避免这种由心理因素引起

---

① 大卫·麦卡乐：《马背清晨》，纽约：西蒙·舒斯特出版集团，1981 年，第 108 页。

的疾病——也就是采取一种活力充沛的人生态度。

但是，泰迪·罗斯福显然是一个弱者。他似乎缺乏行动的能力，因此，为了缓解症状，不得不服用那些粗劣的药物。一旦哮喘发作，情况相当令人恐惧。

溺水的感觉经常被拿来比拟哮喘时的痛苦状态——缓慢的呛水。又好像现代的水刑。“急性哮喘发作时的感觉，就像是人被勒住了脖子或窒息了，而且情况比这些更为复杂。”

“整个身体都会做出反应。不只是肺部会有反应。中枢神经、内分泌系统、左右脑以及脑干都会参与其中。痛苦是整体性的。而最大的痛苦在心理方面——是无法言说的恐惧与慌乱。”①

年仅10岁的泰迪病得很严重，以至于无法在日记里记录自己的感受。他只能说自己“很难受”，好像“胸口藏着一群巫婆”。②

泰迪的哮喘病总是在深夜时分发作。起先是胸口紧张，然后是刺耳的干咳。最后，这孩子不得不坐起来，以保持呼吸畅通。

并且，他很快就变得“无法说话或移动，除非竭尽全力去做。他得为了呼吸、为了活命而斗争。他挣扎着、努力着，把双肘支在膝盖上，高耸双肩，头往上仰起，眼球往外凸出”。③

---

① 大卫·麦卡乐：《马背清晨》，纽约：西蒙·舒斯特出版集团，1981年，第95页。

② 大卫·麦卡乐：《马背清晨》，纽约：西蒙·舒斯特出版集团，1981年，第95页。

③ 大卫·麦卡乐：《马背清晨》，纽约：西蒙·舒斯特出版集团，1981年，第95页。

他受着地狱般的煎熬，而且不知道煎熬何时能到头。泰迪的父母亲尝试了所有的急救方法：给他喝清咖啡，直到他实在喝不下；让他吸雪茄烟，把烟深吸进去，憋气直到憋不住；还有就是让他吃大蒜和芥菜籽。

如果这些方法都不奏效，那就再试试灌肠剂，或者冷水浴，或者一杯威士忌、杜松子酒、混合了鸦片的红酒，或者氯仿，或者大麻，或者是燃烧着的硝化纸。

什么方法都行，只要能让这孩子安静下来，或者不省人事，能止住哮喘就行。当时，既可消除疾病又不伤害患者的化学疗法还没有出现。

泰迪的父母亲尝试了很多类似的方法，而且因为家里有钱，他们可以很快把他带到海边或乡村庄园，或者让他坐上飞驰的马车——任何可以终止那要他小命的疾病的方法。

“我在床上坐了 6 个小时，爸爸让我吸雪茄烟，”他在日记中写道。支气管就是不能正常工作。它们总是充满黏液，这导致呼吸困难。这个男孩快要窒息了，能吸进去的气不够，能呼出来的气更少。

如果哮喘发作得更加激烈，他就会浑身发紫，胸腔激烈起伏，背部和胸部肌肉为努力呼吸而紧张。如果没有通风设备或猛烈的支气管扩张剂，他可能随时窒息。因此，一旦哮喘发作，只能继续采取各种奇葩的措施。

在这些可怕的夜晚，泰迪 · 罗斯福一直为求生而挣扎，因为他不是一般哮喘患者，而是严重哮喘患者。

这时，又要说到各种心理因素了。据说，巨大的心理压力会诱发哮喘。跟母亲关系不紧密也被认为是一个因素。忧郁是另一个致病因素。不要紧，因为泰迪小小年纪已经懂得了：人生根本上就是为呼吸而斗争。

没有和这一样糟糕的事情了，并且他必须时刻为最糟糕的情况做好准备。而且，他必须赢回来。“在经受了哮喘的折磨以后，罗斯福发现人生中的其他痛苦和不舒服，相比之下更加温和。”①

他要么是受害者，要么是征服者，泰迪必须选择做征服者，否则他就没命了。索尔特写道，哮喘病人“明白，他未来的人生中，有一部分将奉献给痛苦”。

或者，换一种说法，痛苦就是人生，承受极端的苦难、混乱，或高强度的身体挑战被认为是人生正常际遇的范畴。“我要亲自尝试任何事情。”②作为一个孩子的罗斯福这样写道。来自索尔特医生的文字和他父亲的话语，变成了他幼年时以及成年后藏在心中的一首哀歌。这首哀歌最终转化成“过活力充沛的人生”这样一种信念。这种信念将驱使这个人去做那些神志清醒的人根本不愿尝试的事情。

从欧洲旅行归来，罗斯福的哮喘还继续发作。他父亲变得越来越沮丧，并写信给他母亲说：“我很后悔自己不在泰迪身边……他又犯病了，半夜把我惊醒了。昨晚，为了让他好受点

① 大卫·麦卡乐：《马背清晨》，纽约：西蒙·舒斯特出版集团，1981 年，第 107 页。

② 大卫·麦卡乐：《马背清晨》，纽约：西蒙·舒斯特出版集团，1981 年，第 108 页。

儿，我带他去了趟蚝湾。”[①]

罗斯福的父亲基本上是带着他来回奔跑，以便让他呼吸到最好的空气；蚝湾有海风，对于缓解孩子的肺部紧张有点作用。但是，他不能长久保持这种良好的状态。

“上周日晚上，泰迪的哮喘又发作了。爸爸带他去了蚝湾，他在那里度过了周一和周二两个晚上。”[②]

哮喘一发作，母子俩就赶往瑞奇菲尔德温泉去“玩水”，在希尔伯恩叔叔陪同下，去过好多次。

大人们几乎绝望了。因为即使家里再有钱，他们也受不了如此频繁地带孩子去避暑庄园，去矿泉疗养地，去划船，或者去乘坐马车，来帮助这个男孩抵御哮喘产生的痰液和咳嗽对他的折磨。

“痉挛症状缓解了，”西奥多的母亲“米蒂”说，“但他只是呼哧作响地勉强睡了一晚上。我决定离开，明天回纽约。我有预感，如果再待下去，在这最后一星期，他的哮喘会再次剧烈发作。硫黄浴和水疗被证实没有啥效果。”[③]

泰迪所需要的就是一个好的“支气管雾化吸入器”，对于这玩意儿，今天的哮喘患者已经习以为常了。但在 19 世纪末，还没有激素疗法，患者只能任凭庸医摆布，或者靠猜测去选取

① 大卫・麦卡乐：《马背清晨》，纽约：西蒙・舒斯特出版集团，1981 年，第 111 页。

② 埃德蒙德・莫里斯：《西奥多・罗斯福的崛起》，纽约：兰登书屋，1979 年，第 25 页。

③ 大卫・麦卡乐：《马背清晨》，纽约：西蒙・舒斯特出版集团，1981 年，第 111 页。

药物。

比如，詹姆斯·加菲尔德（James Garfield）总统死于枪伤，但不是死于子弹本身——医生未采取消毒措施就去查看伤情，并将手指直接伸进子弹洞穿的伤口。

医生实际上是把病菌注入加菲尔德体内；虽然有一些医生开始接受当时还显得很激进的细菌理论，懂得在手术前要对医疗器械进行消毒并洗手，但很多医生仍不以为然。于是，罗斯福抓狂的父母不得不尝试各种治疗手段，从咖啡、水、雪茄到氯仿。直到有一天，幼年罗斯福的父亲实在忍无可忍。

正如米蒂后来回忆的，父亲把儿子叫到跟前，以一种彻底改变小西奥多·罗斯福的方式阐述了这个健康问题。

“西奥多，你心智健全，但肉体孱弱；没有肉体的帮助，心智没法走远。”①

于是，他给泰迪提出了要求：“你必须锻炼自己的肉体。这是单调沉闷的任务，但我相信你可以做到。”这样一来，罗斯福一家才真正碰上了唯一有效的办法，能治疗这孩子的疾病。

体育锻炼可以促使呼吸系统强健，让罗斯福的肺部充分活动，让虚弱的肉体得以发达。泰迪向父亲宣誓，他将好好锻炼身体。

日常的健身锻炼马上开始实施。这是在约翰·伍德先

① 凯思琳·道尔顿：《西奥多·罗斯福：奋发有为的人生》，纽约：艾尔弗雷德·A. 克诺夫出版社，2002 年，第 50 页。

生——维多利亚时代富人家庭聘请这样的私人健身教练的指导下进行的。伍德先生的客户来自斯隆、格莱、范德比尔特等显赫家族。米蒂陪着儿子去健身房锻炼。泰迪在那里使用举重器械、负重器械进行练习。

他挥汗如雨，哼哈叫喊，一点一点，努力将造物主疏忽的东西在自己身上建立起来。击打沙袋、在单杠上晃悠，这是些单调乏味的任务。在当时，健身活动在多数人眼里说不上完全无用，但至少是一件很古怪的事情。

这显然不是纽约上流社会的人应该干的事儿。但是，除了这个，一个病弱的孩子还有什么选择呢？等健身器械购置好以后，罗斯福就开始在自家的回廊里进行健身锻炼。

他的几个姐姐看到，那骨瘦如柴的弟弟在健身器械上哼哼哈哈，努力想让身体在双杠上摆动起来，但很多时候他的努力都以失败告终。他是一个先天不足的孩子，经常得坐马车上街兜风，或去海边吹风，或者经受咖啡或雪茄烟的折磨，或者接连几天卧病在床，总有医生围着他转。

现在，他可以到户外活动，在双杠上晃悠了。泰迪一心想实现自我，他努力地锻炼，想让瘦削的胳臂长出肌肉。他体重不足，身体偏矮，人们可以想见，医生们也许经常担心这个孩子会夭折。

在 1870 年时，即便是身体更健康的人，也经常有死亡的，更何况这是个罹患严重哮喘的孩子。他甩着纤细长腿，勉强能完成同龄人轻易可做到的动作。

在缅因州，泰迪有一次被两个孩子欺凌。他试图自卫，结果还是挨了揍。他震惊地发现，当他反击时，他们能够“控制住我，以避免我伤得太重……同时还阻止了我对他们造成任何损害”①。

换言之，他太虚弱了，以至于攻击者根本不需要把他的抵抗当回事儿。更糟糕的是，他们可能还会替这个男孩感到惋惜。

于是，他继续进行负重、打沙袋以及双杠训练，与此同时，他通过阅读在内心构建起一个秘密的、行动的世界：戴维·利文斯通（David Livingstone）的《南非宣教之旅和考察》，丹尼尔·笛福的《鲁宾逊漂流记》，以及梅恩·利德“船长”（Captain Mayne Reid）笔下的一系列西部历险故事。利德是一名爱尔兰人，他放弃了平凡的宣教士生活，变身为一名在美国西部边疆以打猎和贸易为生的冒险家。

在利德的作品中，《剥头皮者》、《猎人的盛宴》以及《狩猎的男孩》都讲述了发生在密西西比河以西的西部处女地上的冒险故事。

《剥头皮者》的开头这样写道：“展开世界地图，看看美洲大陆的北部区域。看那狂野西部，太阳西沉的地方。向西越过长长的子午线，你将会看到一片土地——在那里，洪荒时代的痕迹清晰可见。

“在此地，任何一样东西都保留着造物主施展魔法的印记。

① 《西奥多·罗斯福自传》，纽约：查尔斯·斯克里布纳尔森出版社，1921年，第28页。

群山的雄伟气质寄寓着造物主的精魂，大江大河的咆哮传递着造物主的声音。这片土地，弥漫着浪漫的气息，充满了真实的冒险。”①

泰迪·罗斯福渴望去利德所描述的那个世界。在那里，一个男孩可以重塑自己，成为一名强悍的冒险者。在利德创作的故事中，西部起到了转化的作用。而这个患有哮喘的男孩，正拼命锻造自己。他还会坐在门廊里的大椅子上或者柳条沙发上做着白日梦，让思绪飘飞到身体不能到达的许多地方。

“由于自己白天纵马驰骋，晚上在篝火边读冒险故事，我开始迷上一种崭新的、浪漫的生活……我的身体和心灵正变得日益强大。

“我的精神与肉体都感受到一种前所未有的活力。我品尝到了行动产生的快乐。我的血液似乎变得更温暖，在血管中流淌得更轻快……”②

利德小说中的一个人物这样说，而身在纽约的这个病恹恹的男孩，也被狂野西部的景象深深吸引，因为在那里，一切皆有可能。

后来，在 1872 年，当泰迪·罗斯福正幻想着在西部纵马驰骋，他得到了一支枪和一副眼镜。这是他父亲使用过的十二号口径法国造双筒散弹猎枪，威力很大。即便戴上眼镜，这个

① 大卫·麦卡乐：《马背清晨》，纽约：西蒙·舒斯特出版集团，1981 年，第 115 页。

② 大卫·麦卡乐：《马背清晨》，纽约：西蒙·舒斯特出版集团，1981 年，第 332 页。

男孩也只能看到 30 英尺远的地方。

“我不知道这世界有多么美好……我看不到，也浑然不觉自己看不到。”[1]

从那以后，他再也离不开眼镜，从战争期间，到和平年代，一直到生命尽头。如今，他有了一支双筒猎枪，打每一只鸟都百发百中，猎人的世界因此向他敞开。

罗斯福已年满 13 岁，对西部逐渐产生浓厚兴趣。那个年老的战士——印第安人“红云”，就行走在曼哈顿的节日巡游队伍当中。他从这个男孩旁边走过，然后走进历史的深处。泰迪·罗斯福最终将发现自己置身于那位印第安老者消失其中的神圣土地。

---

① 埃德蒙德·莫里斯：《西奥多·罗斯福的崛起》，纽约：兰登书屋，1979 年，第 32 页。

第 3 章　光芒熄灭的那一天（1884 年）

西奥多·罗斯福坐在列车座位上，手里紧握两封电报，不自在地左右交换，身体前倾，脚掌轻敲地面，似乎想让缓慢行驶的蒸汽机车跑快一点。罗斯福是这样一个幸福男人——有一个貌美的娇妻、出生不久的孩子、一个前程光明的政治事业，身后有一个富有的贵族家庭的荫庇。此刻，所有这一切似乎都受到了威胁。

这位来自奥尔巴尼的纽约州议员，正乘火车去往 145 英里外的曼哈顿，看望他生命垂危的妻子和母亲。如果是在晴天，从奥尔巴尼到曼哈顿的火车只需 5 个小时，但是由于近几天浓雾一直盘桓在纽约上空，火车行进非常缓慢。这对于罗斯福似乎是不祥之兆。

泰迪·罗斯福不耐烦地用脚掌敲击地面，眼镜直勾勾地看着他最先收到的那封电报。上面写着："一个女婴降生了。祝贺你。"第二封电报的内容大不相同："速回。母亲和爱丽丝重病。"当罗斯福急忙赶往火车站时，他人生中的灯光熄灭了。这个崇尚行动的男子此时却无能为力，只能无奈地等待命运的安排。

罗斯福向车窗外边望去。大雾勾起了他的伤心往事。当他还年幼时，为了让被哮喘折磨的胸膛能畅快呼吸，他不得不在床上坐着睡觉。在那样的夜晚，父亲会用马车带他出去。他们的马车会在纽约的大街上飞驰。“张开嘴巴，泰迪！张大嘴巴！”父亲会这样吩咐他。“让空气进去！”

而他会像一台原始的氧气机，张大嘴巴，感觉到凉爽的空气从喉咙灌进去，进入肺部。他永远忘不了那个画面：一个男子疯狂地驾驶着一辆黑色马车在雨中行进，穿过纽约市的一条条大街。一个小男孩坐在他旁边的座位上，仰面张大着嘴巴——这是罗斯福的父亲抱着他在自家走廊整夜地来回走动，仍无法让他的哮喘症状平息之后，所能够想到的唯一办法。

这个有钱人的儿子无法得到氧气，父亲只能一边催促车夫驱动马车，一边叫他张大嘴巴。“再快点儿！再快点儿！我儿子必须呼吸！”

此时，罗斯福搭乘的火车终于驶进纽约中央车站。

这位年轻的绅士急忙往家里跑。由于大雾弥漫，他只能往罗斯福家族宅邸所在的第五十七大道方向摸索着前行。终于，他进了家门，跑上楼梯，看到他年轻的妻子爱丽丝正躺在床上。她由于罹患“布赖特氏病”（肾炎），导致发烧、呕吐、严重背部疼痛和尿血，此时已经奄奄一息。

他俩结婚才三年半，而如今他深爱的妻子即将在他怀里死去。他们曾一起朗诵诗歌，互相书写情书。爱丽丝·哈撒韦·李出身于波士顿一个名门望族，却爱上了这个戴着厚厚眼镜、说话吐字不清的男人。

西奥多在1878年10月18日第一次见到年方十七的爱丽

丝。“只要我活着，我永远忘不了她甜美的模样和温柔的气质。”①

罗斯福陶醉了。他找到了真爱，他经常从哈佛大学出发，步行 6 英里到波士顿栗树山看她。由于他追求她，跟她乘车去林中游玩，花很多时间和她一起朗诵诗歌，他的学习成绩开始下滑。大学三年级时，西奥多开始向爱丽丝求婚。经过一番苦苦追求，他终于赢得美人的芳心。而现在……现在，令人难以置信，她就要与他诀别。

罗斯福双膝跪地，拥抱着妻子。布赖特氏病以及生育过程中产生的并发症即将夺走爱丽丝 · 李的生命。19 世纪末期，人们面对这样的病情都是束手无策。窗外的雾气太浓重了，以至于让人觉得整个世界都笼罩在一条厚毯子下面。“亲爱的，我能为你做点什么吗？”“泰迪……”

此刻，她已经非常虚弱了。“泰迪。”生孩子的劳累已经让她没有任何力气挣扎，罗斯福清楚地感觉到，她正在死亡线上徘徊。就在这个时候，他听见房间外传来哥哥艾略特的呼唤声。“泰迪，快来，妈妈快不行了。”艾略特喊了这一嗓子，突然意识到母亲和弟媳居然在同一天生命垂危。“我们家被施魔咒了。”②

几年前，在同一个房间，他曾经无助地看着父亲因胃癌的

---

① 埃德蒙德 · 莫里斯：《西奥多 · 罗斯福的崛起》，纽约：兰登书屋，1979 年，第 80 页。

② 埃德蒙德 · 莫里斯：《西奥多 · 罗斯福的崛起》，纽约：兰登书屋，1979 年，第 229 页。

折磨而痛苦地翻滚。现在，兄弟俩又被同样的无助感缠住。崇尚行动的男人们面对医学科学的落后状况，也只能扼腕叹息。

罗斯福只好不舍地放开意识已模糊的妻子，疾步下楼梯去看望母亲。米蒂·罗斯福已经被伤寒症折磨得半死不活。当时，还没有抗生素药物，十分之一的伤寒症患者都死于高烧以及慢性腹泻诱发的各种并发症。48 岁的米蒂是一位风韵不减的美国南方美女，皮肤白皙，头发黑亮。当泰迪在床前跪下，握着她的手，她几乎认不出他来。

直到此时，罗斯福还不愿意相信，就在 7 个小时前，他作为一名生活美满、前途无量的年轻政治斗士，还在奥尔巴尼的议会大厅领导一场改革运动。他跪在那里，西裤的裤边沾满尘土，头发因汗水和 6 小时旅途劳碌而变得蓬乱。罗斯福突然感到心里空荡荡的。

难道这就是他深深敬爱的妈妈？那就是曾经照亮他人生道路的妻子？她们真的要将他孤零零地丢在大雾弥漫的黑暗中？对了，他还有个女儿！可她在哪儿呢？他怎么养育她？都没有答案——罗斯福无暇再想这些，因为在那个如地狱般的漫漫长夜，他一直在两个垂死的女人之间跑来跑去。

凌晨 3 点钟，他的母亲，玛莎·斯图尔特·米蒂·罗斯福与世长辞。大雾未散。罗斯福抱着处于半昏迷状态的妻子，希望用意志力使她病情好转。意志力，意志力，意志力，这就是他的咒语。他自己凭借意志力击退了死神。他凭借意志力战胜了幼年时的病患，她也应该可以做到。

但是，爱丽丝·李毕竟不是她的丈夫，整个上午，她都显得命若游丝。大雾短暂地散开了。然后，雨又来了。接着，出太阳了。再后来，有一阵清新的凉风从东北方向吹来。罗斯福把爱丽丝·李搂在怀里，拒绝放弃对她的希望。但这是徒劳的。

1884 年 2 月 14 日下午两点钟，爱丽丝·哈撒韦·李，他第一个孩子的母亲，还是走了。泰迪·罗斯福失去了生命中的第二道光芒，他顿觉人生一片黑暗。整个葬礼期间，罗斯福都神情恍惚，脚步踉跄。

有人议论说，他变得像一个孩子了，人们甚至担心他是否神志清醒。他看起来目光呆滞，无法思考问题。他把出生不久的女儿托付给了姐姐。葬礼一结束，他就马上返回奥尔巴尼，全身心投入政治改革的工作中。

“我从不相信，退缩或屈服于任何打击，会带来任何好的结果，”他后来写道，“也从不相信，这样做可以减轻痛苦……相反，如果没什么事情干，我想我会疯掉的。”[①] 罗斯福以前经常失眠，现在他睡得更少了。

他向操纵纽约政界的坦慕尼协会的贪腐头目们发起了挑战。但这件事跟丧亲之痛的打击相比，根本算不了什么。他常常睡不着觉，人们听见他来回走动。

没人敢在他面前提起他妻子或母亲。人们为他担忧，怕他身体垮掉或者精神崩溃。罗斯福没有垮掉，但他的政治生涯却完结了。

① 埃德蒙德·莫里斯：《西奥多·罗斯福的崛起》，纽约：兰登书屋，1979 年，第 237 页。

作为州议员和市调查委员会主席，他几乎是连轴转地工作着。他奔走于纽约和奥尔巴尼之间，修改一份长达一万五千字的反腐调查报告，用于在奥尔巴尼举行的相关听证会。

“他越来越感到令人恐惧的孤独，”他姐姐柯连娜在写给他哥哥艾略特的信中这样描述他。“我担心他缺乏睡眠，因为他经常晚上还走来走去。”[①] 罗斯福就调查中发现的问题提出了九份议案，并提交了另外两份一百万字的证词报告。他为了逃避孤独，远赴芝加哥出席了共和党全国代表大会。仿佛就为了坐实自己的孤独感，他竟然加入所在政党中的骑墙派，反对推选詹姆士·吉依·布雷恩为共和党候选人。罗斯福支持的候选人乔治·艾弗·埃德蒙兹最终败给了布雷恩，罗斯福因此被党内人士视为叛徒。

当大势已去，“阻止布雷恩”运动宣告失败，骑墙派人士转而支持民主党候选人格罗弗·克利夫兰，并要求罗斯福也加入他们。罗斯福对此态度暧昧，考虑抛弃共和党。

在他对《晚邮报》记者讲，自己“宁可支持任何像样的民主党候选人”，也不愿意支持布雷恩以后，他与共和党人之间的隔阂更深了。在改革运动失败以后，罗斯福发现自己对政治失去了兴趣，只想去一个地方待着。

他将前往南达科他——在那片未开垦的土地上，有大量印第安人聚居，有靠六响左轮手枪摆平争端的牛仔。在写给《尤

---

① 埃德蒙德·莫里斯：《西奥多·罗斯福的崛起》，纽约：兰登书屋，1979年，第238页。

蒂卡先驱报》主编的信中，罗斯福坦承自己厌倦了政坛生活，甚至生活本身，他对于自己的未来抱持一种矛盾的态度：

“我写这封信，是想感谢你的好意……虽然还不算太老，我经历的已经够多了。我饱尝了悲伤的苦涩和喜悦的甜美，任何事情都不再能让我长时间灰心丧气或欢欣鼓舞……我对于政治前途已不抱任何期许……我感到既疲倦又烦躁；再过几个月，我或许会出现在达科他……”[①]

1884 年，在西奥多 · 罗斯福的妻子和母亲去世 4 个月后，狂野西部还在。虽然它即将消失，那里仍有足够空间容纳这个失去所有精神支柱的男人。罗斯福在半夜时分上了火车。机车轰鸣着驶出车站，他抬眼看了看渐渐远去的东部灯火。这一次，他没有催促火车快跑。

他正离开自己熟悉的地方，去往一片未知的黑暗。临行前，他对《世界报》记者说，他将到西部去，“究竟去干什么，我自己也说不清”[②]。

这个两千四百英里的旅程，首先把他带到了芝加哥。他随后换乘圣保罗快车，往美国中西部广阔的大平原进发。

越过法戈市的红河，跨过美国西部边境，泰迪 · 罗斯福知道，他已进入辽阔的达科他。列车咔嚓咔嚓驶过密苏里河上的栈桥，罗斯福远望黑暗中的平原，看到月光在河面闪烁。

---

① 埃德蒙德 · 莫里斯：《西奥多 · 罗斯福的崛起》，纽约：兰登书屋，1979 年，第 248 页。

② 埃德蒙德 · 莫里斯：《西奥多 · 罗斯福的崛起》，纽约：兰登书屋，1979 年，第 259 页。

他往后一坐，让背部紧贴座椅。火车正朝着一个没有人认识他的地方前行。生活剥夺了他的所有，现在轮到他剥夺生活的所有。

他目光直视那无边的黑暗，躲在黑暗背后的，是悬崖、沟壑、山丘，还有岩石下的地火。当他在熟睡中跟随火车往这片最后的蛮荒之地更深处进发时，这车窗的外面就是人间地狱。

他梦见了自己第一次来西部的情形。跟这次很像，就在一年前。

第 4 章　初探西部（1883 年）

“指挥官”戈林在最后一刻决定不去，泰迪 · 罗斯福只好独自出发去猎杀野牛。戈林作为一名企业家在恶土荒原管理着一大片狩猎场，专供来自纽约上流社会的人士使用。截至目前，他只接待过一位客人；这位 26 岁的男子独自乘火车从纽约过来。

当罗斯福换乘圣保罗快车，踏上那段两千四百英里的旅程以后，他给母亲米蒂发电报说，他离开美国第一次前往达科他地区，仿佛自己“又变成了一只好斗的雄鸡”①。

恶土荒原的夜色掩盖了车窗外一闪而过的奇特地形地貌——褐煤燃烧发出的火光，曾经侵蚀了岩石、冲刷出沟壑，最终形成河流的古老水系。

凌晨两点，罗斯福走出暖和的卧铺车厢，在达科他的小密苏里车站下了车。这位衣冠楚楚的青年男子跳下车，脚踩带露的灌木蒿丛，在黑暗中眨着眼睛。列车继续前行，冒着白烟、喘着粗气，渐渐远去。罗斯福就像消失在夜色中的蒸汽机车，

① 埃德蒙德 · 莫里斯：《西奥多 · 罗斯福的崛起》，纽约：兰登书屋，1979 年，第 186 页。

呼哧带喘地深深吸了一口气。

他的新靴子有点儿夹脚，帽子戴着有点儿紧，挺直的衣领让皮肤发痒。他在纽约刚置办的这身行头穿着有点别扭，这可是去西部旅行最时髦的穿戴。火车站所在的小镇寂静无声，远处偶尔有草原狼在黑暗中嚎叫。

这个小镇很不像样子。当铁道延伸至此，小密苏里镇随之迅速成长，但也将迅速衰败。这就是西部铁路小镇的宿命。罗斯福凝视着一个写着“金字塔公园酒店”字样的破旧招牌，其后是一间无精打采、向马路倾斜的建筑，它的外墙不久前刷了层白漆。罗斯福提起他的夏普斯双扳机步枪和防水帆布行李袋，迈步走进冰凉的黑暗中。

远处，一头草原狼又嚎叫了起来。然后，附近传来隐隐约约的流水声。罗斯福借着月光看到了小密苏里河水泛着微光，在夜幕下浅吟低唱。

火车消逝在无边黑暗中，开往恶土荒原深处。泰迪·罗斯福到了一个陌生地方，怀揣着一封推荐信，去见一位可能给他提供帮助的人。

假如有人问他，为什么快要成婚了，还大老远来西部？他可能回答说，就想来猎杀野牛，看看“狂野西部”的神话是否还存在。

这个富家子弟希望寻找到什么样的“狂野西部”？廉价小说和民间传说中的那个“狂野西部”？印第安人还在那里吗？杰罗尼莫酋长？“坐牛”酋长？

克斯特（Custer）将军在小比格霍恩河战役中被印第安人杀死了，关于他的传奇故事还在民间流传着。铁路已经从美洲大陆东岸一直延伸至西岸，但是那些传奇故事还活在一个被培养起来拥抱“活力生活”的年轻人心中。这种生活理念似乎要求他去往最后的大边疆。

现在，这里还是狂野西部，欢迎任何来此圈地的人，只要他有胆、有钱。但剩下的时间不多了。到 1889 年，北达科他和南达科他成了美国的第三十九和第四十个州。紧接着是蒙大拿和华盛顿。

更重要的是，到 1890 年，美国人口统计局宣布，它将不再跟踪西进运动中的人口迁移线，不再公布新的领土声索情况。事实上，已经没有更多领土可以声索；美洲西部已经被白人完全占领，西部边疆从根本上说已经封闭。

而罗斯福侥幸地赶上了末班车。美国西进运动始于 1803 年的路易斯安那购地案，正式终结于 1890 年，总共历时不到 90 年。南北内战一度使西进运动中断。真正的西进运动发生在 1865 年和 1890 年之间。

1881 年，在罗斯福脚踏灌木蒿丛之前两年，西部牛仔“比利小子”遇刺身亡，“奥凯畜栏枪战”爆发。1882 年，著名的西部侠盗杰西 · 詹姆斯被鲍勃 · 福德谋杀。

印第安人阿帕奇族领袖杰罗尼莫在逃，直到 1886 年归降，西部社会正逐步趋于稳定。印第安人和拓荒者的斗争还在继续，相互的屠杀和谋杀仍不时发生。

在 1883 年，一个男子仍然有机会在达科他找到野牛——

如果他能得到一名狩猎向导的帮助。罗斯福从沙地灌木蒿丛中穿过，迈上门廊阶梯，只见旅店大门上钉着“金字塔公园酒店”几个大字。他有礼貌地轻叩房门，用手扶了扶眼镜，然后扭头打量这个荒废的小镇——如果这些建筑凑在一起就算小镇的话。

旅店旁边的“大嘴巴鲍勃”酒馆静悄悄的，里面黑灯瞎火。铁道另一边有一个商店，一些窝棚；一处恰如其分名为“墓地山丘”的墓园泛着白光。

门吱呀一声开了，门缝里是一位络腮胡子老头。弗兰克·梵恩盯着这位戴着眼镜仿佛刚从纽约市过来的“公子哥”，“你要干吗？”他大声问，“我叫西奥多·罗斯福。戈林推荐我跟您联系猎杀野牛的事儿。”

老者盯着他，然后啐了一口唾沫。梵恩挠了挠腮帮子，眯着眼看这位戴厚眼镜、穿着时髦的青年男子。戈林在这里购买了一片土地，还拥有河边那一排废弃的兵营。

随时准备抓机遇的梵恩猜测，这位“公子哥”是有钱人，值得认真考虑。“哦，是吗？那就跟我来。”他嘟囔着，“你可以在牛栏里过夜。”

“好，没问题。”罗斯福回答。于是，他跟随这个吊裤带在左右腿旁边晃荡的人走进屋去。

他俩迈上木质阶梯，靴子噔噔作响。梵恩粗声说着话，领这位年轻人到楼上一个大屋子里。里面有好多小床，上面都铺了毯子。这个“牛栏”里躺着鼾声雷动的牛仔、醉汉和旅客。这就是西部神话——睡满一屋子的牛仔。

可以想象，此时此刻，此情此景，罗斯福开始感到现实与神话正在合二为一。毕竟，他是纽约一个富裕贵族世家娇生惯养的孩子。在这里，冒险经历活脱脱地展现在他眼前。

梵恩揉了揉他粗糙的、长满胡子的脸颊，往墙角又啐了一口唾沫。罗斯福闻到了浓烈的汗味儿、霉臭味儿、酒味儿和烟草味儿。“二十五美分。你睡那张床。”罗斯福把行李撂到床上，取出了钱包，说了声：“好嘞！”梵恩瞪了他一眼，接过了房钱。“口音好奇怪”，他自言自语道。

这个年轻人呼吸的声音很大，而且简直就是皮包骨——仿佛风一吹就会倒。不管那些，反正房钱到手了，梵恩转身下楼去了。

罗斯福坐在床上听了一会儿周围此起彼伏的鼾声。敞开的窗户外传来一群草原狼的嚎叫声。门吱呀响了一下，然后再没有动静。周围一片沉寂。坐了很长时间的火车，罗斯福觉得躺在这小床上很舒服。他看着屋顶的椽子，吸了一口带着恶土荒原尘土味儿的、清凉的、陌生的空气。

他摘下眼镜，兴奋地想到了野牛和屋外无垠的黑暗——他想到了那“未被征服的西部”。神话与现实又一次在他脑海里混合在一起，直到最后分不清彼此。“谢天谢地！”他喃喃自语道。

罗斯福很快睡着了。第二天早晨，灿烂的阳光唤醒了他。罗斯福发现自己置身于一本廉价西部小说所描绘的情境当中——干草味儿、木屑味儿、咖啡味儿、雪茄烟味儿、粪肥和动物粪便的味儿。有人在楼下喊吃早饭，然后人们匆匆洗漱、喝咖啡、吃鸡蛋和烤饼。

罗斯福在白天又仔细打量这个小镇。他看见了“大嘴巴鲍勃”酒馆，还有那些简陋的平房；然后看到了墓地山丘上那些白色的十字架——埋葬在此的，是1883年小密苏里屠杀事件中的遇难者。

当地居民把小镇戏称为“小霉事里”——而对于罗斯福，这就是一个完美的狂野西部小镇。这里是公认的铁路沿线治安最混乱的地方，往东距离最近的郡县治安官驻地150英里，往南距离最近的联邦法警驻地200英里。

这里的人们主要以柯尔特左轮手枪、温彻斯特步枪、拳头、刀子、弓箭、铁管子或砖头来解决争端；就像后来出现的鬼城一样，居民们没指望这个小镇会长久兴旺。就在几天前，“金锥专列”载着前总统格兰特将军途经这里。

在他向车站上的人们挥动高筒形大礼帽时，人们争先恐后地一睹这位南北战争胜利者的尊容。他是前往蒙大拿出席北太平洋铁路走廊工程的竣工庆典的。

这个国家正从分裂状态中恢复，一些地区还存在着暴力。泰迪·罗斯福一脚踏在过去，踏在埋葬着60个灵魂的小密苏里；另一脚踏在当下，踏在三千英里之外的美国东部大都市纽约。

梵恩推荐了一位名叫乔·菲利斯的人，作为罗斯福猎杀野牛的向导。实际上，1883年的西部已经没有剩下多少野牛了。

东部的报纸以及戈林这样的生意人对西部神话推波助澜，让人们轻信西部遍地都是野牛。政府一直鼓励苏族印第安人屠杀野牛，最近有五千头野牛从恶土荒原的东部地区消失了。美国政府的想法是：杀死野牛，就等于干掉以游牧为生的印第安人。

西部有很多腐烂的、剥了皮的动物尸体，暴露在恶土荒原的烈日下。要找到野牛似乎不可能。电报公司也加入屠杀野牛的行列中，因为他们发现，野牛喜欢蹭电线杆子以赶走身上的蚊蝇，结果导致很多电线杆子倒塌。因此，政府、印第安人和电报公司都在以最快速度射杀野牛。

泰迪 · 罗斯福只想得到一头野牛，为的是把令人垂涎的野牛头搬回家，悬挂在他为新娘爱丽丝 · 李准备的新房子里。但是，要找到那头野牛可不容易。

他需要一个狩猎的帮手，而乔 · 菲利斯就是这样的人。弗兰克 · 梵恩将罗斯福领到他在小密苏里经营的那家杂货店里。这是一处光线昏暗、布满灰尘、用木板和铁钉胡乱搭建的房子。里面有装满威士忌的酒桶、弹药和生产工具，还有一个大嚼着烟草名叫乔 · 菲利斯的人。

菲利斯是加拿大人，长得像牛头犬一样矮壮，留八字胡，总是抿着嘴巴。他年龄跟罗斯福相仿，但他没把这个戴着厚眼镜、说话鼻音很重的人放在眼里。乔当过铁路工、伐木工，目前专门给络绎不绝地来此猎杀野牛的人充当向导。

这个恳求他帮忙找到一头野牛的男子看上去就是一位来自纽约的公子哥，不过是又一个跑到西部狩猎，然后把象征西部神话的野牛头带回家的富家子弟。

但是，这个公子哥有钱，菲利斯答应帮他找到野牛。菲利斯和梵恩决定将苏格兰人格里戈·朗的木屋作为这次恶土荒原狩猎的大本营。房子在50英里以外，坐落于小密苏里河上游的坎农鲍尔河畔。

在一辆四轮马车上装满物资以后，罗斯福和菲利斯就沿着铁道线往北进发了。落日余晖映着铁道上的钢架，在地面投下长长的影子。菲利斯一路嚼着烟草、吐着烟沫，双手轻握缰绳，不怎么言语；罗斯福则充满好奇地注视着山丘和沟壑遍布的原始风景。

在他看来，藏在蓝天和歪斜的剪影之间的，简直就是创世纪里描绘的场景。他发现“这里似乎不属于人间”，并再次感受到远离纽约、置身神话之地的喜悦。

而对于法国狩猎者，这里一直就是他们所谓的“难以穿越的恶土荒原”。戴维·麦克劳在《马背清晨》一书中写道：“连绵起伏的大草原似乎在这里突然变成了一个他方世界，充斥着形状怪异的、被无数沟壑以及宽阔的小密苏里河谷切割的悬崖、山冈和台地……类似于一个袖珍版的大峡谷，乃是冰川边缘的沉积物经流水侵蚀千万年之后形成的杰作。像河岸边的沙子一样苍白的泥土形成的地层，与砖红色的烧石层或者暗淡的褐煤层重重叠叠叠挤在一起。有些地貌特别像古代文明的废墟。”①

一位曾经跟苏族印第安人作战的军队指挥官把这里称为

---

① 大卫·麦卡乐：《马背清晨》，纽约：西蒙·舒斯特出版集团，1981年，第321页。

“喷着火的地狱”。实际上，在有些地段，的确有褐煤燃烧的火焰。有很多不幸的牛仔丧生于这片人间地狱。他们的尸骸，见证着这些可怜灵魂曾遭受的寒冷，或 140 华氏度的酷热。

乔治 · 克斯特直言不讳地将恶土荒原称为“毫无价值的土地”；弗雷德里克 · 雷明顿认为，这是一个“产生诡计与谋杀的地方”。而对于泰迪 · 罗斯福来说，这里就是纯粹的冒险之地。

唯一的麻烦是，他买了一支击锤有瑕疵的夏普斯步枪和一支温切斯特步枪。菲利斯知道，温切斯特步枪对于猛冲过来的野牛毫无办法。于是，他们在经过枪手艾尔德瑞奇 ·“杰瑞”· 帕多克的平房时停了下来。帕多克手下有几个陌生人。他现在成了在西部寻找财富或者冒险的另一位富人的得力助手。这位富人名叫“德莫赫斯侯爵”，或者简单点儿叫“侯爵”，后来人们叫他“那狗娘养的侯爵”。

罗斯福当时可能与这位衣着考究、使用胡子定型蜡的侯爵擦肩而过。侯爵长相俊美，就像现代影星。他一到西部就宣称，自己“厌倦了文明社会的生活”。

侯爵来自一个有着巨额财富和高贵血统的法国家族。他试图垄断美国西部的牧牛业市场。他已雇佣帕多克充当打手，帮他干掉阻碍他建立牧牛业帝国的人。

这两位公子哥也许互相确认了共有的特质，比如良好的家庭出身以及对于冒险的渴望，但他俩将会在不友好的条件下重逢。

而现在，野牛最重要。恶土荒原真的让罗斯福着迷。这里的气温处于 116—140 华氏度之间；这里有头盖骨、形状怪异的巨石、岩石裂缝、沟壑、峭壁，以及远古火焰炙烤形成的赤褐色山坡。

恶土荒原的极端气候和奇特地貌折射出罗斯福的生命状态——一个病恹恹的青年男子将自己重塑为一个崇尚行动的硬汉子。除了远方一处孤独的木屋，这里没有生命迹象，只有远古时代水火激荡冲突形成的形态扭曲的地质结构。他们先经过一个由拓荒者建造的名叫克斯特路农场的木屋；这个名字源于1876年在此驻扎的卡斯特将军。然后，他们来到坐落在一个山谷里的一间小木屋。乔告诉罗斯福，这就是马耳他十字牧场，属于比尔·梅里菲尔德和乔的哥哥西尔文·菲利斯所有。他们拴好马车以后，走进这个简陋的木屋。罗斯福站在门廊往外看，只见地下褐煤燃烧的火焰，在恶土荒原傍晚的黑暗中闪闪烁烁。

一弯新月升起来，装点着这片有寥寥数颗寒星的西部蓝天。草原狼嚎叫起来。罗斯福深吸了一口清凉的、让肺部扩张的空气——这是哮喘病人最好的营养品。“谢天谢地，谢天谢地”，他喃喃自语道。

第 5 章　这位公子哥（1883 年）

希尔文·菲利斯直勾勾地看着这位从纽约来的公子哥。这位树皮一样坚韧的加拿大人与合伙人比尔·梅里菲尔德刚刚在达科他扎下根来。

这一天，一位瘦骨嶙峋、说话呼哧带喘、有贵族派头、戴着厚厚眼镜的男子来向他借一匹马。

这座木屋是罗斯福能得到马匹的最后一站，因此他满怀期待地站在那儿，看着远处燃烧的褐煤。

这两个长胡子的男人用怀疑的眼神打量了一下他，然后摇了摇头。没门儿，他们不会把马借给一个压根儿不认识的人。

希尔文·菲利斯和尔·梅里菲尔德在这里主要靠狩猎和饲养 150 头牛的收入勉强糊口。他们享有北太平洋铁路公司给予西部移民的免费乘车权。梅里菲尔德外出猎杀野牛，以一磅 5 美分的价钱把牛肉卖给铁路餐车。

希尔文·菲利斯当过伐木工人，还赶过骡子。梅里菲尔德有一次感到口渴，就逼停了一辆特快列车，到餐车取了一份冰水喝。乘务员惊得无言以对，而腰上别着六连发左轮手枪的菲利斯只是跟他道了声谢，然后就下了车，骑着马扬长而去。

希尔文和梅里菲尔德后来帮来自明尼苏达的两位投资人牧

牛，他们自己也借贷款买了一些牛。他们就像南方佃农一样，可从这两位“在外地主”那里分得一部分利润。

这个小木屋说是牧场还有些勉强，但他俩因此有了一个梦想。他们把自家的牧场称为“烟囱山丘”，而乡亲们则根据他们使用的烙印把牧场称为“马耳他十字”。

他们是拼着身家性命来闯西部、寻找梦想的人。而这个衣着时髦的追梦人，跑这儿来猎杀野牛，是啥目的呢?

“对不起，先生，我们没有多余的马借给你。”梅里菲尔德告诉这位态度坚定、嗓音尖细的男子。

泰迪可不愿驾着一辆四轮马车在西部跑。这样的旅途会很颠簸，而且，与小说和新闻中渲染的西部神话相去甚远。

虽然罗斯福战胜了哮喘，作为富家子弟毕业于哈佛大学，但在当时那个要求男人身强力壮的基督教社会，他在别人眼里仍然不过是一介病夫。身形瘦削、戴眼镜、有慢性哮喘、心脏有潜在风险的他，怎么看也不像一个牛仔。

但他至少得有一匹马。西奥多·罗斯福给自己开出的解药很简单：要像以往对付哮喘一样来改变自己——通过不懈的艰苦锻炼，从重量练习、拳击、划船到野外徒步，让自己经受每一种可能发现的体力挑战。

这还包括他与父母亲到欧洲长途旅行，饱受哮喘发作的煎熬，以及在缅因州进行的一次艰苦的狩猎活动。泰迪·罗斯福已经开始实践一种“强迫自己的精神忽略虚弱肉体的理念”[①]。

---

① 凯思琳·道尔顿：《西奥多·罗斯福：奋发有为的人生》，纽约：艾尔弗雷德·A. 克诺夫出版社，2002 年，第 52 页。

后来他在总结人生信条时，承认自己起初害怕很多东西——“从灰熊、烈马到枪手。但是，只要你装出不害怕的样子，你就慢慢不再感到害怕了。”[①]

因此，他不打算驾着四轮马车跨越恶土荒原，虽然这两个牧场主找不到借给他这个“四眼仔”一匹马的理由。

还有一点，罗斯福对畜牧业很感兴趣。早在几年前，他就在怀俄明州夏延市的一家牛肉公司投资了5000美金。因此，他从骨子里就对经营一家牧场有兴趣，但希尔文和梅里菲尔德却闭口不言。

他们一点儿也不了解这位来自纽约的公子哥。为了打破僵局，他们玩了一会儿全四牌戏，不过木屋里的气氛并没有好转。后来，鸡窝里传出了母鸡的咯咯叫声，才打破这沉闷而尴尬的气氛。

四个人都一蹦而起。原来是一只山猫钻进了鸡窝。大家把山猫赶了出去，在混乱中开始有说有笑。但希尔文和梅里菲尔德还是不愿意借马给罗斯福。

“这样吧，我出钱从你们这儿买一匹马，”罗斯福一边说一边掏出钱包。希尔文和梅里菲尔德耸了耸肩。有钱好办事。

乔·菲利斯后来回忆说：“天呐！他太想要那匹坐骑了，以至于我们都不敢给他。为什么？我们根本不认识他，也不晓

① 凯思琳·道尔顿：《西奥多·罗斯福：奋发有为的人生》，纽约：艾尔弗雷德·A.克诺夫出版社，2002年，第52页。

得他要干吗。”[①]

现在，罗斯福有了一匹名叫奈尔的马——他在西部名副其实的第一笔投资。现在，他可以安稳地骑马去猎杀野牛了。他渴望在西部永远消失前，与之来一次亲密接触。

罗斯福在泥土地板上铺床过夜。他感到自己距离牛仔的生活越来越近了。他看着粗糙屋顶上烟熏的痕迹，听着原木发出的轻微声响。

屋外，草原狼在嚎叫；远处，褐煤在燃烧。这位风华正茂，有着远大前程、新婚的妻子、孕育中的孩子和一匹马的纽约州议员，一时兴奋得难以入眠。他睁大双眼仰面躺着，眼镜片上映照着渐渐熄灭的火光。

明天，他就要去恶土荒原的深处，寻找和猎杀野牛。入夜了，月光照在这孤零零的木屋上。狼群在蹦跳着奔跑，印第安人正悄然潜行。西部，就在门外等待着泰迪·罗斯福。

① 赫尔曼·哈根顿：《罗斯福在恶土荒原》，纽约：霍顿·米夫林出版公司，1921年，第17页。

第 6 章　进入恶土荒原（1883 年）

他们一大早就向南方出发，循着隐约可见的马车辙痕前进；泰迪骑着那匹名叫奈尔的母马开路，乔赶着一辆四轮马车跟着。此情此景，就像一幅古典油画：月朗星稀，只见两个人、两匹马，跋涉在重岩叠嶂间。

罗斯福此时意气风发。他凝视着埃德蒙·莫里斯在《西奥多·罗斯福的崛起》一书中生动描写的西部奇景："近处小河边的那些山丘，由蓝色、黄色和白色的地层堆积而成。稍远的地方，这些色泽混合成了紫色。更远处，起伏的丘山逐渐变得色泽清淡，以至于透明，最后消失在地平线上，就像水彩画里重重叠的线条。

"偶尔闪现的一抹亮红色，那是燃烧的煤层产生的高温，将邻近的彩色地层炙烤成了陶瓷般光洁的矿渣。"[①]

这副图景凸显了恶土荒原地貌的原初状态。火山活动带来水火的剧烈反应，继而是岩石和地壳的扭曲变形——这正好与表面上无精打采的骑行者内心澎湃的激情相呼应。

---

① 埃德蒙德·莫里斯：《西奥多·罗斯福的崛起》，纽约：兰登书屋，1979 年，第 199—200 页。

在地火继续燃烧的位置，不时有烟雾升腾；千万年前落下的雨水，汇聚成沟壑、小溪与大河。

这是一个红色的、粗糙的世界，地面保留着酷热炙烤后的深刻印记。这个充斥着粗犷、矛盾、冲突的世界，不仅粉碎了泰迪头脑中维多利亚式的禁锢，甚至让他的肺部恢复了功能。

他能够畅快地呼吸了！这里干燥而洁净的空气对于他就是营养品。他的身体将变得健壮。他是否知晓，自己“人生中的浪漫时光”已经来到？也许，当他凝视那些原始的奇峰怪石和向无限远处延伸的地平线时，就已经知道了。而对于其他人，这里就是人间地狱。

这里看不到树木。只有残暴的阳光照射在一丛丛刺柏和稀稀拉拉的野花上面。

对于生活在21世纪的美国人来说，这里能看到的不过是些奇怪的石头、高温炙烤的大地以及少量的植被。但是，大多数现代美国人不是生长在辽阔的空间里，没有机会走出去从头再来，变成一个崭新的、内心想要的自我。只有极少数人，有能力通过在美国东西海岸之间的迁移，来实现这个理想。

而对于19世纪的美国人，他们的机会就是狂野西部，因为它既是神话又是事实。罗斯福转过身来，奈尔的蹄子扬起一阵沙尘。“你觉得，我们会遇到印第安人吗？”乔·菲利斯往旁边吐了口唾沫，轻轻拉着缰绳，扭头看着罗斯福。“也许会的。要小心你的头皮哦。”罗斯福回过头去。“好极了！”

印第安人在恶土荒原上的地盘已经比以前缩小了，白人与印第安人之间的仇杀事件在减少。在罗斯福眼里，印第安人和野牛都是西部神话的重要组成部分。

后来，罗斯福对印第安人的看法变得较为正面。但乔·菲利斯一听说印第安人就会摇头。最好别看到他们。乔曾经带一个富人来这里猎杀野牛，印第安人的出现，让他们的活动变得不仅复杂而且危险。

真相是，苏族印第安人在平原上屠杀了大量野牛，现存的野牛已经为数不多了；北太平洋列车公司的敞篷火车是射杀野牛的绝佳平台，人们任由那些死去的野牛在太阳下腐烂。

而今，这个戴着厚厚眼镜的纽约公子哥想要一头野牛。没问题。他们将去寻找一头野牛，如果这个“公子哥”吃不了苦，那就放弃。乔已经摸准了这些城里人的习气，他们并不真正关心能否找到野牛。他们一遇到恶劣天气，大太阳、大雨、大风，或者大冷天，就马上打退堂鼓，回到他们舒适、温馨的生活中去。

乔很确信，这个公子哥跟他们没什么两样。乔注视着罗斯福，这个纽约客正兴致勃勃看着白天经受了一百华氏度高温焙烤，现在又沐浴在一片清凉月光中的岩石景观。这里极度荒芜。昼夜温差极大，白天烈日当空，夜幕降临后，温度骤降，寒气逼人。

而这个公子哥此时骑在马背上，抬头看天，一脸惊奇。“我的天，这真是太美了！”菲利斯轻轻揪着缰绳。他从未听过有人这样讲话。

他在感叹什么？罗斯福凝视着这里的景观，咧开嘴笑了起来。“我的天！不虚此行啊！”乔看着这位狩猎新手，不禁又摇了摇头。这个人甚至连呼吸都与众不同，就像蒸汽机车呼哧作响。太美了？就这些烂糟糟的石头？这个由远古时代的水火生成的人间地狱——还有原始的河流与湖泊创造出的弯弯曲曲的峡谷？

是啊，远方山顶上的阳光……还有宽广的蓝天，这些是很美，乔心里想。但是，如果你三天吃不上饭、喝不上水，或者手指都冻僵了，或者大雨把浑身浇透了，你哪还有心思去想它们美不美？罗斯福又在喊叫："爽！真爽！"乔瞟了他一眼。有什么爽的？

这时，乔突然回过神来，发现路上的车辙消失了。沾满沙尘的野草上，根本寻不见马车经过的痕迹。

他们已经六次趟过小密苏里河，在到达作为狩猎基地的格里戈·朗木屋之前，他们还将涉过这条河十七次。

眼下，他们不得不一会儿把马车从泥潭中拽出来，一会儿把马车从流沙中拖出来，一会儿又拼命将马车拉上陡峭的河岸。

黄昏时分，他们终于到了。小坎农鲍尔河边的这座木屋，看上去像是一片空旷、荒凉的土地上一处废弃的建筑。

其实，它不同凡响。它的主人，一位真正的早期拓荒者，正等着泰迪·罗斯福到来。格里戈·朗是苏格兰人，身材魁梧，长着蓝色眼睛，留着络腮胡子，戴着一副眼镜。

他 16 岁的儿子跟伟大的黑奴解放者同名，叫林肯。格里戈给自己修建了一幢有草皮屋顶的木房子。他购买的牛群将从明尼苏达运过来。妻子也将很快过来跟他团聚。

他最初来此，是受雇于“指挥官”戈林的小密苏里土地和畜牧公司。但在南达科他的恶土荒原，格里戈找到了发财的机会。

在小坎农鲍尔河边安家后，他和儿子林肯一起开辟了一片生存之地，现在就等着上苍赐予他们圣光——或者，至少让他们的牛群赶紧到来。

结果，首先到来的，是戴着厚厚眼镜的西奥多·罗斯福。格里戈的儿子林肯多年以后这样描述他对罗斯福的第一印象：“借着从门缝透出的光线，我辨认出这是一位戴着一副引人注目的厚眼镜的年轻男子。他两眼发光，正饶有兴趣地看着我。‘这是我儿子，罗斯福先生。’我父亲说。

“然后，这位客人伸出双手，紧紧握住我的手。他说话清晰而有力，其姿势和表情，马上让人感到他的诚意：‘很——高兴见到你，林肯！’”①

格里戈是一位饱学之士，也很有政治头脑。来自奥尔巴尼的年轻改革者高兴地发现，这个人跟他一样，热衷于理性的探讨和辩论。

他俩聊了一个晚上，而乔·菲利斯早就睡了。雨下起来，敲打着草皮屋顶。泰迪·罗斯福从交谈中得知当地牧牛业的情况，以及一个梦想跟屋外的大地一样宏阔的苏格兰人对牧牛业的见解。

① 埃德蒙德·莫里斯：《西奥多·罗斯福的崛起》，纽约：兰登书屋，1979 年，第 201 页。

朗感到，这个从纽约来的贵族青年跟他有很多共同点；他们都是面向未来的人，都喜欢从光明面看待事物。

也许，罗斯福告诉了这个苏格兰人，当他还是一个小男孩时，他就从位于曼哈顿富人区的舅舅家的窗户上，目睹了亚伯拉罕·林肯总统的送葬仪式。或许，他谈到了母亲米蒂，一个南方美人，嫁给了他爸，一位纽约客，但从未真正融入罗斯福家族的社交圈。

或许，他还谈到，他母亲推崇南方人的决斗、世仇，爱读有关骑士和浪漫爱情的小说，曾经给年幼的西奥多讲述“把荣誉看得比生命更重要的男人们”的故事。

或许，他谈到，母亲有神经衰弱症，体弱多病，动不动就求助于静养疗法；母亲总喜欢让这个病恹恹的儿子陪伴——这让他从小见识了病人的生活有多么令人恐怖，促使他永远崇尚行动。

是他的父亲，老西奥多·罗斯福独自撑起了这个家；也是父亲，让这个年幼的男孩懂得鄙视那些不尽到本分的人。正是他幼年病苦折磨所形成的性格、体弱的母亲给他的刺激，以及他父亲，一个肌肉发达的基督徒——“我唯一害怕的人”——对他的积极影响，使他勇于面对艰辛的人生。

他俩一直聊到次日凌晨，而林肯早在火堆旁睡着了。早晨，一阵猛烈的、持续的、让屋顶咚咚作响的雨把罗斯福叫醒了。乔·菲利斯建议他别出去打猎。“胡说。我们就是来猎杀野牛的，”罗斯福说。是他负担了这次猎牛行动的全部费用。

甚至连朗一家人也警告罗斯福，道路泥泞，马儿可能滑倒，马车可能倾覆。不要紧，“他为猎杀野牛而来，他一定要找到野牛，赴汤蹈火，在所不惜”[①]。

抱持同样的刚毅和决绝，罗斯福已战胜了哮喘，征服了恐惧，现在他将直面恶土荒原。早上 6 点钟，他们上马出发，冲进了暴雨中。最终，这位纽约公子哥猎到了一头野牛。

① 埃德蒙德·莫里斯：《西奥多·罗斯福的崛起》，纽约：兰登书屋，1979 年，第 203 页。

第7章　猎杀野牛（1883年）

在1883年，用枪猎杀野牛并非易事。在约翰·威廉姆斯的经典小说《屠夫十字镇》中，一位名叫安德鲁斯的青年男子参与了一次即将收尾的野牛猎杀行动。他发现，这片土地充满杀机，猎人们不得不在寒冷天气中为追赶野牛而整夜奔跑；野牛猎杀者相当凶残，他们枪杀那些站立的野牛，就像用长柄镰刀砍玉米一样利索。

接连好几天骑马追赶野牛，他们几乎因缺水而丧命。“安德鲁斯双手抓着鞍角。两只手不听使唤，不断从鞍角上滑落，他几乎没有力气把手收回来……有一次，他晚上醒来，发现自己嘴张着，却怎么也合不上……他回忆起公牛的舌头——乌黑、肿胀而干燥……”

猎杀野牛不光很累人，甚至可能送命。地理环境和天气随时会变得对狩猎者不利。猎人们碰见一大群野牛，站在一个制高点射野牛，剥下牛皮高高摞起来……这种好日子一去不复返了。甚至骑在马背上射杀野牛都变得颇具挑战性，因为这些成年野牛有可能向猎手猛冲过来。

一头野牛在一分钟之内就能跑出一英里远，还能凭借风中的气味知晓猎人的位置。在罗斯福和菲利斯遇到的这种雨天，野牛还可能逃匿得无影无踪。

恶土荒原的很大一部分就像一只巨大的泥碗，流淌着秋葵一样黏稠滑溜的东西。天刚亮，两位猎人就出发了。他们先是跨过小密苏里河，随后闯入一个迥然不同的世界。“这片荒野既贫瘠又恐怖。从那些被风蚀的蜡黄色斜坡上，竖起各种形态诡异的天然雕塑。唯一绿色的东西，是那些仿佛从恐惧中长出来的盘根错节的雪松……”①

戴着近视眼镜的这个猎人，经常停下来擦拭眼镜片上的雨水。结果呢，他在每一个山丘的旁边都发现了野牛，但最后都让它们溜走了。然而，这是泰迪·罗斯福的冒险，不抓到野牛是不会罢休的。

乔·菲利斯不敢相信自己的眼睛——泰迪·罗斯福居然往脸上涂抹稀泥，装扮成拉科他苏族印第安人临战时的模样。终于，他们发现了一头雄鹿。这个新来的牛仔先开火，却没能命中目标，雄鹿一跃而逃。罗斯福喜欢打猎，但由于眼睛近视，永远不可能成为神枪手。菲利斯以万里挑一的枪法射中了雄鹿，罗斯福在雨中回头看着菲利斯，摇了摇头说：“乖乖！谁要能让我变为神枪手，拿什么换都值了！”②

两人在天黑时分赶回了牧场，浑身湿透、疲惫不堪、泥水淋漓。当他们从沾满污泥的红马背上跳下来时，格里戈·朗看

---

① 赫尔曼·哈根顿：《罗斯福在恶土荒原》，纽约：霍顿·米夫林出版公司，1921 年，第 23 页。

② 埃德蒙德·莫里斯：《西奥多·罗斯福的崛起》，纽约：兰登书屋，1979 年，第 203 页。

见在暗黑的雨夜中，那位来自纽约的“公子哥”正咧嘴微笑。

乔·菲利斯早早就上了床，心里盘算着这位“公子哥”离他返回以前舒适的生活还有多少日子，这样就不用再跟他冒雨去打猎了。当他酣然入梦时，朗和罗斯福还坐在噼啪作响的火堆旁谈论着天下大事。接下来的四天，雨仍然无尽无休地下着。乔·菲利斯希望，这个纽约来的人最好是把自己裹在毯子里，抽出一本书来读。雨滴敲打屋顶的声音足以说明外面的天气有多糟。乔不停地在心里盼望有什么事能够阻止这位“公子哥”无畏的精神。但他们还是冒雨出去了，晚上回来时又变成了泥人儿。两人从头到脚沾满泥浆，咯吱咯吱地走进了小屋。此时，罗斯福居然还面露笑容。“夜晚时分，我们回来了，又一无所获，虽然运气不佳，但微笑还在——明显是发自内心的、根深蒂固的。”[①]

每天，罗斯福都坚持外出打猎，晚上返回驻地时，都露齿微笑着。“他差点儿就把可怜的乔整死了。”[②]林肯·朗后来回忆说。

林肯·朗无法明白的是，罗斯福远离家庭的束缚，正如凯瑟琳·道尔顿在《艰辛人生》一书中对罗斯福的描述：“在成长过程中，西奥多一直被禁锢在维多利亚思想观念的铁笼子里，对于文化演变、文明发展、族群自杀、阶级分化、集体暴力、

---

① 埃德蒙德·莫里斯：《西奥多·罗斯福的崛起》，纽约：兰登书屋，1979年，第203页。

② H. W. 布兰兹：《西奥多·罗斯福：最后的浪漫主义者》，纽约：蓓基出版社，1997年，第155页。

男人和女人气质的差异等都形成了固定的认知。

“作为一个孩童和少年，他没有能力突破这些无形的束缚。哮喘和不合群的性格已经将他牢牢囚禁，以至于他一门心思只为自己能否活下去而发愁。”①

多年以后，时间进入20世纪，林肯·朗将罗斯福的个性总结为“具有放射性的”②。

对于泰迪·罗斯福而言，这些雨中的跋涉、打猎后疲惫的夜归，简直就是一种享受。而且，雨不会一直下，跟那个苏格兰人的对话也蛮有趣的。比如，关于经营牧牛场的话题。现在，牧牛是男人的正经职业，而且听上去很赚钱。

罗斯福可能意识不到，他的言行影响了林肯·朗的一生。朗后来这样在书中描述罗斯福式的人生哲学：“那就像是在建造一座直达天际的金字塔。这座恒久坚固的金字塔，只有通过诚实、智慧的相互作用与紧密合作才能建成——所有的结构因素都必须为一个共同目标发挥作用。一些孤立的要素或许能更快建成更高的金字塔，但这样的建筑永远不可能牢固。”③

小坎农鲍尔河流域成为小男孩林肯·朗的课堂。那个浑身充满活力、每天风风火火返回小木屋的男人，教给了他罗斯福式的人生准则。这让他第一次开始思考：“也许，这个世界是造

① 凯思琳·道尔顿：《西奥多·罗斯福：奋发有为的人生》，纽约：艾尔弗雷德·A.克诺夫出版社，2002年，第45页。

② 埃德蒙德·莫里斯：《西奥多·罗斯福的崛起》，纽约：兰登书屋，1979年，第204页。

③ 埃德蒙德·莫里斯：《西奥多·罗斯福的崛起》，纽约：兰登书屋，1979年，第204页。

物主为所有人而非为少数人建造的。”①

除了具有平等主义的思想，这位戴眼镜的罗斯福还散发着一种异样的光芒，一种真正的理想之光。“朗先生，”他终于开口问。“我正考虑是否应该投资于牧牛业。您能给我一些建议吗？”②

苏格兰人咂吧了一下烟斗，一边徐徐吐出轻烟，一边思考这位东部年轻人提出的问题。然后，他目光坚定地告诉罗斯福：“依我看，这是一门最好的生意。”③

在后来的几天里，罗斯福一边冒雨追捕野牛，一边思考苏格兰人的建议。乔·菲利斯每天打猎回来都瘫倒在床上，而罗斯福还有与别人交谈、往火中添柴的劲头。这个四眼仔确实精力过人。

在罗斯福他们外出打猎的第六天，太阳终于露脸了，地上也出现了新鲜的野牛蹄印。他们马上动身追赶。随着气温上升，地上的泥浆变成飞扬的尘土。

罗斯福后来这样描写野牛的踪迹如何消失，以及他们如何在沟壑里搜寻的：

当我们经过一道深沟旁边时，听到上游有重物坠落，

---

① 埃德蒙德·莫里斯：《西奥多·罗斯福的崛起》，纽约：兰登书屋，1979年，第204页。

② 赫尔曼·哈根顿：《罗斯福在恶土荒原》，纽约：霍顿·米夫林出版公司，1921年，第28页。

③ 赫尔曼·哈根顿：《罗斯福在恶土荒原》，纽约：霍顿·米夫林出版公司，1921年，第28页。

> 灌木丛噼啪作响，紧接着一头长相丑陋的雄性野牛窜了出来。它没有丝毫迟疑，又纵身跳下一道陡岸。下方是一片烂泥潭，一直延伸到一座较高的山丘脚下。
>
> 野牛消失得太快了，我们根本来不及下马开枪。于是，我们又策马冲向山丘，并绕行一周，却见那野牛早已跑出泥潭，爬上了四分之一英里开外的另一座山丘。尽管身体沉重，步态笨拙，它居然轻松地，甚至可以说敏捷地爬上了陡峭的山崖。当它到达山脊时，还回头朝我俩张望了一阵子。①

然后，野牛狂奔而逃，罗斯福和菲利斯追赶了好几英里地，也没能够追上它——冒险才刚刚开始。

他们已进入荒原东边的草原上，这里贫瘠而炎热。恶土荒原先是用雨天来捉弄两位猎人，现在又用酷热来考验他俩。他们冒着 105 华氏度的高温前行，终于发现前方远处有三个移动的斑点。毫无疑问，罗斯福终于见到了梦想中的西部景象——远处那些野牛。

他们离野牛群越来越近，最后索性下马俯身，在灌木丛中爬行，这让泰迪 · 罗斯福感到很兴奋。在地面蛇行时，罗斯福手上扎满了刺。他像公牛一样喘着粗气，口鼻距离热气蒸腾的地面不过数英寸。当爬行到距离野牛群不过 300 码时，他向离

① 西奥多 · 罗斯福：《大牧场主狩猎之旅》，纽约：乔 · 帕 · 普特南森出版公司，1885 年，第 259 页。

自己最近的那头野牛开火了。

子弹射进野牛肥厚的身躯，但这个粗野的家伙还是跟其他两个伙伴一起跑远了。菲利斯和罗斯福跳上马一路狂追。刚开始，这些野牛跑得很快，草原上的热气和凹凸的地面，也阻止了马儿快跑。

但在天黑之前，他们总算追上了这些成年野牛。罗斯福可以肯定，他已射伤了其中一头。但此时，月亮在慢慢升起，野牛处在朦胧的落日余晖中。

泰迪距离野牛不到 20 英尺远，但光线不好，地面不平，他没法瞄准。他再一次打偏，野牛被惹怒了。这头毛茸茸的恶魔飞快地转身，在月光下朝罗斯福猛冲过来。

罗斯福举起了猎枪，深知这回不能有闪失。“我的马儿吓得不停地发抖，转着圈，仰起头。我正用双手举着枪，马一仰头，刚好撞到枪上，枪猛地砸到我额头上，留下一道很深的口子……我正在兴头上，血却止不住地流，糊住了我的双眼。”[①]

菲利斯骑马兜了回来，又从他身旁迅速跑开。“你没事吧？”“别管我，”罗斯福大声回答。“我没事儿！”

野牛追赶着乔·菲利斯，活像启斯东打闹喜剧（Keystone comedy）中的场面：野牛飞快地跑着，紧盯着菲利斯的坐骑不放，野牛的头部和马的尾巴只有几英寸的距离。

罗斯福试图帮忙。“我尝试着朝他冲过去，但我的马却止

---

① 西奥多·罗斯福：《大牧场主狩猎之旅》，纽约：乔·帕·普特南森出版公司，1885 年，第 262—63 页。

步不前，只原地踏步，无论怎么驱策它都不肯跑起来。”[①]

而乔·菲利斯却另有打算。他干脆下了马，一边撒腿狂奔，一边向野牛开枪。他趁着月光打了两枪，都没命中目标。野牛再次逃遁，只剩下他俩在黑暗中。

他俩走得太远，已经不可能当晚返回朗的家。实际上，他们搞不清所处的位置，因为这一通追赶之后，他们早已远离了小坎农鲍尔河流域。

虽然伤口还流着血，罗斯福却在黑夜中咧嘴笑了。“爽！爽！爽！”他连声说道。“这一趟好惊险！又好精彩！”泰迪·罗斯福置身于恶土荒原的中心，狂野西部神话的中心，已经没有回头路可走了。

他们急需水，因为足足有 9 个小时没喝水了。他们找到的唯一水源，就是一个充满了黏稠泥浆的小水坑。里面集聚的水，只够马或人喝上一小口。天黑以后，他们除了躺下睡觉，啥也干不了。他们露宿之处，头上只见满天的星星。他们吃了硬邦邦的烤饼，然后就躺下了，口里更渴了。菲利斯很不喜欢这样的生活。

他们身处土匪出没的地方，可能遇上印第安人或白人盗马贼。生火的木材也不好找，也没有可以喝的东西。他们把马鞍子卸下来，用上面的绳子当套索，一头挂在鞍角上，另一头将马拴住。

他们把马鞍垫在毯子底下当枕头用，毯子铺在坚硬的土地

---

① 西奥多·罗斯福：《大牧场主狩猎之旅》，纽约：乔·帕·普特南森出版公司，1885 年，第 263 页。

上。罗斯福仰面躺着，面带笑容，看着天上的星星，听着马儿紧张地原地踏步——它们觉察到附近有丛林狼和短尾猫；菲利斯和罗斯福则必须防范可能加害于他们的各种人。

正如罗斯福后来所写："野兽或其他东西可能会在我们周遭出没……这里也是白皮肤或红皮肤盗马贼的地界。而红皮肤的盗马贼除了偷我们的马匹，还有可能会剥下我们的头皮。"[①]

这不禁又让人想起威廉·安德鲁斯的经典西部小说《屠夫十字镇》的主人公。他是1873年来这里猎杀野牛的。就像泰迪一样，他也才二十多岁，也来自东部城市。当安德鲁斯进入西部时，他感受到一种身心的变化——跟罗斯福在星空下露宿时感受到的变化一模一样。

"他能感觉到，脸上的皮肤受西部天气的影响，在一天天变硬；嘴巴周围的胡茬子随着皮肤粗糙而变得平滑；手背上的皮肤由于烈日曝晒开始变成红色、棕色，最后变成黑色。他感到身形在变精瘦，身板在变硬朗。他有时会想，自己正在脱胎换骨。"

他们睡觉时也做好了射击的准备。半夜时分，恐怖的事情终于发生——他们头枕着的马鞍突然被抽走了。两个猎人睡得正香，当他们攥着枪跳起来，马儿已经拖着马鞍跑远，扬起一片白色的灰尘。"可能是狼，"菲利斯嘟囔着，用手指向远处一个模糊的身影。

于是，他俩在月光下开始了长途跋涉，沿着马鞍子在地上

---

① 埃德蒙德·莫里斯：《西奥多·罗斯福的崛起》，纽约：兰登书屋，1979年，第207页。

留下的痕迹，踩着硌脚的沙子和石块一路向前。这时，罗斯福心里有一种奇妙的感觉。几个星期前，他还在纽约州的首府奥尔巴尼参加有关改革举措的投票，如今身在恶土荒原的中心地带。在这样一个夜晚，就像他读过的牛仔小说里描写的那样，冒险追赶马匹，周围可能有印第安人或土匪出没。

乔·菲利斯扭头对罗斯福说：“嗨，我应该没犯过任何罪，为啥这种倒霉事让我碰到了。”他又把头转过去。“你有做过什么坏事，值得遭这样的罪吗？”“乔，”罗斯福回答道，“我从来没有。”①

他们走出老远，才找回了马匹，回到了宿营地。这时候，天又开始下起冷雨。他俩全身湿透，浸湿的毯子沉甸甸地压在身上。

乔摇了摇头，盼望这场倒霉的野牛猎杀行动赶紧结束。就在这时，躺在他旁边的泰迪·罗斯福戴着溅了雨水的眼镜，冲着黎明时分的天空喊叫着：“天哪，这太好玩了！”②

更好玩的还在后头。菲利斯和罗斯福一大早就上马出发，吃了点儿没加热的烤饼，靠着指南针的帮助，掉头朝着朗的木屋所在方向行进。然后，他们发现远处有野牛的踪迹。这时候，天上正下着毛毛细雨，罗斯福的眼镜片变得模糊了。他们下了马，悄悄摸过去，泰迪觉得这一次应该可以得手。他站起

① 赫尔曼·哈根顿：《罗斯福在恶土荒原》，纽约：霍顿·米夫林出版公司，1921年，第36页。

② 赫尔曼·哈根顿：《罗斯福在恶土荒原》，纽约：霍顿·米夫林出版公司，1921年，第36页。

身，开了一枪。野牛们受到惊吓，撒腿就跑。“这是一个能让猎人肠子悔青的失误。”[1] 罗斯福多年以后这样写道。

就在这个时候，天又下起了大雨，一下就是一整天一整夜，把这两人以及两匹马折磨得够呛。第二天，太阳倒是出来了，但他们找到野牛的希望很渺茫。“我们这是走霉运了，”乔·菲利斯说，“就像一条黄狗追着一个醉汉。”[2]

行进途中，乔的马差点踩踏了一条响尾蛇；罗斯福骑的那匹名叫奈尔的马踩到一个地洞，让他做了一个侧空翻。他刚爬上马背，奈尔又陷进流沙和淤泥。两人用套索把奈尔拽了出来，然后继续赶路。

乔曾经以为，这个公子哥随时可能用毛巾擦干身体，搭乘最早停靠小密苏里火车站的一班列车，仓皇逃回东部城市去。但是，他估计错了。“罗斯福这个人经受得住一连串沉重打击。然后呢，他仍然是笑呵呵的。他就是这样一个不服输的主儿。”[3]

他们终于回到朗的木屋。就在那天晚上，罗斯福告诉乔，东部的一个医生曾告诫他，他的时日不多了，任何剧烈运动都是致命的。“明天早上见！”说完这番话，罗斯福像唱歌一样跟乔道了晚安。乔·菲利斯心里说，这个新来的拓荒者真不是一般的疯癫。

---

① 赫尔曼·哈根顿：《罗斯福在恶土荒原》，纽约：霍顿·米夫林出版公司，1921 年，第 37 页。

② 赫尔曼·哈根顿：《罗斯福在恶土荒原》，纽约：霍顿·米夫林出版公司，1921 年，第 37 页。

③ 赫尔曼·哈根顿：《罗斯福在恶土荒原》，纽约：霍顿·米夫林出版公司，1921 年，第 38 页。

第 8 章　大牧场主（1883 年）

在那座小木屋里，在摇曳的炉火旁，泰迪·罗斯福表明了来意。“我决定投一笔钱，朗先生。你是否愿意帮我经营牧牛场——我俩分担盈亏，或者，以其他方式合作？”格雷戈尔·朗简直不敢相信，一个男人竟然轻易做出如此重要的决定。在他生活的世界里，男人们不大会刚有涉足牧牛业的想法，就马上把合伙人定下来。更何况他已经有了投资牧牛业的合伙人。[①]

“非常遗憾！罗斯福先生。”他带着真诚的歉意回答道。

而罗斯福已下定决心，无论如何都要做这件事。他的想法变得太快，让人无法捉摸。对法学失去兴趣后，他成为一名众议员，而此前他还一度想当义学家。如果他真的投身牧牛业，可能终其一生要待在美国西部。实际上，罗斯福已经跟他一位哈佛同窗在怀俄明州的夏延市一家名为特美德宾的畜牧业公司那里投了钱。

---

① 埃德蒙德·莫里斯：《西奥多·罗斯福的崛起》，纽约：兰登书屋，1979 年，第 208 页；赫尔曼·哈根顿：《罗斯福在恶土荒原》，纽约：霍顿·米夫林出版公司，1921 年，第 209 页；埃德蒙德·莫里斯：《西奥多·罗斯福的崛起》，纽约：兰登书屋，1979 年，第 211 页。

美国人刚发现西部荒野非常适合发展牧牛业。这导致一场近似于股市投机的西部投资热潮。加上强调人的自由流动、社会习俗和适者生存原则的牛仔文化的勃兴，西部荒野俨然成了渴望冒险和生存刺激的年轻人大展身手的理想之地。

当来自得克萨斯的拓荒者们注意到牛羊爱吃荒原上的草，可以在此熬过寒冬之后，他们便从1883年起，开始向达科他地区进发。牛仔们也随后到来。罗斯福就是这样一位来西部荒野追寻其牧牛帝国梦想的牛仔。

他用手扶了扶眼镜，咬紧了牙关。“那么，你能给我推荐个合伙人吗？”

“我能想到的最好人选，是希尔文·费里斯和比尔·梅里菲尔德。我很熟悉他俩，而且我相信，假如你给他们机会，他们一定干得很漂亮。”

罗斯福点点头。

“行！”

朗先生的儿子随即骑马去寻找那两位加拿大人，带他们来小木屋面见这位未来的新东家。

罗斯福最近手头上有了钱，正为他的年轻新娘建造一座房舍，为他们未来的生活做准备。因此，何不为那种生活增添一座牧牛场呢？

罗斯福和乔又在后来两个雨天出去打猎。费里斯这时开始对这位性格倔强、瘦骨伶仃、戴着一副大眼镜的男人有了好感。

9月18日傍晚，当又一次两手空空打猎归来的罗斯福走进小木屋时，希尔文·费里斯和比尔·梅里菲尔德已经在此等候。

三人来到室外商谈。在一根原木上一坐下，罗斯福就问盘下一个牧牛场要花多少钱。

“这得看你想做成啥样，我觉得吧，如果你想好好经营，差不多要 4 万美元。”希尔文回答道。

罗斯福把眼镜往上推了推。

“哼！先期投入需要多少呢？”“嗯……有三分之一的钱就能启动。”

罗斯福又点点头。

“你俩能帮我打理牛群吗？”

希尔文和梅里菲尔德交换了一下眼色，然后希尔文点了点头。“当然啦，我想我们能照看好它们，和别人干得一样好。”

“是啊，我也这么认为。”梅里菲尔德大声附和道。

罗斯福对他俩点了点头。

“那么，你们答应了？”

希尔文连忙解释说，他俩已经跟别人合伙开了一家牧牛场。

罗斯福不以为然。

“我要把这些牛都买下来。”

梅里菲尔德和希尔文面面相觑。

“好吧。那我们最好去趟明尼苏达，把合同解除了。”梅里菲尔德回答道。

“嗯！启动资金，你们要多少？”

梅里菲尔德揉了揉下巴。

“大概 1.4 万美元就够了。”

泰迪·罗斯福随即从一个皮袋子里取出支票簿，开出了一张数额为 1.4 万美元的支票。这时，三人都坐在小木屋外的一根原木上。梅里菲尔德接过了那张支票。要知道，当时的 1.4 万美元相当于现在的 20 多万美元。梅里菲尔德直盯着罗斯福。“你不要收据啊？”罗斯福摇摇头。“哦，不要紧的。”

在 1883 年的时候，人们一般不会这么轻易地在荒野上的一座小木屋旁开出 1.4 万美元的支票。虽说罗斯福从父亲那里继承了 12.5 万美元遗产，但他并不善于经商，根本不懂如何赚钱。

他此前已经有过不成功的投资经历。然而，促使他初见完全不知底细的合作伙伴就开出巨额支票的，并不是这项重大投资的美好前景。这笔钱要购买的，是他在充满诱惑力的西部荒野的一席之地。

他知道，在这片雨水充沛的荒野里，有一种东西已俘获了他的灵魂，并且可以让他在这片无法无天的天地里成就自己。但他并不知道老天爷给他做出了怎样的安排；他被一种不舍昼夜在西部荒野中创造出崭新人生的念头深深吸引了。

罗斯福将成为一位大牧场主；这是一个新的人生角色。不久前，他才从乏味的律师生涯中抽身，转行做了一名政治家。

罗斯福跟希尔文·费里斯和比尔·梅里菲尔德分别握手道别，他们之间的合作关系就算确定下来了。多年以后，林肯·朗在记录这一事件的文字当中，给出了他对于罗斯福当时突然为一种毫无所知的生活开出一张支票的动机分析：

“我还能清晰回忆起他对那片荒野所怀有的狂热激情……

这种激情在他的意识里扎根，就像一株顽强的、注定要繁茂生长，然后遍布荒野的匍匐植物，促使他越来越以一种接近自然的方式，一种真正接地气的方式去思考问题。”

也许，吸引这位年轻人的就是西部荒野所能给予的自由。在这里，你可以重塑自我，不会有人教你如何生活或应该做什么。“去西部吧，年轻人！”这句格言虽然显得陈腐，却道出了美国价值观的一个基本要素——重塑自我的无限潜力。很多美国文学作品，从《哈克贝利·费恩历险记》到《了不起的盖茨比》，都在歌颂这种理想。西部荒野就能赐予这种机会，让一个人重塑自我，脱胎换骨。

这样的自由真让人艳羡。现代人类不得不飞往月球去寻找纯洁质朴之地，一个可以改写人生故事的地方。罗斯福当时也许已经有一种奇怪的预感，他的生命之舟，也许需要一个锚。时间也将证明，即使有了锚，他也无法避开前方等待着他的悲剧。

无论如何，寻猎北美野牛的时候到了。

罗斯福和费里斯第二天一大早就上路，这次是向着蒙大拿进发。

他们在寻找“孤独的乔治”——那些由于病痛或体弱等原因而落单的野牛。

在进入蒙大拿地界不久，他们就听见马朝着附近一个河谷打响鼻儿。

罗斯福下了马，爬上一道沟壑，往下一看，原来是一头野牛。

> 我俯身看去，约50码开外，有一头硕大的野牛。它一边行走，一边啃野草。它浑身齐整的皮毛在太阳下泛着光芒；骄傲的体态显示出，它正处于壮年。当我爬上山顶，它也仰头张望，尾巴竖了起来。[①]

这时，乔正藏在它身后，用枪口指向这头成年野牛身上一处黄色斑点。

“打这个位置，”乔轻声说。“你可以一枪穿透它的心脏。”

罗斯福举起手中的夏普斯步枪，这次他显得冷静而从容。已实现了牧场主梦想，现在就想要猎杀一头野牛。他扣动了扳机并听到了枪响。“我把子弹射进了它的两胛之间。”虽然口鼻喷血，野牛并未应声倒地，而是跳出沟壑，继续奔逃。

罗斯福和乔急忙追赶，最后在一个溪谷里，找到了它的尸体——正如乔·费里斯所说——“它一动不动，就像玛士撒拉的猫。”

随后，泰迪·罗斯福跳起了战阵舞。他高举步枪，围着野牛的尸体又蹦又跳，大喊大叫，活像一位夸耀狩猎技巧的印第安人。罗斯福幼年在书中读到的神话今天终于变成了现实，他自己也变成了一位勇士。罗斯福非常兴奋，顺手塞给乔100美元作为奖赏。乔·费里斯惊得目瞪口呆。“我这一辈子从未见过如此欣喜若狂的人。”[②]

---

① 埃德蒙德·莫里斯：《西奥多·罗斯福的崛起》，纽约：兰登书屋，1979年，第211页。

② 埃德蒙德·莫里斯：《西奥多·罗斯福的崛起》，纽约：兰登书屋，1979年，第212页。

然而，他所目睹的是一个大男孩梦想成真的时刻；这个大男孩战胜过哮喘、死亡，现在又战胜了野牛，很快，他还将征服西部荒野。

他们砍下野牛的头，把整头牛运回朗的牧场，供大家一起享用。一贯的肉食主义者罗斯福后来写道："这头野牛的肉味道好极了……大概因为我们整整一星期没吃鲜肉了；如果没有这样的经历，一个健康而活跃的男人不会知道，他是多么地馋那一口鲜肉。"[①]

9 月 21 日，泰迪·罗斯福动身返回小密苏里，这段路程有五十多英里。罗斯福猎杀野牛的行动也正式结束。格雷戈尔·朗和他儿子目送罗斯福乘坐的四轮马车消失在一片烟尘中。在林肯·朗的回忆文字中，他父亲当时说的一番话，后来被研究泰迪·罗斯福的历史学者们反复引用：

"他是我平生所见最杰出的人物。我确信，他总有一天会声名卓著。"[②]

以胜利者姿态重返纽约政坛的泰迪·罗斯福完全不知道等待他的将是什么，也没料到自己很快会以另 种面目回到西部荒野。

罗斯福乘坐北太平洋铁路公司的火车前往纽约时，他的行李中就有那个重达 35 磅、被黄麻布包裹的野牛头。也许，在卧铺车厢里睡觉时，罗斯福还紧紧抱着那个野牛头——就像一个小男孩抱着他的奖品。

---

① 西奥多·罗斯福：《大牧场主狩猎之旅》，纽约：乔·帕·普特南森出版公司，1885 年，第 106 页。

② 赫尔曼·哈根顿：《罗斯福在恶土荒原》，纽约：霍顿·米夫林出版公司，1921 年，第 46 页。

第9章 “水牛比尔”的狂野西部秀(1883年)

1883年，泰迪·罗斯福首次探访西部的那一年，威廉·弗雷德里克·科迪，也就是“水牛比尔”，在内布拉斯加的科尔维尔制作的“狂野西部秀”正式上演。

首演仪式开始时，市长坐上一辆将在环形道上行驶的马车。马车后面有一帮印第安人使劲追赶。

按照计划，“水牛比尔”和他的牛仔们将把马车上的乘客从印第安人手中解救出来，以此证明美国牛仔的勇猛。

麻烦在于，牵引马车的几头骡子不知道这些计划。印第安人从后方一发起攻击，这些骡子就奔跑起来，而且越跑越快。

这时候，“水牛比尔”带领着牛仔们一边鸣枪，一边往前冲。骡子们变得更加活跃，好像着了魔似的，试图把科迪他们远远甩在后面。

顿时，马车上充满了恐怖气氛。市长和其他乘客都吓得要死。在失控的马车上，市长惊呼：“停下！救命！停下！让我们出去！”

科迪他们一时束手无策。骡子们奔跑正酣，印第安人们不知该何时收场，就一直在马车后面紧追不放。

这几头骡子终于跑累了，步子慢了下来。市长急忙跳下马车，气咻咻地准备找“水牛比尔”打一架。[①]

市长根本打不到科迪，最终冷静下来。观众们非常喜欢这个壮观的演出，都为牛仔、印第安人和失控马车营造出的逼真场景高声喝彩。

狂野西部秀的出现，迎合了对工业化、现代都市生活日益感到不安的美国公众的内心需求。

泰迪 · 罗斯福后来观看了狂野西部秀并且成为其中的一部分——不是字面上的参与，而是通过他的著述以及后来以“牛仔”总统的身份，参与营造了美国西部神话。

虽然美国政府直到 1890 年才宣布西部边疆封闭，但对于科迪这样的人，西部边疆早就已经封闭——西部最大的幸运，不过是被人当作奇观兜售。

这种变化的产生，恰逢一种现代顽疾开始折磨美国人，包括沉浸在忧伤中的泰迪 · 罗斯福。

乔治 ·M. 彼尔德在《美国式神经质》一书中谈到了这种新的病种。另一代美国人则把它称为“精神压力”。

彼尔德注意到，这一病种的高发人群是那些主要定居在城市的现代美国人。

工业革命、资本主义、国家疆域急剧扩张以及体能锻炼的缺乏，导致一系列的神经失调病症，引发对刺激性和麻醉性物品的依赖，对承担责任的恐惧，对开放空间或密闭空间的恐惧，对社会的恐惧，对孤独的恐惧，对各种恐惧的恐惧，对感

① 路易斯 · 华伦：《“水牛比尔”的美国》，纽约：艾尔弗雷德 ·A. 克诺夫出版社，2005 年，第 211 页。

染的恐惧——对什么都恐惧，缺乏思维控制力，优柔寡断，对生活感到无望……”[①]

彼尔德把这些症状统统归结到一个词：“神经衰弱”。他相信，“想得太多，做得太少”[②]导致神经衰弱。

这些身体孱弱、神经衰弱的患者，大多是有着沉重的商业或管理职责的中产阶级和社会上层男士。

这种新的美国顽症已经到来，它将以心脏病和癌症的形式杀死成千上万的人，而人们还不知道该如何对付它。

人们已经变得“渺小而虚弱”，更令人惊惶的是，白种人的生殖活力正在衰退。彼尔德认为，情况甚至比这还要糟糕：“神经衰弱的白种人，繁殖其物种的能力，或顺利完成繁殖过程的活力，都已严重匮乏。”[③]

也就是说，人们变得过度焦虑以至于不再对性事产生兴趣，而这对于白种人是一个灭顶之灾。

对于已经在为南欧和东欧移民大量涌入而忧心忡忡的许多19世纪末的美国人而言，这无疑是一个可怕的预兆。患上仇外妄想症的美国人担心，白种人将很快被其他种族的移民人口所湮没。

不断扩张的边疆曾经是美国人身份认同的重要内涵之一。

---

① 路易斯·华伦：《“水牛比尔”的美国》，纽约：艾尔弗雷德·A.克诺夫出版社，2005年，第212页。

② 路易斯·华伦：《“水牛比尔”的美国》，纽约：艾尔弗雷德·A.克诺夫出版社，2005年，第213页。

③ 路易斯·华伦：《“水牛比尔”的美国》，纽约：艾尔弗雷德·A.克诺夫出版社，2005年，第213页。

边疆封闭让很多人开始怀疑国家的精神正在丧失。而比尔·科迪和狂野西部秀适时地出现了，并向美国公众显示：美国男人还是那么生猛，而且还是白人占据社会主流；在密西西比河以西的某个地方，充满活力与生机的真实美国仍然存在。

城市里充斥着操不同语言的移民人口，社会混乱失序，流行各种怪病——都是些小镇和农村的居民所无法理解的现象。

于是，艺术家和作家们开始热烈赞美边疆，以及边民为实现“天定命运”而奋斗的浪漫故事——很显然，这种开疆拓土的社会现象正在消失。

像泰迪·罗斯福这样的美国人仍然抱持这些观念。他们厌恶现代美国都市的普遍病态，以及与城市相关的悲剧性死亡。

最好逃离都市，趁着荒野还在。画家弗里德里克·雷明顿则通过油画作品，强化了西部对于泰迪·罗斯福这样的白人男子的吸引力。

雷明顿于 1881 年离开耶鲁大学来到西部，他后来画的著名西部油画作品歌颂了正在消失的边疆，给大多数美国人过的腐朽中产阶级生活注入一剂解毒药。

他的文章和画作歌颂了西部人民的品格，尤其是西部白人边民的品格，与东部成群结队的其他种族移民所具有的陋习恶行形成了鲜明对照。

有趣的是，泰迪·罗斯福逃往西部，兜售一个即将消失的神话的“狂野西部秀”举行首演，这两件事几乎同时发生。

泰迪·罗斯福后来倡导的“活力充沛的人生”观念，跟“水牛比尔”几年前就开始在马戏帐篷里所售卖的观念，其实毫无二致。

两人诉说的对象都是普通民众，而民众渴望找回已从社会中消失的、具有行动能力的男子汉。

罗斯福将出版很多书，讲述他在狂野西部的英勇行为。但是，他所得到的反馈和科迪的一样：人们只是想知道，他们正在失去什么。

在观看狂野西部秀时，“妇女职业联盟”的一位成员说：“那些高大、强壮、有着古铜色皮肤的汉子，正是我所倾慕的男人。他们比细胳膊细腿儿、戴近视眼镜的公子哥们强多了！”[①]

人们不难发现，这番话表达了和罗斯福一样的情感。而威廉·科迪能够创造出“水牛比尔”这个新的身份，部分原因也来自他的悲惨童年。

他父亲伊萨克·科迪在1853年卖掉农场，举家迁到堪萨斯的利文沃思堡。

伊萨克反对农奴制度，这让他在内战前的“血腥堪萨斯”陷入危险。有一次，他在当地一家名叫莱弗利商店的贸易站发表演讲抨击农奴制度的邪恶时，听众们非常愤怒，其中一个人跳起来用长刃猎刀连刺了他两下。他的刀伤从未完全愈合，不得不离开堪萨斯一段时间。

在他返回堪萨斯途中，有传言说一帮志同道合的人在等着他。年轻的比尔·科迪不顾自己在发烧，骑行了三十多英里去警告父亲注意安全。伊萨克回到堪萨斯，想把三十多个反对农

① 路易斯·华伦：《“水牛比尔”的美国》，纽约：艾尔弗雷德·A. 克诺夫出版社，2005年，第215页。

奴制度的家庭一起带走。结果，呼吸道感染以及刀伤引起的并发症在 1857 年夺去了他的生命。

父亲去世后，比尔 · 科迪一家陷入困境，于是科迪到一家货运公司上班，每天乘着马车到处跑，给货运司机们传递指令。

1869 年，科迪满 14 岁时，去往科罗拉多的淘金场，结果在波尼快递公司找到一份工作。

内战爆发后，科迪加入有名的“红腿恶魔”民兵团，在边境沿线活动。

战后，科迪又干起了货运，再后来，去了西部——他的神话开始的地方。科迪自称曾服务于波尼快递公司，也曾经当过牛仔——放过牛、跟印第安人打过仗、猎杀过野牛。

虽然科迪的妹妹在回忆录里讲述了不同的故事，后来成为“水牛比尔”的科迪敏锐地捕捉到公众对西部英雄的崇拜之情；如果把真相夸张成为神话可以令他们心满意足，那就这么干吧。可以确定的是，他于 1868 年作为侦察兵参加了发生在美国大平原上的几次反印第安人战役。

他跟印第安人作战，也为堪萨斯太平洋铁路公司以及陆军部队猎杀野牛。就是在他为铁路公司猎杀野牛期间，赢得了“水牛比尔”这个绰号。据说，他平生一共猎杀了 4282 头野牛，在当时算是很大规模的杀戮了。

在科迪于 1869 年邂逅著名出版人内德 · 邦特莱因之后，“水牛比尔”传奇正式诞生。邦特莱因分别在《街道》杂志和《史密斯纽约周报》发表了讲述科迪故事的文章。随后，邦特莱因又写了一部名叫《水牛比尔——边城冒险之王》的小说，并且出了好几个续篇。

“水牛比尔狂野西部秀”只做成了一个独幕剧。而在制作“大草原上侦察兵”这个节目时，邦特莱因已经是小有名气的演出经理人。拍板让科迪担任了演出的主角。

节目中增加了一些主要角色，比如“狂野比尔”，并在1893年改名为“狂野西部秀”。在加入印第安人演员和更多的牛仔演员以后，这台节目开始了它的世界巡演。

在演出《卡斯特将军在小比格霍恩河战役的最后时刻》时，这次著名战役得到舞台重现，但有一个小的变化：水牛比尔将在危难时刻出现，并替将军向印第安人复仇。

可以说，制作者在演出中使用印第安人，其实是在影射当时挤满美国城市、造成各种棘手问题的不同种族的新移民。但是，狂野西部秀的最主要目的，是重新让牛仔的形象变得令人尊敬。

一提“牛仔”这个词，美国人想到的，不再是一身邋里邋遢、一有钱就买酒喝、一言不合就枪战、一无所有死在破落小镇或荒凉草原的墨西哥人。

正如凯斯琳·道尔顿所言：“狂野西部秀以内外兼顾的手法，一方面表现牛仔的边缘人物形象；另一方面突出牛仔的威猛和独立，使他们成为白人男性的象征。”①

狂野西部秀的核心部分，其实是美国中产阶级家庭，在演

---

① 凯思琳·道尔顿：《西奥多·罗斯福：奋发有为的人生》，纽约：艾尔弗雷德·A.克诺夫出版社，2002年，第98页。

出中则表现为西部木屋中孤单的拓荒者家庭。

在科迪的演出中，家庭里的妇女和孩子在一种不祥的气氛笼罩下，与父亲一起英勇抗击印第安人入侵。而“水牛比尔”和他的牛仔们总会在关键时刻出现，不仅拯救了这个家庭，还拯救了一种生活方式。这个中心主题对于生活在 1880 年代末的美国人有着重大意义。

“定居者的木屋保卫战”这个节目触及一系列深刻的文化焦虑。对于 19 世纪的观众，家，尤其是在乡下的“定居者的家”，具有很多象征性的含义。这样的家本身暗含一个妇女在场的意思，特别是一名妻子。

这样，“家”这个词就传递出“妇女、家庭生活、家人”这样一些观念。在狂野西部秀的结尾处，当印第安人爬上白人定居者的木屋时，他们袭击的不仅是一幢建筑，还有里面居住的白人家庭。

对于很多观众而言，这一场景传达的是，白人的家庭和家庭生活遭遇危机这个信息。“狂野西部秀”将挽救家庭的情节剧改编成了适合于圆形运动场的演出，让牛仔们和他们的首领把完整无缺的家庭生活，从遭受印第安人掳掠的威胁中解救出来。

泰迪·罗斯福对这些情节不感到陌生。他的家庭生活的完整性，是被伤寒症和布赖特氏病（肾小球肾炎）这两种都市疾病摧毁了。

现代生活的瘟疫夺走了他的家庭幸福，他将去往西部屠戮恶龙，把自我从现代生活的残害中解救出来。

“狂野西部秀”当中出现的印第安人，不过是19世纪末期美国白人遭遇的种种困扰的替代物。骑着白马疾驰的“水牛比尔”则扮演古老骑士的角色，斩杀掳掠者，拯救白人家庭于危难之中。

正如路易·华伦在《“水牛比尔”的美国》一书中所评论的：“这促使都市里的人们从各种崭新的角度关照自身，从西部边疆的幻象中寻找重建都市男人的灵药。”[①] 随着居住城郊成为一种潮流，白人男子们觉得自己的房子很像拓荒者的小屋。妇女们从让人诅咒的市区逃离，跟孩子们一起住在乡下，并随之变得“精于操持家务”。

由于城郊的房子相对封闭，它们比都市里拥挤的房子更能让人产生归属感。在这里，一种由男人主导家庭的白人文化产生了：妇女和孩子们依靠男人的保护，获得温暖舒适的家庭生活，从而免受各种外来危险侵扰。

“水牛比尔”的“狂野西部秀”歌颂白人与外部世界有限度的互动，并以牛仔队捍卫这种互动，从而让“镀金时代”的中产阶级和上流社会男士，间接感受到牛仔与印第安人的世界——就像古代骑士为解救落难少女，挺身与恶龙鏖战。

没有人比泰迪·罗斯福更深入地参与了西部世界，没有人比他更加容易受到西部神话的影响。正是那些近乎神话的种种机缘，将他拉进了西部世界。在西进运动的最后几年里，他发现了美国西部的真相，更重要的是，他发现了真我。

---

① 路易斯·华伦：《“水牛比尔”的美国》，纽约：艾尔弗雷德·A. 克诺夫出版社，2005年，第252页。

第 10 章　远离尘嚣（1884 年）

在西部狩猎之旅一年以后，罗斯福于 1884 年 6 月 9 日又踏上了去往西部的列车。他看着窗外，灌木蒿丛在夜幕下变成紫色，城市的灯光渐远渐灭。他得到的消息是，牧场运行良好。罗斯福在考虑再买一千头牛。但此刻，他心里只有忧伤，他知道唯有一种自我治疗的方法：行动并抹去伤痕。他失去了政治事业以及妻子和母亲，其实还有孩子——他把女儿交给姐姐去抚养了；因为那婴儿的名字——爱丽丝 · 李，也让他痛苦难忍。人们很好奇，为什么泰迪 · 罗斯福会在狩猎野牛的旅途中，突然买下一座牧牛场。这件事看似很偶然，其实另有隐情。恶土荒原的牧牛业在 1883 年开始勃兴，罗斯福在这一年一下抛出 14000 美元投资牧牛场。恶土荒原以及达科他的“开放牧场”政策意味着，像罗斯福这样的人，无需购地，只需买牛。对于很多人，这好像是一桩利润丰厚的投资；一些畅销书，比如《牛肉商机》和《草原致富经》，更激发了人们在密西西比河以西投资的兴趣。

大量存在的未开发土地以及连接嗷嗷待哺的东部市场的铁路，让牧牛业成为高回报的投资项目。至少表面上是如此。其实，风险相当多：牛群经常死于寒冬或干旱或疾病，很多像罗斯福一样的小规模牧场主被迫出局。但是，西部作为年轻罗斯福心目中的一个存在，似乎是唯一一个人们可以去重塑自我的活力之地。而且，牧场主在当时享有很高的社会地位。实际上，当时的美国富家子弟多以经营一处牧场为时髦。对于很多年轻人，拥有牧场是一件很浪漫的事。“牧牛业，”罗斯福后来写道，“是一种职业……迥异于 19 世纪都市里枯燥乏味、按部就班的生意……生活方式自由的牧场主，不同于衣冠楚楚的都市商贸人士，更接近于阿拉伯国家的部落酋长。”①

很多像罗斯福这样的“公子哥”去西部寻找财富、浪漫和冒险；当然，他们必须把自己武装起来，得像个牧场主的样儿：“每个牧场主都带着一把转轮手枪，”罗斯福后来写道，“一柄长款的 0.45 口径柯尔特或史密斯 · 韦森转轮手枪，最好是柯尔特。追逐猎物时，必须腰挎一把长刃猎刀。它必须坚硬而锋利，不用太长，要有圆的手柄。我就有两支双管霰弹枪……”②

然而，除了携带武器，牧场主还必须有一身行头。罗斯福在纽约置办了一套：他花了一些钱……除了宽边牛仔帽、鹿皮上衣、皮护腿、马笼头和银质马刺，还配备了时髦的鳄鱼皮靴、银质腰带扣、做工精良的皮带和手枪皮套，以及一把带银饰的蒂凡尼宽刃猎刀。他的银质腰带扣上镌刻着一个熊头；那双马刺上镌刻着他姓名的首字母。他的柯尔特转轮手枪上镶嵌

---

① 西奥多 · 罗斯福：《牧场生活与狩猎之道》，纽约：百年出版公司，1899 年，第 6 页；大卫 · 麦卡乐：《马背清晨》，纽约：西蒙 · 舒斯特出版集团，1981 年，第 328 页。

② 西奥多 · 罗斯福：《大牧场主狩猎之旅》，纽约：乔 · 帕 · 普特南森出版公司，1885 年，第 33 页。

着金银，镌刻着涡卷形装饰和几何图形纹样。手枪象牙手柄的一面，镌刻着他姓名的首字母；另一面镌刻着一个野牛头，以纪念他在1883年射杀的野牛。[①]

年方二十五的西奥多·罗斯福基本上是从头开始。小密苏里是一个狂野不羁的西部小城。正如赫尔曼·哈根顿在《罗斯福在恶土荒原》中描写的那样："小密苏里是一个可怕的地方。实际上，它'野蛮而莽撞'，正如罗斯福所说，几乎到了荒诞的程度，这个新兴城市比河对岸的梅朵拉野蛮许多。漂泊到这里的人……很多都是社会的弃儿，胆大、贪婪、无耻，有命案在身的逃犯，有靠赌场作弊和小偷小摸度日的枪手。"[②]

罗斯福1884年去西部时并没有明确计划何时返回东部。他已经没有职业，甚至可以说没有任何像样的生活；描述他此时状态的最合适字眼就是"流离失所"。他初见时才17岁的妻子，已跟他妈妈先后撒手人寰。他无数次在脑海里回忆追求爱丽丝·李的情形：有一年多的时间，他为这个姑娘神魂颠倒，曾经有一次整夜骑马在外游荡，回家时还射杀了朝他的马儿叫嚷的邻家小狗，以泄心中怒火。

火车呼啸着，在凄冷的月光下，向着达科他进发。罗斯福凝望窗外，想起父亲告诉他的话："生病是一种罪过。"他想起了自从内战以后就感到家庭分裂无法融入丈夫的世界的母

---

① 大卫·麦卡乐：《马背清晨》，纽约：西蒙·舒斯特出版集团，1981年，第329页。

② 赫尔曼·哈根顿：《罗斯福在恶土荒原》，纽约：霍顿·米夫林出版公司，1921年，第48页。

亲——实际上，她再也无法融入，而是一次又一次去疗养院，经常性的神经衰弱症让她可以远离糟透了的“北方佬”的社交圈子。罗斯福还想起了曾经在私立学校里欺负他的男孩，想起了永远也治不好、只能靠“用顽强的心力忽略”的哮喘症，以及医生对他的告诫：由于心脏有毛病，最好终身过一种限制剧烈运动的生活。

当火车离西部越来越近时，所有这些都随风消散了。这是在1884年，印第安人部落首领杰罗尼莫在两年以后才投降。就在三年前，快枪手比利小子死于枪战，还发生了著名的沃凯镇大决斗。边疆还在，一位遭受疾病和残酷政治斗争失败双重打击的年轻人，正回归这个世界上唯一有意义的地方。

罗斯福又想到了他的妻子和母亲，冰冷压抑的情感挥之不去。实际上，爱丽丝·李跟他母亲有很多共同点。在泰迪很小的时候，米蒂就是一个多愁善感的女子。疗养院很多，爱丽丝·李很容易就滑向和母亲一样的道路。罗斯福家族有一些人后来说，西奥多·罗斯福可能对他那缺乏魅力的、一味顺从的妻子产生了厌倦感。

但是，25岁的罗斯福不会相信这些闲谈。他只想出走，尽量“远离尘嚣”，以便可以修补他破碎的心灵。①

独自到荒野闯荡的儿时梦想又活跃起来，罗斯福在遇到那些帮他打理牧场的牛仔之后，远离尘嚣的决心变得更加坚定。他很可能再也不回到东部；相反，他可能像成千上万人那样消

---

① 埃德蒙德·莫里斯：《西奥多·罗斯福的崛起》，纽约：兰登书屋，1979年，第259页。

失在西部——这里，对于那些厌倦了资本主义和社会发展带来的压力、中产阶级生活令人焦虑的人们，是一道国家安全阀。

很多人说跑就跑，他们几乎都一无所有。很多人从此杳无音讯。这片土地和一种崭新生活诱惑了他们。东部社会等级森严、金钱利益至上，而如果一个人可以在西部生存下来，他还有机会通过土地和牛群变得富有。在第一次来西部时，泰迪已经为这种“别样人生”立下誓言，在那个“开放牧场”的年代，购买了牛群，拥有了土地——虽然这种“开放牧场”的年代，在 1890 年伴随着自由、开放的边疆牛仔文化的消失而终结。

为什么不？为什么不成为一名牧场主、一个牛仔、一个完全不同的人——一个再也不用担心可怕的病痛永远无法痊愈的人？泰迪凝视着黑暗中的风景，看到了地平线上的银色微光。他深深地吸了一口气，望着无边黑暗中寥落的晨星，使劲眨了眨眼。

此刻不见灯火。不见城市。达科他是响尾蛇、草原狼、熊、印第安人和杀人犯出没的地方。这里孕育着一个国家的万丈雄心。这个国家正承受着开放疆域最后的成长之痛。泰迪·罗斯福远离了都市文明。当时，没有手机，没有长途电话，只有一些微不足道的电报线——印第安人将它们推倒，他们无法理解，为什么有人冒着生命危险在木桩子上拉起一道线。

6 月 9 日，当罗斯福到达时，比尔·梅里菲尔德和希尔文·菲利斯在车站迎接他。马耳他十字牧场经营得很好，现在老板来了。

有记录表明，罗斯福跟亚瑟·帕卡德在他的印刷所，也就是《恶土荒原牛仔报》编辑部会了面。就像小密苏里的其他人一样，帕卡德还年轻，他从密歇根大学毕业后，来到西部出任《俾斯麦论坛报》的社长。俾斯麦作为一个狂野西部小镇，并不赏识他的编辑风格；除了所有工作必须亲力亲为，包括活字排版，帕卡德还得提防对他的报道心怀不满的疯狂枪手。帕卡德有着新闻人的职业敏感，他听说了关于小密苏里和梅朵拉这两个狂野小镇的传闻，就跑过来寻找采访线索。他偶遇弗兰克·梵恩，于是两人去了酒吧。

“你跟我讲，你从没见过一位像样的牛仔……”弗兰克说，“瞧见没，坐在另一头的那位伙计……嗯，那可是一位真正的牛仔。”[①]

帕卡德开始记录那个“伙计”的相貌，他的枪、帽子和皮护腿。梵恩走过去，跟那人耳语了几句，那人其实知道帕卡德在看他。当帕卡德写完以后，想出去找电报员，准备下一趟火车来时把电报捎走，但在那个黢黑的晚上，寒冷的天气让他改变了主意。第二天，他描写的那个牛仔在镇子外面拦住了他。“这么说，你是一位新闻记者……我还以为你是赶来抓盗马贼的代理警长……昨晚你要是出去，我可能会杀了你。”[②]

帕卡德喘了口气，意识到自己闯入一个真正的狂野西部小镇！他决定创办一份周报——《恶土荒原牛仔报》。这将让小镇

---

① 赫尔曼·哈根顿：《罗斯福在恶土荒原》，纽约：霍顿·米夫林出版公司，1921年，第74页。

② 赫尔曼·哈根顿：《罗斯福在恶土荒原》，纽约：霍顿·米夫林出版公司，1921年，第75页。

名垂青史。在罗斯福初访西部以后，他就跟帕卡德迅速成为好朋友。《恶土荒原牛仔报》编辑部是一间一层建筑，兼作办公室、卧室、卫生间和印厂。房屋的木板墙不严实，会透风，在这个 6 月的夜晚，屋里炉火熊熊，屋外刮着华氏 30 度的冷风。

帕卡德后来写到了那个晚上他和罗斯福的对话。“他给我讲述了共和党全国大会的生动故事……他跟我初见时一样平实，当他直起身来，两个拳头相对着在空中比画，牙齿白得发亮，眼睛眯着，脸上带着一种严肃的表情。他嘴里突然蹦出这么一句：‘老天爷，我绝不会任人摆布的！’”①

但罗斯福没有提到他死去的妻子，或者他的母亲；也没有说起他有个女儿。对于罗斯福，这些好像都不存在。几天以后，《恶土荒原牛仔报》刊登的一篇短文这样写道：“西奥多·罗斯福，年轻的纽约改革家，周一给本报打来一个令人愉快的电话……至少，他会从纽约政坛消失一阵子……”

和小密苏里不同，梅朵拉生机盎然。这个由法国侯爵建立并以其妻子命名的小镇有 ,84 幢建筑物，还有火车站，但不是河对岸的“小霉事里”。这里，连空气中都洋溢着旺盛的资本主义气息，牛群在镇子里游荡。这个冬天不太冷，牛会长得肥壮。罗斯福来到新世界，有了新的事业，因此感到很兴奋。他第二天就骑马去查看牧牛场。“原来简陋的棚屋……已经改造成马厩，大而坚固的一层半木屋已经建成，还带有木瓦屋顶和

① 赫尔曼·哈根顿：《罗斯福在恶土荒原》，纽约：霍顿·米夫林出版公司，1921 年，第 90 页。

地窖……一个壁龛……专门留给罗斯福作为卧室和书房……”[①]

这些建筑物的产权属于两位加拿大人，因为罗斯福只是购买了牛群和马匹。他将在属于政府和北太平洋铁路公司所有的土地上牧牛。开放牧场政策允许牧牛者根据实际需要，在别人家的土地上放牧。这种依赖参与者诚信、无监督的制度经常被破坏，最后导致牧场纠纷。

这种制度基于牧场主之间的共识：大家都遵守这个规则，牛群可以“越界”放牧，这是一种相互的谦让。

罗斯福的牧场在冬天由于寒冷和狼群袭击损失了25头牛。在结束两天巡视以后，他做出了一个决定。养牛将是他的常规生意，他还要买1000头牛。他将成为一名牧场主，这将是他的终生事业。他这些想法跟西部的理念不谋而合：抛弃过去的你，成为真正的你。

泰迪·罗斯福将利用“狂野西部”最后的岁月去发现自我。对于自身健康，他总是无所顾忌、不计后果，这是他与虚弱的肉体持续进行较量的一部分。罗斯福甘愿置身于严酷的考验之中：要么成为另一个强壮的自己，要么在接受考验的过程中死掉。在他人生的黑暗时刻，结果到底是哪一种都无所谓了。罗斯福随后去拜访已经往小镇方向迁移了7英里、目前居住在一幢简易地下掩体里的格里戈·朗一家。

自从他上次来猎杀野牛以后，双方都发生了很大的变化——这个“公子哥”又回来了，背负着像包袱一样沉重的、

① 赫尔曼·哈根顿：《罗斯福在恶土荒原》，纽约：霍顿·米夫林出版公司，1921年，第91页。

令人难以想象的悲剧；林肯和格里戈在修缮牧场的房子，为格里戈妻子和另外两个孩子的到来做准备。罗斯福跟朗谈好了合作，根据合同约定，罗斯福将投资26000美元，再买下1000头牛。

然后，他转头对年轻的林肯·格里戈说："我要办两件事。打一头羚羊，弄一身鹿皮套装。"这个男孩子就把罗斯福带到玛多克斯太太家里。这个女人以善于制作鹿皮套装和敢用炉盖升降手柄教训老公而出名。她也是一位神枪手；很多人都叫她"第一野姑娘杰恩"。

她独自生活在沙溪旁边的一个泥瓦屋顶的小窝棚里，雇了一位名叫科洛·乔伊据说可能是盗马贼的男子做帮工。罗斯福多年以后在纽约拍摄那张著名照片时所穿着的鹿皮大衣，就出自这位健硕的边疆妇女的巧手。人们只能猜想罗斯福做这身衣服要干什么。一位来自东部大都市、戴厚厚近视眼镜的男子，现在有了跟"水牛比尔"类似的穿戴……仿佛一位足球运动员在选拔赛之前购置足球校队的运动衫。其实，这是罗斯福发生转变的一部分。他正丢弃旧的人生，包括衣服，换上西部牛仔的行头：皮护腿、围脖、皮靴、牛仔裤、腰带、柯尔特手枪和温切斯特步枪。

这个男人完全沉浸在这个新世界、新文化里，成为一个新人。当然，罗斯福也因此成为某些人攻击的目标。

但罗斯福就是这样的人。晚饭后，他和林肯骑马回去时，发现了一对羚羊。泰迪开枪射杀了其中一头，然后放下枪，开始手舞足蹈。"打中了！打中了！"他叫喊道。

“快打另一头，”林肯大叫了一声。罗斯福开怀大笑。“我不……我绝不。”

他对自己的枪法太感到得意了，以至于他想把枪赠送给林肯，但这个小男孩死活不要——就像他上次一样的尴尬：在成功猎到野牛以后，罗斯福高兴得扮印第安人跳战舞；递给菲利斯 100 美元当小费，却被人家一口拒绝了。

这个举动大概是为了表达感激之情，因为他觉得，自己除了实物没有什么可以送人的；这是一个富人做出的慷慨姿态，他也许因为林肯的拒绝感到了伤害。后来，罗斯福骑马到恶土荒原独自待了五天，总结出了治疗人生烦恼的良方：“骑手跑得足够快，就感觉不到忧伤。”[1]

目前，一些历史学者提出这样一种理论：罗斯福的妻子和母亲的去世不过是孤立的事件，对罗斯福随后的人生决定并未产生重大影响。罗斯福式的“行动疗愈一切”的人生信条在起着作用，泰迪是个毫无半点儿情感包袱的男子汉。很多历史学者接受这种说法，忽略了他妻子和母亲去世对他的打击。并且认为，他在西部度过的时光，就像一场富人参与的野外拓展训练，仅仅是他重返政坛并最终问鼎总统职位之前的一次漫长假期。真相不过如此。

一位牧场女工回忆说，她印象中的罗斯福“沉默而忧伤”。实际上，罗斯福当时极度忧郁，甚至接近病态，已经把自己视为行尸走肉。但由于他很善于隐藏自己的真实情感，由于后来

---

① 西奥多·罗斯福：《牧场生活与狩猎之道》，纽约：百年出版公司，1899 年，第 59 页。

的学者们把他丧失亲人之后经历的几个月时间看作一次假期，丧亲之恸对他的冲击被不合理地弱化了。

行动是罗斯福的信条，但他也是一个严重受伤的男人。因此，他会独自在恶土荒原上游荡五天；虽然那不是一次观鸟之旅，作为资深鸟类学发烧友，他这样描写了所遇见的草地鹨："它婉转的歌声非常忧伤，感人至深。"它的哀恸之音"勾起我无尽的回忆和联想"。[①]

罗斯福的文字里透露出一点儿挽歌的意味。这次荒原独步，是为了重新定义自己的存在，寻找生命的价值，但罗斯福仍然对过去人生的损失悲痛不已。一年以后，在一次赶拢行动中，罗斯福随口对比尔·菲利斯说了一句："我感到活着没啥意思。"而菲利斯的回答，体现了西部逻辑的精髓："这样的日子不会太久。时候到了，你就该走了。"[②]

来西部修复破碎人生的家伙们，菲利斯这样的老牛仔可是见得多了。野牛猎人菲利斯比罗斯福自己还了解他：罗斯福正在度过一次漫长的疗愈之旅。

这次，当他独自骑马进入恶土荒原深处时，他随身带着一支步枪、一本书、一条毛毯、一件雨衣、一个金属杯子、一些茶叶和盐巴，还有饼干。

这是一次"梭罗式"的、途经"少有人走的路"的旅途。

① 埃德蒙德·莫里斯：《西奥多·罗斯福的崛起》，纽约：兰登书屋，1979年，第261页。

② 赫尔曼·哈根顿：《罗斯福在恶土荒原》，纽约：霍顿·米夫林出版公司，1921年，第218页。

罗斯福骑着他心爱的曼尼托小马，一路慢跑，观赏荒凉的景观。这里的景致，虽不乏美丽之处，却也折射出罗斯福的灵魂。他穿越沟壑，翻过陡坡，周围一片死寂，除了马蹄声声。罗斯福从不谈论他的压抑、他的悲痛、他内心世界的幽暗，但人们至少能从他的景物描写中，窥见一点什么：

> 在其他任何地方，甚至包括在大海上，一个人也不会感觉到比骑行在辽阔无垠、无休无止的大草原上更加孤独……草原的广阔和孤寂以及令人忧伤的单调乏味感，对人产生一种强烈的吸引力。景致似乎一直都不变，旅行者艰难骑行了很久很久，终将感到距离真是没有边际。极目远望，根本看不到尽头……这里比其他任何地方更容易让人生出远离尘嚣的感觉；大平原向着不死的、无尽的空间延展。在这里骑行很长的时间，也看不到一丁点儿生命的迹象。[①]

罗斯福以一种第三人称视角，描写了一位“旅行者”的所见与所感：“大平原向着不死的、无尽的空间延展。在这里骑行很长的时间，也看不到一丁点儿生命的迹象。”[②]

罗斯福就是那个行走在死亡阴影之谷里的著名骑手。他在

---

① 埃德蒙德·莫里斯：《西奥多·罗斯福的崛起》，纽约：兰登书屋，1979年，第263页。

② 埃德蒙德·莫里斯：《西奥多·罗斯福的崛起》，纽约：兰登书屋，1979年，第264页。

仙人掌丛中看到了羚羊和蛇，但还没来得及拔枪，它们就已经逃走了。他吃饼干，喝水，用帽子遮住脸躺下来午睡，然后起身又上路。路上的危险主要是流沙，罗斯福差点连人带马陷进去，拼命挣扎一番之后才终于脱险。

流沙其实是大自然给冒险者最好的一个暗示。但罗斯福没有领悟到，他没有回头，而是继续前行，去寻找羚羊，因为行动就是一切。对于深陷在悲伤中的人，采取行动比什么都重要。行动是存在之谜的密码。罗斯福猎杀了一头羚羊，他将它扒了皮，砍了头，把肉放在鞍桥上。

傍晚时分，他找到一处宿营地，为着“好心情”（明显是一种反讽）生起了篝火，吃了一顿晚饭；在一棵棉白杨树下铺开毛毯以后，他停顿了下来，“抬头看着星星，直到睡意袭来”[①]。这个情景会让人想起海明威的短篇小说《大双心河》。那篇小说写于 40 年之后——在第一次世界大战中幸存的主人公尼克 · 卡罗维，试图通过野营中的各种细微工作，找到一点心灵的安慰。而坐在棉白杨树下篝火旁边的罗斯福，正在西部大草原的这个寒冷夜晚为生存而搏斗。

他处在一个时代的终点，体验着一种过时的生活方式。罗斯福正在以他自己的魔法仪式驱赶黑暗。秩序从混沌的情感中产生，这是一种杀戮者的秩序：黑暗中，一个男子品尝着肉食，看着满天星星睡去。寒冷的清晨，他又在草原土拨鼠的响动中醒来。

---

① 埃德蒙德 · 莫里斯：《西奥多 · 罗斯福的崛起》，纽约：兰登书屋，1979 年，第 265 页。

猛烈的感官刺激很好，这让他关注外界而不是自身：他拿着枪去草原上打猎了。“根本看不到猎物的踪迹。”他后来回忆说，“但有一只云雀在歌唱，它从我头顶上方一飞而过，我从熹微的晨光中隐约看见它的身形。”[①]罗斯福显然完全投入大自然的怀抱，这样就避开了所有他不愿意面对的过去。罗斯福就像海明威笔下的人物那样，从奔流的大河和激发强烈触觉的森林漫步中感受到一种美。

行动。行动。再行动。然后，这位猎人在他的宿营地附近发现一头找水喝的雌鹿，“灵敏的耳朵向前倾着，它焦虑而胆怯地四处张望。”[②]罗斯福又注意到一些野鸭，但他并没有开枪的意思。他后来给姐姐贝米写信描述了这次经历：

> 过去一周，我实现了一个孩子气的梦想——真正成为一名猎人，完全独自出行，和我的马和步枪，到了大草原。我想知道不带向导行不行，结果我超乎预料地成功了。我打了一对羚羊、一头鹿，当然也错过了很多猎物。我感受到了作为一个人所能享受到的绝对自由状态。正如你所了解的，我不在意孤独；我非常享受这次旅行。唯一的遗憾，就是有一天下雨了。
>
> 如果天气晴好，每个夜晚我都会沐浴着凉风，裹着毛

---

① 埃德蒙德·莫里斯：《西奥多·罗斯福的崛起》，纽约：兰登书屋，1979年，265页。

② 埃德蒙德·莫里斯：《西奥多·罗斯福的崛起》，纽约：兰登书屋，1979年，265页。

> 毯躺下，望着星空睡去。这个地方有着丰富多变的景致。前一天，我还在平坦的绿草地上一走几个小时，或者在盛开的野玫瑰丛中穿行；第二天，我又置身于恶土荒原的蛮荒之地，到处是长相一样的台地，奇形怪状的山丘和蜿蜒幽深的峡谷。我非常喜欢这次旅行，从未感到身体如此健康。[①]

不要忘了，贝米在帮罗斯福照看他的女儿小李。因此人们不禁会猜想：泰迪问起过他女儿的近况吗？很长一段时间，他没有，也不会在文字中提到她。

从这些文字中，人们完全猜不到这是一位 5 个月前刚刚失去妻子和母亲的男人。也许，他在另一封信里询问了女儿的情况。但是，从他刻意分区的世界观判断，这种可能性不是很大。

一边是即刻行动，一边是不堪回首的往事。显然，这是个矛盾的内心世界。对于这位饱经伤痛、苦寻答案的男人，狂野西部充当了一剂解药。眼下，这就够了。

① 赫尔曼·哈根顿：《罗斯福在恶土荒原》，纽约：霍顿·米夫林出版公司，1921 年，第 105 页。

第 11 章 “四眼仔”（1885 年）

在西部，人们不戴眼镜。眼镜被认为是一个弱点，而且，永远是东部人的一个标记。

视力欠佳但还没戴眼镜的罗斯福，在 1870 年的某一天，据说看到了乘坐一辆敞篷马车经过纽约第五大道的沃格拉拉苏族印第安人首领“红云”，“一位来自达科他大草原、头戴大礼帽的、现实生活中的战士”。[①]

实际上，年幼的罗斯福只能看清楚 30 英尺以内的人和物，再往远处，看到的就是一片模糊了。他基本上看不到别人眼中的那个世界。因此，只能说“红云”进入并经过了那个孩子模糊、失焦的世界。这个孩子患有哮喘和慢性腹泻，神情紧张、面有病容，与人们熟知的崇尚行动、有决断力的罗斯福形象构成了鲜明对照。

老罗斯福从他父亲那里继承了一百万美元遗产——相当于现在的一千多万美元。虽然他很富有，他的儿子却是半瞎，而且随时可能因为一口气上不来而死去。

---

① 大卫·麦卡乐：《马背清晨》，纽约：西蒙·舒斯特出版集团，1981 年，第 109 页。

在“红云”参加的那次盛装游行举行之前5年，年幼的罗斯福还透过高楼上的一扇窗户，目睹了亚伯拉罕·林肯的出殡仪式。这件事一直到1950年代才被证实：有一位学者从一张罗斯福家族府邸的老照片里考证出，窗户里的两个小孩中，有一个就是罗斯福；那是6岁的罗斯福和他弟弟。

令人怀疑的是，当时没有佩戴眼镜、13岁才戴眼镜的罗斯福是否真的看见了。（考虑到他近视的严重程度，泰迪很晚才佩戴近视眼镜这件事真是不可思议。当然了，他那时可能一直被更严重的问题所困扰，比如哮喘。）罗斯福近视到了什么地步？据他自己后来说，如果不戴眼镜，连自己的几个儿子都分辨不清。格里戈·朗也戴着眼镜，不过是一种小巧的、椭圆形眼镜，而罗斯福戴的眼镜又大又圆。如果他再戴上牛仔帽，远远看去，活像一只猫头鹰。

罗斯福一直没能摆脱“四眼仔”的绰号，这可不是一个表示敬意的词儿。但西奥多·罗斯福离了眼镜基本上就是一个瞎子，他只要活着就一刻也不能没有眼镜。这让他经常处于被人低估的尴尬境地。有一次，他雇佣的伙计梅里菲尔德骑马进城，跟一位名叫费希尔的人攀谈了起来。费希尔是北太平洋冷藏车公司的负责人。费希尔注意到了正跟几位牛仔说话的罗斯福。

费希尔看到了一位“身形单薄、面容苍白的年轻人，其着装风格受新来的拓荒者的影响，而这被视为无可争辩的新手的证据”。

总之，费希尔看到了又一位来西部寻找冒险刺激的“公子哥”，并猜测他很快就会返回舒适的东部老家。又过了几天，梅里菲尔德向费希尔提议，他们可以邀请罗斯福沿着著名的老萨利小道，一条很凶险的狩猎路线，外出打猎。“我们就说，随便找个地方打猎去。”[①]

费希尔同意了，他知道萨利小道途经地势险峻的山丘，简直不像一条人可以走的路。那里刚下过雨，路上泥泞湿滑。第二天，梅里菲尔德带路，罗斯福和费希尔跟着。他们来到了一处呈 45 度的陡坡，往下直通到一条干涸的河床。“下面有一头鹿”，梅里菲尔德叫了一嗓子，然后骑着马就往下冲。

这个加拿大人刚刚动作，罗斯福紧跟着也冲了下去，两人很快就到了河床上。这位“公子哥”稳稳地骑在马背上，看着自己的牧场伙计。“你看你，梅里菲尔德，那头鹿早跑到蒙大拿去了！”

罗斯福哈哈大笑，弄得费希尔一头雾水。他开始明白，这个“四眼仔”不是穿鹿皮衣装装样子，他还真的有两下子。

一天傍晚，落日余晖穿过恶土荒原，照着这位戴眼镜坐在摇椅上的男子。他把书放在大腿上，手指翻着书，眼光却穿过门廊，注视着远处“一片开阔的、半圆形的、长满灌木丛蒿、东边接近一连串山丘和草坡的空地……再往西，距离这房屋不到四分之一英里的地方……小密苏里河在那些顶上裸露着火山岩渣的山丘之间蜿蜒流淌”[②]。

---

① 赫尔曼·哈根顿：《罗斯福在恶土荒原》，纽约：霍顿·米夫林出版公司，1921 年，第 102 页。

② 赫尔曼·哈根顿：《罗斯福在恶土荒原》，纽约：霍顿·米夫林出版公司，1921 年，第 97 页。

他远离曼哈顿，已投身于牧场主和牛仔的新生活。他其实不了解牧牛场生活究竟是怎么一回事，因此他不得不一边干一边学。他得从最基本的东西学起。泰迪曾经多次外出猎狐，因此骑马的技术还行，但还算不上西部意义上的好骑手，因为在这里你必须会骑任何四条腿的动物。

罗斯福不太喜欢“驯”马，有人因此说他是冒牌骑手。但他毕竟是老板，年龄比他大一倍的人也称呼他“罗斯福先生”，从来不会叫他“西奥多”，更不会叫他“泰迪”。

这并不是说罗斯福自动地赢得了别人的尊敬。一个上流社会的说法，有时会引来一片哄堂大笑。有一次，罗斯福在协助赶拢一些小牛时，他向手下的伙计吼道：“前方加速推进！”[①] 牛仔们冷不丁听到上流社会的英语，都狂笑了起来。从那以后，他们丢掉自己惯用的“把牛都赶过去”，改用那句“前方加速推进”！

事实上，这位穿鹿皮大衣、戴眼镜的老板有时候的确很搞笑。西部是一个人人都必须证明自己的地方，而罗斯福仅仅证明了自己有钱买下一座牧牛场。而且，另一个富人——法国侯爵——已经给当地人留下了恶劣的印象，后来这个人还跟罗斯福起过冲突。

甚至连他的名字都不招人喜欢。侯爵是一位富有的法国贵族。当他像罗斯福一样在这里跳下火车时，他公开宣称自己已

① 亨利·F. 普林格：《西奥多·罗斯福》，纽约：哈考特·布雷斯公司，1931 年，第 97 页。

厌倦了都市文明。他马上着手创造一种新的文明：他在河对岸定居，往一根帐篷钉上一磕，把一瓶香槟酒打开；然后，他以妻子的名字，给这片土地命名为梅朵拉。

他的计划很简单：买下尽可能多的牛，在他新建的、具有福特汽车流水线规模的大型屠宰场里杀掉，再用冷藏车把牛肉运到市场上去卖。这就砍掉了运输活牛等中间环节，节省了大量成本。

侯爵计划投入几百万美元，然后以盈利武装一支军队，推翻法国政府，然后夺回自己与生俱来的权利——法兰西的王冠。他这是异想天开，可西部真的能激发各种稀奇古怪的梦想。也许这是因为大平原太宽广了，也许因为美国政府还没有能力控制这里。

这就留给像侯爵和罗斯福这样的人一块用武之地，但是，两人的可比之处仅限于此。

侯爵不是很受人尊敬的人，而且他已经惹上了麻烦。有一位和他争夺土地所有权的牛仔死了。侯爵以枪法好、胆子大著称，已在多次决斗中证明了自己。

他在梅朵拉另立山头的一个原因，就是在小密苏里太招人恨了，人们经常背地里叫他“那狗娘养的侯爵”。罗斯福和侯爵在纽约都混在同一个社交圈，他们也许曾打过照面，侯爵那时还在一个家族银行当雇员。奇怪的是，正是同一个“指挥官”戈林，怂恿这位爱折腾的侯爵去西部撞大运，或者走霉运。

当然，那句人们熟知的口号——“去西部吧，年轻人！”

说到了罗斯福和侯爵的心坎上。因此可以理解，小密苏里和梅朵拉的当地人，会把罗斯福看作又一个疯狂的、做着白日梦的有钱人。

当罗斯福到来时，梅朵拉呈现一片繁荣景象，而小密苏里却在走下坡路。在侯爵投资的那个大烟囱冒着白气的屠宰场旁边有了一个车站。这两人将会狭路相逢，发生对抗。但值得一提的是，他俩之间差别很大，共同点并不多。

罗斯福正在学习成为一名合格牛仔。在写给姐姐的信中，罗斯福这样总结自己的经历：

> 嗯，我在这儿过得很快活，我现在变得很强壮了（回来写信之前，我刚结束一次长达 13 小时的骑行）。每天有忙不完的活儿。最要紧的一点，是牛群成长得很好，我感觉，这笔投资成功的把握很大……
>
> 等秋天来了，我要带斯沃尔和道（他从缅因州雇来的帮手），去另一个牧场养少量的牛。再过几年，也让他们照管一大群牛。这次来西部，我感到身体从没有如此的健康。我每天都在骑马……我跟两个“合伙人”——菲利斯和梅里菲尔德——关系紧密；他们人非常好……我猎到了一些野兔和杓鹬，是用的步枪；我还打到了八条响尾蛇。[1]

---

[1] 罗杰·L. 迪西尔维斯多：《西奥多·罗斯福在恶土荒原》，纽约：沃克出版公司，2011 年，第 94 页。

有趣的是，这封信透露了罗斯福的真实想法：除了牧场主的生活，他还有些别的追求。罗斯福仍然被哮喘、慢性腹泻和失眠折磨。但他惊喜地发现，自己可以睡得很香甜，还充满孩子气地炫耀自己能够像牛仔那样骑行一整天——几乎就像电影《城市乡巴佬》所表现的，现代人专门付费去到乡下，花一个星期的时间学习驱赶牛群，借此体验当牛仔的滋味。

但这对于罗斯福可不是一场游戏；死亡的威胁是相当真实的。在西部的现实中，有人被枪杀，有人死于利刃或毒箭；经常有人冻死或渴死；有人不幸落马摔死、淹死，饿死，还有人在 140 华氏度的天气里热死。

经常有人被冻死在荒郊野外，过了几个月才被发现赤身裸体地躺着——这些人在冻死前会变得神志不清，常常把身上的衣物都扯掉。更可怕的是来自印第安人的威胁。有时，印第安人袭击拓荒者，不等断气，就割掉他们的器官，或者将他们的生殖器割下塞进嘴里，或者像宰牛一样将他们开肠破肚。

有很多人干脆就消失了，好几年之后，白骨才被人在恶土荒原上发现。即便是平常的牧场劳动也暗藏凶险。罗斯福曾经写到，在一次赶拢活动中，一匹烈马弓背跳起，将他猛地掀翻在地："当它把我撂下来时，我一挣扎，结果掉在石头上，碰断一根肋骨……还有一次，我反应稍微慢了点儿，它的蹄子就踢伤了我的肩膀。"①

① 西奥多·罗斯福：《牧场生活与狩猎之道》，纽约：百年出版公司，1899 年，第 77 页。

达科他的牧牛场生活可不是富人的假期休闲活动，西奥多·罗斯福好几次险些把命丢了。

这时候，罗斯福正考虑在更靠西边的地方圈一块地，想建造一幢正儿八经属于他自己的牧场房屋。他打算在那里写一本书，因为他已经出版了一本海军史，口碑不错，还挣了笔版税。

对于一位考虑将来当作家——或者至少当学者的人来说，目前这幢经过改造的木屋太吵闹了。罗斯福经常是手不释卷，甚至在赶拢或狩猎过程中也是如此。但他并非一个内向的书虫，而是一个很合群的人。他对远离纽约上层社会的其他人群充满了兴趣。

即使是他在奥尔巴尼作为改革者的政治生涯，也是基于这样的一个理念：有钱有权的人也必须臣服于威严的法律。在主张人人平等的西部，阶级观念不被认可，这里更认可那些凭本事和品德取得成功的人。这是精英管理制度的萌芽，而这种制度奖励有才华、有决心的个体。

尽管如此，罗斯福仍然很在乎社交礼仪。对于他而言，有一些界限是不能逾越的。有一次，他进城去取信件，顺道看看乔·菲利斯新开的商店，再找《恶土荒原牛仔报》主编亚瑟·帕卡德聊聊天儿。这次他正好碰上比尔·琼斯，一个在当地臭名昭著的大嗓门牛仔。

比尔·琼斯是一名快枪手，天生一副打手的身板儿——长手臂，宽胸脯，粗脖子——一双浓眉下面的黑眼珠子贼亮贼亮。总之，他就是狂野西部典型的祸害，是很多西部坏蛋的榜样。

琼斯最喜欢的休闲方式，就是待在酒吧里用最龌龊的言语讲故事。

这一天，当罗斯福走进《恶土荒原牛仔报》办公室时，琼斯正在屋里讲得头头是道。罗斯福也许会被人视为一个假道学。他上大学时也喝酒，但他从不承认，而且除了在谈到生儿育女时，不会跟别人聊性这个话题。因此，对他而言，有一些边界是存在的，而比尔·琼斯越过了这些边界。“比尔·琼斯，”他盯着比尔·琼斯的眼睛说。“不知道为什么我会喜欢你，因为你是我听到过的最能讲脏话的人。”①

比尔·琼斯开始用手去掏枪，《恶土荒原牛仔报》办公室里的牛仔们都以为接下来他会射杀罗斯福。这间布满尘土的屋子突然变得寂静无声，这个头发花白的快枪手与那位来自东部、着牛仔装的四眼仔之间的冲突一触即发。所有人都知道，这是一场实力悬殊的对决。但是，一件奇怪的事情发生了。

也许是罗斯福无惧的眼神，或者是他浑不吝的气质起了作用。总之，比尔·琼斯先认了怂。“我不是你的手下，罗斯福先生，我也不欠你啥。同样，我也不介意承认，我确实说话太随便了点儿。”②

从那以后，他俩成了朋友。罗斯福通过了一次早期考试，

---

① 戴尔·L. 沃克：《1998年的男孩》，纽约：福吉出版社，1999年，第66页。

② 尤金·特文：《西奥多·罗斯福的生命与意义》，纽约：当代文学出版公司，1919年，第70页。

虽然对于他那仅仅是一个假设的事实，那就是：一个人说话不能太放肆。西部的规矩很简单：一个人必须言行一致，在这方面泰迪·罗斯福无懈可击。即便如此，也许罗斯福走出那间办公室时，能感到额头上由于紧张而淌下来的冷汗。事情的结局很可能是另一种样子。

他也许在大街上曾经跟一个留长卷发、胡须打蜡的男子——“那狗娘养的侯爵”——擦肩而过。人们忍不住会猜想，在这么小的镇子上，他俩应该有过偶遇。

两人都是来冒险的。曼丹《拓荒者报》的一位通讯员曾这样描写侯爵：“他武装到了牙齿。腰上缠一根样子骇人的皮带，腰间别着一把凶光闪闪的刀，挎着一把大号的美制左轮手枪，胸前挂着两条子弹带，手里攥着一杆连发步枪。”

罗斯福无疑会注意到这些武器，因为它们跟纽约大街上人们的休闲打扮太不一样。这里毕竟是狂野西部。

第12章　新鲜出炉的牛仔（1885年）

罗斯福根据一位牧场工人提供的线索，在北边找到了一处建立新牧场的理想之地。他蹚过小密苏里河，在河对岸找到了具体地点。他又一次为独处而行动。这位喜欢读写的人必须有属于自己的空间，而这个地点正合适。

在罗斯福的想象中，从游廊望出去看到的景致一定非常壮观。他后来写道："一连串的泥土山丘横亘着、倾斜着刺向苍天，仿佛由一只巨大的手雕琢出来，用作建造高山之前的研究草稿。远方升腾着褐煤燃烧的烟气，在夕阳下，它们变为闪亮的粉红色，暗示其周遭环境的蛮荒和野性。"①

这里将成为罗斯福牧牛场的办公室，它设施齐全，包括一个人可以坐着沉思、读名著或埋头写作的摇椅。

但他需要找人帮忙建造，于是求助于在父亲去世后曾陪他去缅因州狩猎的两个人：比尔·斯沃尔和威尔莫特·道。

罗斯福花了400美元获得这块土地的权利，然后试图说服这两人跟他一起创业。

① 埃德蒙德·莫里斯：《西奥多·罗斯福的崛起》，纽约：兰登书屋，1979年，第268页。

“我敢肯定，你们跟我一起干会发财的……”为什么斯沃尔和道被他说动了？原因很简单：罗斯福愿意掏钱。“他说，他将保证我们在养牛生意中的一切收益，”斯沃尔回忆说，“如果有什么闪失，他会自己担着，我们工资照发……我告诉过他，我觉得合作条件太不公平了，但如果他自己愿意承受，那我们就没的说了。”①

罗斯福甚至做得更多：他出钱垫付了已有的按揭，并亲自向两人的妻子保证，过一两年，情况就会好起来。

这就是金钱的力量。在当时，连银行放贷也很谨慎，公司不会给迁居者出钱。今天还会有人因为未开发的西部有一个机遇而痛快地说去就去吗？也许有人会，但大多数人没这个胆儿。

跟今天有所不同的，是 19 世纪末人们的心理状态。没有“大公司”作为靠山，工人阶级如果去西部，会习惯于“凑合着来”。“试一试，不成功，再试，还不行”的心理感受非常真实。国家需要一批创业者来建设。因此，当一个潜在的雇主在基本生存方面打了包票，还照顾到了现有的欠债……这样的合作条件，还有啥可挑剔的？

在他离开缅因州所搭乘的火车更换引擎之时，罗斯福接受了位于曼丹的《拓荒者报》一位记者的采访。“西奥多 · 罗斯福，纽约的改革派政治家，昨天踏上了去往西部的列车，前往他位于小密苏里附近的大牧场。他意气风发，一身乡绅休闲风

---

① 乔恩 · 诺奇：《西奥多 · 罗斯福与美国领导力建构》，纽约：天马图书出版社，2015 年，第 30 页。

格着装，谈起在达科他的冒险经历滔滔不绝……罗斯福先生相信，我国的年轻人应该追求政治上的独立精神……”

报纸所刻画的，是一个尽情享受西部时光的罗斯福。实际上，他是在逃离一个世界，奔向另一个世界。他所谓的“政治上的独立”已经在他身后关上了大门。

当道和斯沃尔于1884年8月到达恶土荒原时，罗斯福在当天晚上就问斯沃尔，对这片地方有什么印象。这位将近40岁、肩宽背阔的缅因州伐木工看了一眼这荒凉的恶土荒原。“我比较喜欢这个地方，”斯沃尔说，“但我不相信它很适合养牛。”①

“你还不了解，”罗斯福回答道。“大家都认为这里很好。”斯沃尔只好耸耸肩。“反正我这么认为，不太像养牛的好地方。”

罗斯福哪里听得进去；他将很快买进一千多头牛。何况，他们只是缅因州的伐木工。他们哪知道恶土荒原的情况？斯沃尔给家人写信谈到了对恶土荒原的第一印象：

> 这一片乡村尘土很大，这里的人显得不干净，不过我想还算健康。
>
> 这里的土壤有沙子，有泥土，也有完完全全的沙地或泥地。河水很少，就像只够青蛙蹦跶的池塘。这个乡村很古怪，你来看看没问题，但你不会愿意长待下去……罗斯

---

① 弗朗西斯·卡瓦纳：《冒险的勇气：西奥多·罗斯福的故事》，芝加哥：兰德·麦克纳利出版社，1961年，第55页。

福的牧牛场不错，他投资了不少钱，但是假如是我，我才不会把钱往这儿投呢。我觉得，这地方更适合动物，而不适合人待着。

罗斯福派两个来自缅因州的人去新址建造他的牧牛场，想试着在这里饲养一百头牛。看到两个从缅因州来的人到他的地盘上，梅里菲尔德当然不高兴了，但罗斯福安抚他说，这两人将会去比格霍恩地区狩猎，或者去怀俄明州猎杀灰熊。他给姐姐写信说："接下来的几个月，你可能收不到我的信了……如果我们把牛群放出去，或者牛群走散了，或者我们被暴雪困住了，我们也许会在野外待更长一段时间——直到圣诞节前夕。"[①]

他想在几个星期之内就动身，但他们需要更多的马匹。罗斯福还在为一种新的生活努力，想在恶土荒原创造出某种能赋予他人生意义的东西。

他忙于建造牧牛场，购买牛群和雇佣帮手；而且，他还经常长时间骑马外出，探索这个陌生新世界。有一次，他和斯沃尔在途中见到被烈日炙烤得发白的麋鹿尸骨，那些鹿角搅在了一起。罗斯福把这看作一次生死搏斗的证据，于是给他的牧场命名为艾克霍恩（鹿角）。罗斯福拥有的这片土地上，有一处狩猎者留下的棚屋，在牧牛场竣工前，他正好可以先用上。

他给姐姐贝米写信，谈到那些花去几天时间的长途骑

---

① 罗伯特·L. 威尔逊：《西奥多·罗斯福：野外生存专家》，纽约：温切斯特出版社，1971年，第43页。

行——这位孤独的骑手似乎在恶劣而危险的地方寻找着什么：

> 我变得非常喜欢这个地方。这里确有一种凄凉而严酷的美，对我有一种令人好奇的吸引力。河流蜿蜒穿行于长满花草但树木稀疏的洼地，四周都是岩石裸露、呈锯齿状的山丘；在澄澈无云、晃得人睁不开眼的蓝天下，它们奇怪的形状以及尖利陡峭的边缘，在地面投下难以名状的影子。每到傍晚，我都喜欢坐在棚屋前面，看着这些山丘坚硬、灰白的轮廓渐渐变得柔软……大多数时间我都一个人度过，会骑马去绵延起伏的草原和地势险峻的野地。①

罗斯福有时跟斯沃尔和道在一起，有时跟梅里菲尔德和菲利斯共事，这样做是为了确保一切都按计划顺利推进。罗斯福发现自己正在经历一种转变，他写信给姐姐说："自从花重金买了各种装备，我看上去已经像一个地道的牛仔了。"②

他说的是那件鹿皮束腰上衣和那顶墨西哥阔边帽，还有一件流苏边鹿皮衬衫、皮靴、皮裤和银质马刺。当时还没有电影，但西奥多·罗斯福肯定扮演的是新鲜出炉的牛仔角色。有一次，他在恶土荒原独自长途骑行，一场著名的冲突发生了。罗斯福经常会外出寻找走失的马匹，有一次在大草原上走得太

① 赫尔曼·哈根顿：《罗斯福的原野》，《前景》杂志第129期（1921年9—12月号）。

② 埃德蒙德·莫里斯：《西奥多·罗斯福的崛起》，纽约：兰登书屋，1979年，第275页。

远，直到天黑才停下来。

这个孤独的骑手走在仿佛洒满银色胡椒粉的星空下，远处的山丘之上露出一道月牙儿。凉爽的夜风吹拂着，罗斯福突然发现了远处的明古斯维尔小镇。这个小镇有一个火车站，还有一个门脸像旅店，其实是酒馆的建筑。

罗斯福迟疑了一下，看了看这些建筑物发出的昏黄灯光，然后骑马直奔小镇而来。他将在此跟一个狂野西部的坏蛋来一场较量。

小密苏里被认为是北太平洋铁路沿线社会治安最差的小镇之一，在很大程度上，恶土荒原本身就是盗贼的天堂。

“他们无处不在，就像邪恶的影子，隐藏在色彩明丽的边疆生活背后。他们出没于每一个酒吧、每一处牧场房子里。他们参与赶拢活动，混迹于篝火旁的牛仔当中。”[1]

西部其实没有什么法律可言，人们充分利用了这个事实；恶土荒原就是让人们释放压力的“逃逸阀”。因此，舞枪弄刀在这里是家常便饭，很多火车乘客在途经此地时无端中枪，还有人会从火车车厢里往外边开火，甚至有人趴在地上往火车底部开枪。

当年轻牛仔们来小镇上“喝一杯”时，街头枪战就变成标准的夜间娱乐，从酒馆到露天，一路都可能有子弹横飞。

罗斯福后来曾经说起过，有一位牛仔在梅朵拉“纵马跃上

---

① 赫尔曼·哈根顿：《罗斯福在恶土荒原》，纽约：霍顿·米夫林出版公司，1921 年，第 141 页。

一家破败‘旅店’的台阶，冲进了酒吧，然后举枪打坏了挂钟和一些玻璃酒瓶。酒吧招待向他开了一枪但没打中。当牛仔把左轮手枪子弹打光之后，甩了一沓钞票在前台桌上，为他造成的损失埋单，然后骑马冲出门，绝尘而去……”①

正如赫尔曼·哈根顿在《罗斯福在恶土荒原》一书中所描述的：“西达科他就是一个庇护所，背负不同程度的罪恶，或者会搞歪门邪道的各种恶棍，都从四面八方汇聚于此。恶土荒原没有法律，如果说有，那就是‘六连发法律’。白天的时候，社会相对安定，因为各人都有自己的‘营生’；一到晚上，这里就陷入混乱……屠夫和牛仔、木匠和劳工、喜欢冒险的年轻大学毕业生和英国贵族的小儿子，他们喝酒，赌博，叫嚷，跟着‘盗马贼’和枪管上刻字的‘坏人’一起‘上街打枪’。”②

罗斯福还记述了另一个故事：两个人在小镇的边缘玩躲猫猫游戏，都企图用枪把对方干掉。“最后，当其中一人走进一个赌场，不小心腰部受伤时，另一个人抓住机会开了枪。不料，那个踉踉跄跄受伤严重的人又扭转身来，射杀了他的对手……没过 20 分钟，胜利者也死了。”③

罗斯福这个来自东部、穿新鹿皮上衣、戴近视眼镜的“公子哥”几乎不可避免地会跟某一个歹人狭路相逢。

---

① 西奥多·罗斯福：《边疆居民》，《世纪》杂志第 36 期（1888 年 5—10 月号）。

② 赫尔曼·哈根顿：《罗斯福在恶土荒原》，纽约：霍顿·米夫林出版公司，1921 年，第 126 页。

③ 西奥多·罗斯福：《牧场生活与狩猎之道》，纽约：百年出版公司，1899 年，第 94 页。

当他进入小镇时，诺兰旅店里传出两声枪响。狂野西部的神话再一次上演，但罗斯福又累又困。因此，他没有选择离开小镇，而是拴好了马，走进了酒馆。一名双手各持一支手枪的醉汉转过身来正好看见了他。“四眼仔！”醉汉吼道。罗斯福定睛一看，醉汉正用藐视的眼神打量他这个穿鹿皮大衣、戴近视眼镜的“新手”。

附近几个牧羊人爆发出神经兮兮的笑声。泰迪注意到，酒馆的挂钟上有几个弹孔。“四眼仔你得请客，”醉汉一边叫嚷，一边挥动两只手枪。[①]

罗斯福慢慢走进去，在温暖的火炉旁边一张椅子上坐下来。空气中充满了烟味儿、马味儿、汗味儿和火药味儿。那个人跟着他，骂着脏话，把枪指向他。“四眼仔你得请客，”他又叫了一声。

罗斯福没开口说话，但心里清楚自己不得不直面这个枪手。这个人一直缠着他。对于这个醉酒的牛仔，罗斯福是再好不过的骚扰对象——一个抱着随便玩玩的想法来西部的“公子哥”。

罗斯福后来记述了当时的情形：

> 我刚要进去，酒吧里传出两声枪响。我本来不喜欢这样的地方，但又找不到更好的落脚处，而且晚上外面太

① 《西奥多·罗斯福自传》，纽约：查尔斯·斯克里布纳尔森出版社，1921 年，第 122 页。

冷。屋里有几个人，包括一名服务生。他们脸上都带着很勉强的微笑。

我看见一个衣着破旧、头戴宽边帽的人，在酒吧里来回晃悠，嘴里骂骂咧咧，一手握着一支上膛的手枪。很明显，刚才就是他往挂钟上开了枪，在钟面上打出两三个窟窿。……他一见到我，就直呼“四眼仔”，因为我戴着眼镜：“四眼仔你得请客！”①

罗斯福此刻也许想到了他小时候在缅因州的穆斯海德湖畔，被两个小霸王“无情地作弄”，当他试图反抗时又挨了一顿打的那一幕。这位衣着考究、戴近视镜的牛仔就是一个经典的霸凌受害者。

毫无疑问，很多人来到西部，只学会了牛仔的装扮，并没搞清这里的规矩，结果常常被那些一无所有的人羞辱。罗斯福继续讲述他的那次经历：

我也跟着他们笑起来，并走过火炉，找地方坐下来，不想引起太多关注。结果这个人还不放过我。我试图把他的话当作玩笑，结果却让他更加恼火。他站在我面前，把身子往前探，手里拿着枪，嘴里骂着难听的话……他再一次要求我请客，我回答说：“哦，如果该我请，我会请的。”

---

① 《西奥多·罗斯福自传》，纽约：查尔斯·斯克里布纳尔森出版社，1921年，第122页。

然后站起身，眼光看着他身后。

我一起身，马上快速用力地照着他的下巴，打出一个右、左、右组合拳。

他开了枪，但我不太清楚，究竟是他双手痉挛而走火，还是试图开枪击毙我。

他倒了下去，头撞到了吧台上……假如他还能动弹，我准备用膝盖顶他的肋骨，但他却一点反应也没了。

我缴了他的枪以后，屋里有几个人这才高声谴责这个醉鬼，并把他连拖带拽弄到屋外，放在一个避风的地方。[①]

罗斯福那晚走进这个酒馆，刚好撞到一个狂野的、烂醉的、可能杀了他的牛仔。罗斯福把他仅仅视为一个霸凌者，可是在狂野西部，人们可能仅仅因为对谁看不顺眼，或者误认为受到谁侮辱，就可能开枪杀掉对方。有人也许仅仅因为一瓶威士忌发生争执而丧命。他们也许无缘无故就被枪杀了。罗斯福独自来到这个西部小镇，看起来就像是一个从东部来刚下火车、穿着崭新鹿皮大衣的人。

他是一个显眼的目标。罗斯福坐下来，开始吃晚餐，同时警惕那个醉酒的牛仔再来找碴儿。但那个牛仔再也没有回来，而是被抬上了一辆货运列车。对于一个新晋的牛仔，还有比这更好的洗礼吗？

---

① 《西奥多·罗斯福自传》，纽约：查尔斯·斯克里布纳尔森出版社，1921 年，第 122 页。

的确，对于罗斯福而言，没有比这更好的结局了。消息很快在恶土荒原上传开：那个“四眼仔”可不只是兜里有钱、穿时髦的鹿皮套装。当罗斯福第二天离开时，他一定知道，自己也成为狂野西部神话的一部分。

来自东部的孤胆骑手在小酒馆里痛打枪手的消息传得沸沸扬扬。那时候，“水牛比尔”还没有西奥多·罗斯福名气大。

西部是一个很小的社群，传说和事实经常混合在一起，最后就演变为神话。罗斯福勇斗醉酒枪手的故事被传得越来越邪乎，直到他被奉为像西部电影《正午》男主角加里·库珀一样的英雄汉。

“发生酒馆打斗事件之前，罗斯福一直被牛仔们视为一个笑柄。”弗兰克·格林，北太平洋列车公司在当地的一名经理，多年以后回忆说。“从那以后，情况就不同了。”[①]

当然不同了。在边疆，勇气比什么都重要，一个被认为是来自东部大都市、除了有钱一无是处的新手，终于显露出了他的坚毅本色。

很显然，罗斯福已经向这些强悍而混乱的西部人，证明了自己不是一个假牛仔；而且，他也向自己证明了这一点。

这是西奥多·罗斯福重塑自我的重要一步。曾经因为妻子和母亲的死而深受打击的那个病弱青年，已经在狂野西部变成一名大牧场主。

---

① 赫尔曼·哈根顿：《罗斯福在恶土荒原》，纽约：霍顿·米夫林出版公司，1921 年，第 154 页。

后来他又勇斗枪手，这些经历对罗斯福的伟大人格的形成产生了深远影响。煎熬带来苦难，苦难铸就性格。当罗斯福纵马离开小镇，他一定面带着微笑。

从更宽泛的意义上讲，这件事也证明狂野西部并非神话。泰迪·罗斯福碰巧闯进了这个正在消失的边疆地区，在那里坏人也可能被坚持正义的人狠狠地收拾一顿。

罗斯福完全可能在恶土荒原上那个不起眼的小镇被人一枪结果了性命，而美国历史的发展轨迹也将被永远地改变。

具有讽刺意味的是，那个病弱的男孩学习拳击仅仅是为了改善哮喘症状。谁也没料到，这些搏击技巧多年后会在狂野西部的一个小镇派上用场，把一个有杀人倾向的霸凌者打得不省人事。

这件事让泰迪·罗斯福走进了神话，永远与美国西部史上一个瞬息即逝的历史时刻联系在一起。

第 13 章　比格霍恩狩猎之旅

暴风雨很快就要来临，狩猎者们不得不在岩石间、决口的沟壑里找地方躲雨。当马背上的两个人玩命地飞奔，躲避带着闪电的蘑菇云，云中蓝色的火球已开始打击地面目标。

他们出来狩猎才几天，空气由于降雨、吹风和闪电而变得闷热浊重。罗斯福磕了一下马刺，催促坐骑内尔加速前进，自己则俯身贴近马鬃毛，心里却在回顾这一个月来在纽约的经历。

蓝眼睛、卷头发的婴儿多次出现在他梦里。但是，当他在姐姐家看到她时，她却显得那么陌生。东部之行，目的是厘清头绪、告别往昔，因为他已开始新的人生，成为一名大牧场主。

罗斯福发现，好友亨利·卡博特·洛奇很郁闷，因为他像罗斯福一样遭遇政治挫折。罗斯福对东部毫不留恋，只想赶紧离开。就像主流共和党人一样，他所在政党中的改革派也和他断绝了关系。很多人认为，罗斯福是所在阶级的叛徒。

达科他发出了召唤。在接受《纽约论坛报》采访后，他就返回了西部。“我喜欢西部，我热爱牧场生活……”他对记者说。“有朋友一直批评我是政坛上的温柔派。如果他们有机会到西部，一定对我的变化震惊不已：我每天骑马在大平原上驰骋，身穿鹿皮衣和皮裤子，头戴一顶阔边帽。如果想要健康的运动，我会强烈推荐我们镀金的年轻人去西部，尝试一下驯服烈马的短期课程，再去牧场给得克萨斯肉牛打烙印。”①

真实的西部生活才是最重要的。曼丹的《拓荒者报》也凑热闹似的写道：“如果纽约的政治家们早知道，他们应该会发现，每年来一两次西达科他，有一个巨大的好处——在这里，他们可以避开笼罩在眼前的蜘蛛网，发现新的目标、抱负和理念。罗斯福先生，他虽然年纪轻轻，但可以教给心思缜密的政坛老手一些智慧……”②

罗斯福正处于自我变革过程中，已经和那个背负太多灾难、来自奥尔巴尼的年轻改革者大不一样。这个新牛仔相信，恶土荒原上活力充沛的生活，比东部玩弄政治手腕和阴谋诡计的轻松生活更高级。他一定是快跑着去搭乘开往西部的火车。

8 月 18 日，他前脚出发开始一场大狩猎，侯爵后脚就跑到他的牧牛场捣乱。西部之所以“狂野”，部分原因是土地以及关于土地所有权的复杂矛盾；很多对土地权利的声明都是口头上的，跟最后的纸面文本往往大相径庭。这就导致很多冲突。西部土地资源丰富，但是，只有当一个人声称拥有某块土地，土地才变得有价值。罗斯福声称拥有他新牧场周边的土地，就属于这种情况。

---

① 西奥多·罗斯福于 1884 年接受《纽约论坛报》采访，转引自埃德蒙德·莫里斯：《西奥多·罗斯福的崛起》，纽约：兰登书屋，1979 年，第 273 页。

② 西奥多·罗斯福于 1884 年接受《纽约论坛报》采访，转引自埃德蒙德·莫里斯：《西奥多·罗斯福的崛起》，纽约：兰登书屋，1979 年，第 273 页。

侯爵同时让12000头绵羊在那片土地上吃草，可它们都没存活下来，最后只剩下一堆骨头。罗斯福不认为侯爵的土地声索有效——事实上，它就是无效的——但侯爵是一个贪得无厌的人。他一定发现罗斯福是唯一真正的竞争者，一个跟他出身相同的人，掌握着一片穷人们买不起的土地。他给罗斯福写了封信，声称那片土地是他的。

罗斯福回信说，他不承认这个土地权利的声索。但他嘱咐斯沃尔和道做好防范风险的准备。恶土荒原已经出现一帮自封的民防队员，他们可以自作主张把人当作盗马贼绞死。实际上，被绞死的人当中，很多并不是盗马贼。法律属于制订的人、手里有枪的人，或者想构陷仇家的人。侯爵已经在一起土地权利纠纷中谋杀了一个人。罗斯福也受到了警告，但他暂时不想理会，准备过一段时间再说。

由于马匹不够，外出狩猎的行程又推迟了。罗斯福给姐姐写了封信。显然，他正在成为自己心目中的牛仔。"明天一早我们就出发。梅里菲尔德和我骑马，各牵一匹备用的马……我将穿戴阔边帽、丝织围巾、流苏边鹿皮衣、海豹皮裤子和鳄鱼皮靴子。我带了手柄上镶嵌珍珠的转轮手枪，还有制作精良的温切斯特步枪，足以应付任何情况。"[①]

当一个与过去的人生相连、不受欢迎的任务被硬塞到他手里时，那种通过行动来治愈绝望的战术，又开始发挥作用了。

---

① 斯蒂凡·洛兰特：《西奥多·罗斯福的人生与时代》，纽约：双日出版集团，1959年，第216页。

罗斯福不得不撰写吊唁文书、报纸文章，在出发去山里猎杀灰熊之前，先得创作一篇“纪念爱丽丝”的文字。

“她面容姣好、身材苗条，”他写道。“而灵魂更加可爱；她像鲜花般成长，却过早地凋零。她的生命永远沐浴在阳光里……作为一名少女，她诚实、单纯、快乐；作为一位妻子，她体贴、温柔、幸福。就在她快要当母亲的时候，当她的人生似乎刚开始的时候，当美好岁月刚展现眼前的时候——奇怪而可怕的厄运降临了，她突然辞世。当我最亲爱的心上人死去，我人生的光芒也永远消失了。”①

偶尔心怀惆怅的罗斯福，一定又想起那个漆黑的夜晚。凝望着恶土荒原，他对比尔·斯沃尔说，“觉得活着没啥意义”。他的梦想都埋在东部，他的女儿“没有我，照样过得好好的”。②

比尔·斯沃尔，这个来自缅因州的伐木工人，眯上一只眼，点了点头。“你不会一直这么想的，”他说，“你不会一辈子待在这里养牛。”然后，罗斯福又投身于行动之中，让自己“不多想”，他回忆说。当他和梅里菲尔德以及法裔加拿大人诺尔曼·莱博一起出发去比格霍恩地区狩猎时，人们几乎可以听见他喃喃自语：“采取行动才有意义。”负责驾驶马车和做饭的莱博是一位粗壮的西部游牧者。他对罗斯福说：“我要是有钱，两

---

①　贝奇·哈维·科拉福特：《西奥多·罗斯福：美国精神的捍卫者》，纽约：克拉林出版社，2003 年，第 31 页。

②　斯蒂芬妮·萨马尔蒂诺·麦克弗森：《西奥多·罗斯福》，明尼阿波利斯：勒诺尔出版公司，2005 年，第 35 页。

晚上不会睡同一张床。”

为这次长达 7 个星期的狩猎，罗斯福做了很充分的准备。“我的武器，包括一支长款 0.45 柯尔特手枪，配 150 个子弹夹；一支 10 号小口径猎枪，配 300 个弹夹；一支 45–75 温切斯特连发步枪，配 1000 个弹夹；一支夏普斯后膛枪，配 150 个弹夹；一支 50–150 韦伯利双筒霰弹枪，配 150 个弹夹。”[①]

很明显，他是有备而来。“要花多长时间我说不好；我们的总行程将近一千英里。如果猎物很多，成果丰硕，我可能在 6 个星期内返回；我更有可能逗留几个月——如果打不到什么猎物的话，我们将不得不走更远……比预计的行程还远。”他写信告诉姐姐。[②]

狩猎者们很快就遇上了恶土荒原著名的天气。又一朵阴沉的蘑菇云飘过来。他们急忙飞奔去寻找避雨之地。他们往一道干涸的河床跑去，还在半路上暴风雨就来了。罗斯福后来写道：“就在我们距离河床还有几百码的时候，第一股狂风就赶上我们了，差点将我们从马鞍上吹下来，雨点和冰雹跟着劈头盖脸掉下来。我们飞奔到一处低洼的溃口，手忙脚乱往里闯——差点撞到脖子——然后连人带马蜷缩在迎风的岸边。虽然是在 8 月，空气变得很冷……在旋风的中心地带，风力的确很有杀伤力。大如鸽子蛋的雹子不断倾泻，在地面砸出和子弹孔类似

---

① 迈克尔·R. 坎菲尔德：《西奥多·罗斯福在野外》，芝加哥：芝加哥出版社，2015 年，第 157 页。

② 大卫·麦卡乐：《马背清晨》，纽约：西蒙·舒斯特出版集团，1981 年，第 333 页。

的坑……”[1]

雨还在下着，于是他们就在沟壑边扎下营。艰难地走在红色的泥泞中，用雨衣接到的雨水煮咖啡。在马车的遮掩下，蜷缩在饼干桶周围，睡过一个夜晚。天空放晴时，他们以蜗牛般的速度向东南方向行进。莱博负责驾驶马车，梅里菲尔德和罗斯福分别骑行在马车两旁，一路上见到什么猎物就打什么。

罗斯福看见一些野鸡，就朝它们奔过去，梅里菲尔德赶紧阻止他。“别开枪！”罗斯福根本不听，继续往前冲，一头美洲狮突然从矮树后窜出来，然后又跳跃着离开了。两人都没来得及开一枪。“从现在起，我让你停下，”梅里菲尔德训斥他的老板。“你就停下，明白吗？”[2]

罗斯福答应了，他知道自己做得不对。这件事更让他坚信，在野外历险时，所有人都是平等的，功劳属于每个人。

他们往恶土荒原深处前进。人们可以想见罗斯福是多么享受远离尘嚣的生活。第一次在恶土荒原上骑马狩猎的日子，对纯粹而原始的东西的追寻，这些都与“文明世界”乱七八糟的东西形成鲜明对照——另一封信明确表达了他的心迹：

> 我正坐在有帆布顶棚的马车旁边一只倒扣的水桶上面给你写这封信……我得到一位与伙伴走散的善良牛仔提

① 西奥多·罗斯福：《大牧场主狩猎之旅》，纽约：乔·帕·普特南森出版公司，1885 年，第 139 页。

② 罗杰·L. 迪西尔维斯多：《西奥多·罗斯福在恶土荒原》，纽约：沃克出版公司，2011 年，第 126 页。

> 供的帮助。我们一周前离开了小密苏里，以每天 20 到 30 英里的速度稳步推进，穿越了一片荒芜、贫瘠而秀美的土地——一部分是地势起伏的大草原，另一部分是历尽沧桑、凹凸不平的不毛之地。我们每天拂晓即起，6 点左右动身。梅里菲尔德和我骑马到山丘或沟壑去寻找猎物，破旧不堪的“草原双桅船”，还有备用的两匹马，则是由个性鲜明的莱博老伙计慢悠悠地驾驶。[①]

与“牛仔们在前面打猎、马车载着辎重相随”的美好意象相映成趣的，是罗斯福笔下描述的另一种经历：当他们在露天熟睡时，暴雨突然降临，“我们盖着淋湿的毛毯，身上瑟瑟发抖，一直挨到天亮”[②]。

他还是那个患有急性哮喘的男子，慢性消化疾病还不时发作，但西部本身似乎就是一剂解药。“我们赶在天黑前扎营，将两三匹马拴在一起，任由其他的马自由活动。一天晚上，我们在一个非常美丽的自然公园里宿营；那是一座巨大的、草木葱茏的山峰，和许多被矮小松树覆盖的白垩山丘——它们四周陡峭、呈现奇特而怪诞的形状。整个夜晚，狼群都在我们营地周围演奏一场诡异的音乐会——它们是非常无害的野兽。”[③]

---

① 罗杰·L. 迪西尔维斯多：《西奥多·罗斯福在恶土荒原》，纽约：沃克出版公司，2011 年，第 125 页。

② 西奥多·罗斯福：《大牧场主狩猎之旅》，纽约：乔·帕·普特南森出版公司，1885 年，第 101 页。

③ 西奥多·罗斯福：《大牧场主狩猎之旅》，纽约：乔·帕·普特南森出版公司，1885 年，第 132 页。

罗斯福在结尾处所描绘的意象，是在月光映照的恶土荒原，凹凸不平的岩石之间充满原始野趣的生活，和从这种生活中寻找良药来对抗绝望的人。“我由衷地喜爱这种完全自由的生活……这样刺激过瘾的经历并不会太多——手握猎枪，在起伏连绵的大草原上纵马飞驰，或者，在所谓的‘不毛之地’上，沿着曲折小路骑行，一路观赏贫瘠、奇幻而又极为秀美的沙漠。”①

他们遇到 3 只黑尾鹿，罗斯福在奔跑中从两百码开外打了一枪。他没有打中，又从 400 码开外打了一枪，然后停下来等着。当两个鹿头整齐排列着出现时，他又举枪射击，子弹穿过了两只鹿的头颅。“太棒了！老天爷，这一枪太神了。”罗斯福惊呼起来。

随后，他们差点遇上一场灾难。罗斯福和梅里菲尔德骑进一处沙质的溃口，开始吃力地往上攀爬。地面太陡峭，他们只得下马，让马先走，前面却出现一个成直角的峭壁。梅里菲尔德走在前面，他的马突然后退，身体失去平衡，重量压在后腿上，两条前腿踏空。这匹马一个后空翻，径直向罗斯福砸过来，罗斯福勉强躲开。马又空翻两次，最后掉到了河床上。梅里菲尔德的坐骑艰难地站立起来，看上去并无大碍，假如他躲闪不及，肯定会被马压扁。

恶土荒原上的日常危险可能远甚于印第安人。当然，这里也有印第安人出没。罗斯福和梅里菲尔德有一次沿着粉河上游

---

① 萨拉利昂·瓦茨：《白宫里的剽悍骑手》，芝加哥：芝加哥大学出版社，2003 年，第 131 页。

的科利尔福克河骑行时，就遇到一帮印第安人。他们距离上次扎营过夜的地方不远。

当时的时代大背景是这样的：这是 1885 年，再过 18 年，莱特兄弟将成功地把第一架飞机送上天；再过 11 年，22 岁的意大利人马可尼将发明无线通信技术；同一年，亨利·福特在他家背后的小棚子里捣鼓的汽车即将成型。泰迪·罗斯福却还在跟印第安人斗争，这一幕就像刘易斯与克拉克远征一样陈旧。更让人感到惊奇的是，1885 年，在小比格霍恩河战役中杀死克斯特将军的印第安人酋长“坐牛”，已经加入“水牛比尔”的“狂野西部秀”。这个由威廉·科迪（“水牛比尔”）于 1883 年创作的演出节目，常演常新、经久不衰，直到 1913 年。

正当一个马戏经营者在舞台上贩卖西部神话时，罗斯福亲身在恶土荒原上经历了即将谢幕的西部神话。夏延族印第安人和牛仔之间的小规模冲突发生在 1883 年，冲突双方均有人员伤亡。

“大约在同一个时间，一帮苏族印第安人洗劫了一群野牛猎杀者的财物，一些克劳族印第安人也企图干同样的事，”罗斯福后来写道，“在荒无人烟的地方遇到一群年轻印第安人总是一件危险的事……一个白人遇到这种情况，很可能失去他的马、他的枪，甚至包括其他东西……至少发生过一起……一个不走运的白人丢了性命……”①

当梅里菲尔德从篝火旁边站起来时，罗斯福脑子里一定涌现出这些骇人听闻的事件。“我要去看看印第安人，”梅里

---

① 西奥多·罗斯福：《牧场生活与狩猎之道》，纽约：百年出版公司，1899 年，第 101 页。

菲尔德表示。可以想见，罗斯福的眼镜映着篝火，满脸都是怀疑的表情。他熟知那些关于白人被砍杀再被狼吃掉，或者被捆绑起来在烈日下晒死的黑暗故事。他不像有的白人那样，随身带着毒药，万一被印第安人捉住就服毒自杀。

正如赫尔曼·哈根顿在《罗斯福在恶土荒原》一书中写的：

> 在小密苏里和黄石之间的地域，在 1884 年到 1885 年间，战争的伤痕仍然裸露着、疼痛着（这些战争的高潮，当属卡斯特将军战死的小比格霍恩河战役）……很多白人只要一看到印第安人就开枪，就像在枪击草原狼；也有白人会活捉印第安人——如果有可能的话——然后扒掉他们的衣服，用鞭子抽打他们，直到血肉模糊。印第安人则发起可怕的报复行动，把白人俘虏交给他们的妻子处置。她们会以各种可以想到的方式折磨白人俘虏，比如，往他们手指头上钉钉子，或者将他们活活烧死。

这位来自曼哈顿的男子一定想到了这些，他凝视着暗处，想象着印第安人会来偷袭他们。这些印第安人甚至可能是杀死克斯特将军及其部属的同一伙人。他们把白人的头皮剥下来，用刀斧砍杀他们，再让他们晒死在烈日下。“你想去干吗？”“在这个地方，”梅里菲尔德站着回答道，“你总想去了解你的邻居是些什么样的人。”[①]

---

① 赫尔曼·哈根顿：《罗斯福在恶土荒原》，纽约：霍顿·米夫林出版公司，1921 年，第 183 页。

罗斯福和梅里菲尔德一起骑马前往，发现附近居住的是夏延族印第安人。梅里菲尔德的阅历告诉他，必须向印第安人证明你是一个厉害的对手。他建议比试一下枪法，让罗斯福吃惊的是，他发现这些印第安人枪法很差。

两人的枪法都比印第安人好，后来他们回了营地。梅里菲尔德说："印第安人是人性的最佳裁判。当一个印第安人发现你是一名神枪手，他绝对会放过你，让你来去自由。印第安人跟白人一样。他们不会傻到挑战自己打不过的人。"①

罗斯福肯定记取了这些经验，万一与印第安人遭遇时用得上。当他们骑马朝印第安人走过去时，罗斯福也许心里很害怕，脑海里闪现出一个个典型：东部报纸上渲染的西部故事，他父亲的好友艾伯特·比尔兹塔德的浪漫西部风景画，或者威廉·科迪的"狂野西部秀"里印第安人戴着无边帽冲进马戏帐篷，一边叫喊一边鸣枪的场面。

与印第安人相遇，是重塑泰迪·罗斯福人格的一个重要因素。一个虚弱的男子变成一个崇尚行动、敢与不法之徒和印第安人对决的男子汉。这个新人最终将返回东部，而这些西部经历将刻在他的灵魂里。他与印第安人的正面冲突会在未来发生，而且比这次相遇更加危险。此时，他正意气风发地驰骋在狂野西部。

---

① 赫尔曼·哈根顿：《罗斯福在恶土荒原》，纽约：霍顿·米夫林出版公司，1921年，第184页。

第 14 章　那个狂人（1877 年）

冰面坚硬，北风刺骨。理查德·威灵和泰迪·罗斯福结伴去清新池塘溜冰。正当这两个来自哈佛大学、滑冰技术一般的小伙子打算滑到池塘对岸时，雪下得更大，风也刮得更猛了。本来对自己能否滑那么远就心存疑虑的威灵，开始觉得很冷，就提出往回返。

但罗斯福继续往对岸滑，很吃力地滑，玩到兴奋至极还叫喊："太爽了！"威灵后来写道："自上大学以来，我的意志力从未受到如此严峻的考验。但无论如何，我都不会先提出回家去。"①

他们在冰上待了三个多小时，直到天黑没法继续滑了，罗斯福才勉强同意，该回家了。他具有狂人般的意志力，不达目的，誓不罢休。

另一个罗斯福的逸闻，跟他在哈佛大学体育馆参加的一场不走运的拳击比赛有关。当裁判宣布比赛暂停时，对手、大四学生 C.S. 汉克斯偷袭了毫无防备的罗斯福。汉克斯一记右勾

① 大卫·麦卡乐：《马背清晨》，纽约：西蒙·舒斯特出版集团，1981 年，第 209 页。

拳过去，罗斯福鼻子中招，顿时鲜血喷涌。观众要求惩罚汉克斯，但泰迪举起汉克斯的手套说："不要紧，他没听见裁判吹哨。"[①]

不管这是传说还是事实，这个故事揭示了罗斯福始终坚守的一个人生准则：一个人必须有担当，其他人也应该如此。没有一个哈佛学子会故意利用裁判的哨声占对手的便宜。虽然他从来不是一名优秀拳击手，也不是杰出的运动员，但罗斯福相信，自己能够成为最好的那一个。正如他表哥莫德·艾略特所言："泰迪总认为，他能够把事情做得比任何人都好。"[②]

为什么不呢？直到他上哈佛大学之前，罗斯福都是在家庭教师的指导下学习。这个身患哮喘、戴眼镜、经常腹泻的男孩子，后来成长为一位敢闯艰险之地的年轻人。哈佛大学是一个富家子弟合乎逻辑的去处。这时的罗斯福年满 17 岁，身高才 5.8 英尺，不会再长高了。他身材瘦弱，体重 125 磅。他的眼镜像两个月亮，当他大声笑时，眼镜会滑下来。妈妈说，他的笑声就像"缺乏润滑脂的一声尖叫"[③]。

他的嗓音很诡异。几年以后，在奥尔巴尼的立法会，他会大声叫喊："主湿（席）先生！主湿（席）先生！"这种嗓音，或许是纽约上流社会口音和哮喘造成的呼吸困难两种因素的奇

---

① 大卫·麦卡乐：《马背清晨》，纽约：西蒙·舒斯特出版集团，1981 年，第 210 页。

② 大卫·麦卡乐：《马背清晨》，纽约：西蒙·舒斯特出版集团，1981 年，第 211 页。

③ 埃德蒙德·莫里斯：《西奥多·罗斯福的崛起》，纽约：兰登书屋，1979 年，第 36 页。

妙混合——说话时，他仿佛在用那引人注目的牙齿，将每一个词咬成两半。他头颅大，耳朵小，脚也小得很荒诞——以至于经常穿妈妈的拖鞋。一位哈佛同窗把他描述成一个“身体发育水平尚处于幼儿园阶段的青年人”[①]。

他的身体健康有所改善，但是当然，只能朝一个方向发展。哮喘症状已经减轻，腹泻也得到控制。他的家庭教师亚瑟·卡特勒要求严格，尤其在数学方面。因此，罗斯福上大学前从没有见过任何教授，也很少与同龄人交往，但他发现哈佛的同窗都很友好，而且他跟同学们混得比较熟。然而，泰迪性格太古怪以至于无法结交亲密的朋友。

赫尔曼·哈根顿在《罗斯福在恶土荒原》一书中更苛刻地评估了罗斯福与同学之间的关系：“我还没发现有谁跟他很亲密，只有少数人对他充满同情……大多数同学并不喜欢他。”[②]

一个同学在回忆罗斯福时，仍然充满了困惑：“搞不清他到底是一个真实可爱的人，还是一个显现出各种怪癖的人。”[③]

哈佛校友约翰·伍德贝瑞则认为，泰迪有成为历史学教授的潜质，但又补充说：“也有人认为他很疯狂。”波士顿新晋名媛玛莎·寇丁总结说，这个龅牙、矮小的男生“给人的第一印象很平常”。

---

① 内森·米勒：《西奥多·罗斯福的一生》，纽约：威廉·莫洛出版社，1992 年，第 68 页。

② 大卫·麦卡乐：《马背清晨》，纽约：西蒙·舒斯特出版集团，1981 年，第 215 页。

③ 威廉·罗斯科·赛耶：《西奥多·罗斯福的私密传记》，波士顿：霍顿·米夫林出版公司，1919 年，第 21 页。

父亲去世后，还在哈佛大学念书的罗斯福开始变得抑郁。父亲死于可怕的胃癌，正如弟弟艾略特描述的那样：“突然间，他的面部表情因为剧痛而扭曲，他大声索要乙醚……除了‘哎哟’什么也说不出来，但痛苦表情让人感到恐惧。乙醚和镇静剂都不管用……很快爸爸就开始呕吐……他把身体完全扭向左侧，双臂伸出然后又抱紧……他眼睑颤动，最后长出了三口气……这个被疾病摧残了3个月的男人，又经历了13小时15分钟的挣扎，才艰难地离开人世。”①

泰迪因此心急如焚。“这一切像一个噩梦。”他写信给亨利·米诺特说，“还好，父亲不必再受苦了。”②他后来在日记中描述道：“当我亲吻爸爸冰冷的脸颊时，心中满是苦痛。我意识到，他再也不会跟我说话了……他是最睿智和慈爱的父亲，我欠他太多太多。”

随后，他在哈佛期间的日记中还写道：“一整夜都在思念父亲，终于彻底‘断舍离’，这才感到好受多了。”“时不时，还会有苦涩的感觉；如果我再多想，我相信我会疯掉。”“距离我生命中最黑暗的日子才一个月。”③

在长岛蚝湾的教堂里，罗斯福看到父亲和自己并排坐在长椅上，“跟他活着时一样”。有一阵子，他不再关心学业。关于

---

① 大卫·麦卡乐：《马背清晨》，纽约：西蒙·舒斯特出版集团，1981年，第183页。

② H.W.布兰兹编辑：《西奥多·罗斯福书信选辑》，纽约：库珀·斯贵尔出版社，2001年，第14页。

③ 大卫·麦卡乐：《马背清晨》，纽约：西蒙·舒斯特出版集团，1981年，第187页。

父亲的记忆让他变得消沉，他把自己跟父亲进行了比较：“我是多么的没用……无论在德行、心智，还是身体上，我都远比他逊色……他全心呵护我，而我从未照顾他。我还清晰地记得，多年以前，我还是一个非常虚弱、身患哮喘的孩子，他经常将我抱在怀里走来走去……而且，哎，一想到他病重时我什么也做不了，就感到心如刀割！”[①]

罗斯福还写了这句诡异的话：“有时候，当我完全意识到自己的损失，我会觉得自己要发疯。”[②]当妻子和母亲在同一天与他永诀时，他在日记里也书写了同样的悲恸。物理疗法随即开始。巨大的悲痛促使罗斯福通过剧烈运动来麻醉自己。他开始像魔兽一样拼命地划船。炎热的 7 月，他独自驾船，用力划，直到胳臂疼痛难忍，才大声喊叫着停下来。

他会在雨天外出，手拿步枪，一边奔跑或攀爬，一边射击遇到的任何动物。他会骑着爱马莱特富特到空场上，进行一种高度紧张带惩罚意味的、冲击动物体力极限的狂奔。有一次，他骑马在树林里游荡了一整天，在回家路上遇到一个邻居家的狗。他拔出转轮手枪就把狗打死了，“当它追着我的马奔跑时，我用转轮手枪干净利索地打翻了它”[③]。

从那以后，他的马变成了瘸子。同时，他和全家的一位多

---

① 丹·埃利什：《西奥多·罗斯福》，纽约：马歇尔·卡文迪什基准出版社，2008 年，第 15 页。

② 爱德华·P·科恩编辑：《引以为荣的骑行：西奥多·罗斯福日记》，奥尔巴尼：纽约州立大学出版社，2015 年，第 26 页。

③ 爱德华·P·科恩编辑：《引以为荣的骑行：西奥多·罗斯福日记》，奥尔巴尼：纽约州立大学出版社，2015 年，第 47 页。

年老友伊迪丝·卡罗尔闹掰了。他的火暴脾气似乎越来越难以控制。于是，罗斯福逃到缅因州的森林里狩猎和远足，完全沉浸在对抗大自然的体力活动中。“要照顾好罗斯福，”陪他去缅因州狩猎的汤姆森医生说，“他身体不壮，但意志顽强。他很可能在喊累之前就把自己搞死了。”[①]

有一件事是确定的：罗斯福是一个杀手。他热衷于狩猎，总想证明自己是命运的主人。在后来的岁月里，他将猎杀非常多的动物，以至于史密森学会也只能从他那“科学研究的矿藏母脉”里，拿走四分之一去制作标本。后来，他会与老朋友、继任者威廉·霍华德·塔夫脱反目成仇，并以猎杀灰熊、狮子或者在美西战争中英勇杀敌的劲头去攻击他。

他将摧毁自己的敌人，而且越战越勇，甚至不惜毁掉自己。当然，这些事情，发生在他从哈佛大学毕业之后的漫长岁月里。罗斯福一毕业就成了有钱人，从父亲那里继承了12.5万美元的财产，能以每年8000美元的红利养活自己。

这对于一个前途未卜的年轻人是足够了。但要是他脑子一热，砸在一根原木上1.4万美元，购买美国西部的一个牧牛场呢？对于一个平常人来说，那无疑是一个疯狂的举动，而且真有不少人认为泰迪·罗斯福疯了。当然，并非每一个疯狂的人都能成为登上总统宝座的西部牛仔。

---

① 坎迪斯·米勒德：《怀疑之河》，纽约：安科尔图书公司，2005年，第17页。

第 15 章　猎杀大灰熊（1886 年）

比格霍恩山脉从南边的蒙大拿州一直绵延到北方的怀俄明州。作为落基山脉的姊妹山系，比格霍恩山脉有陡峭的山坡、高山草地和冰川谷。清澈碧蓝的湖水和高耸入云的峰峦，激发了山民们的灵感。他们给群峰取了好听的名字，比如云峰和黑牙峰。1876 年，苏族印第安人和克鲁克将军率领的陆军交战时，他们就躲藏在比格霍恩山脉的云杉树林里。

这些峰峦的顶部呈圆形，在冬天，往山里走几个小时，气温就可能降到零下 40 华氏度。这里的天气变幻莫测，很多相信靠着篝火就能熬过暴风雪的人，最后都消失了。罗斯福等人一直向前，在炎热的大草原上走了三个星期，才抵达比格霍恩山脉。

空气冰冷而清爽，葱郁的苍松和潺潺的溪流围绕着新的营地。跟他们刚刚跋涉过的草原相比，这里是极佳的狩猎场，是一个天堂般的所在——有冰雪覆盖的泉水、有松香气味的篝火，还有莱博在马车上制作的美食。

坐在篝火旁边，罗斯福被山峰的雄伟气势吸引住了。“我侧耳倾听足够长时间，仿佛能听到雷鸣般的笑声和呼唤声，”他写道，“仿佛在任何时刻，某个奇形怪状的岩石，都可能从暗处走到篝火余烬发出的微光里。”[①]

“我们终于来到了一个树上长着叶子的地方。”[②]莱博说。但这里海拔8000英尺，气温零度以下。首要任务是猎杀灰熊，而罗斯福先猎到的是一头麋鹿。这个来自东部的男人仍然被哮喘困扰，但即便是在空气稀薄的地方，他也表现得像一个土生土长的山民，他在书中写道：

> 穿过松软的土壤，我们一直轻快地往山上走。脚下没有声音，但是很滑溜，还会陷进去。结果，我上气不接下气，双手发抖，第一枪就打偏了……我们全力追赶那群麋鹿，边跑边开枪；我打伤了三只，但它们都没有马上倒下。
>
> 麋鹿在前头蹦跳，我们在后头喘气，在湿滑的地上跌跌撞撞，小心地躲过焦黑的树桩，跳过一踩就碎的朽木，不止一次摔得四仰八叉，只好走走停停，逮着机会就放一枪。
>
> 最后，有一头公麋鹿倒下了。我们越过它，继续追赶正往山顶跑的另外两头。汗水流下来模糊了我的眼睛，在我满是黑泥灰的脸上犁出沟壑——当我摔倒在地上时，山火烧焦的黑土沾到我脸上；我喘着气，步履蹒跚地追赶，

---

① 西奥多·罗斯福：《荒野猎人》，纽约：乔·帕·普特南森出版公司，1893年，第173页。

② 赫尔曼·哈根顿：《罗斯福在恶土荒原》，纽约：霍顿·米夫林出版公司，1921年，第185页。

几乎累得精疲力尽。[①]

罗斯福并未“精疲力尽”，因为他又打中另外一头麋鹿，还有力气追赶第三头。当然，这种让人疲倦的、耗尽精力的活动，提供给他必要的“累得不去想”急救药——他给自己开的处方，用以压制内心对死去妻子和母亲的思念。

但是，即便在高山之上，他发现自己还会被拉回到东部生活的黑暗之中。那天晚上坐在篝火旁边，听着远处公麋鹿的哀鸣，他向梅里菲尔德讲述了曼哈顿那个恐怖的夜晚。罗斯福凝视篝火，告诉梅里菲尔德说，他内心的苦痛是“无法治愈的”，他永远也得不到安慰。

同样丧妻的梅里菲尔德沉默了片刻，然后说了那句老套的话：“一切都会过去。”罗斯福并不同意，说：“现在别告诉我时间可以带来改变……在这件事情上，时间永远也改变不了我。”[②]

这次出来狩猎，罗斯福想猎到一头灰熊，但在他们狩猎的第一个星期，这个落基山之王一直不见踪影。灰熊有极其敏锐的嗅觉和听觉，因此很难被猎到。但是，跟罗斯福很像，灰熊的视力很不好。人遇到灰熊会有致命危险，因为它们会不发警示直接发动攻击。

---

① 拉马尔·盎德伍德 编辑：《西奥多·罗斯福论狩猎》，康涅狄格州、吉尔福德：里昂出版社，2003 年，第 180 页。

② 埃德蒙德·莫里斯：《西奥多·罗斯福的崛起》，纽约：兰登书屋，1979 年，第 280 页。

如果他们到10月份还没有猎到灰熊，这一趟就算白来了，因为到那时灰熊就回洞穴里冬眠了。现在是9月份，他们还有最后的机会猎到灰熊——如果能找到一头的话。猎人们的好运气终于来了。一天傍晚，梅里菲尔德回到营地时大喊，他在山的另一侧，距离营地10英里的地方，发现了灰熊的踪迹。

他们挪了营地。在日落时分，罗斯福也发现了灰熊的踪迹。他一棵树一棵树地找，寻踪向前，一直找到天黑。他知道，灰熊就在附近。第二天下午，罗斯福蹲在一道沟壑旁边的岩石顶上，打到一头硕大的公麋鹿。“听着，”他说，“我们今晚去猎熊。”[①]

但是，他们什么也没发现，直到第二天，他们才发现那头熊来吃过罗斯福猎到的那头公麋鹿。他们再次出发时，特意穿了软帮皮鞋以消除脚步声。他们在麋鹿尸体周边合适的位置埋伏下来，以确保一旦灰熊回来进食，能够准确瞄准射击。

他们熬夜守候，耳边是狼群的嚎叫和森鸮的鸣叫。一听到有树枝的咔嚓声，或黑暗树林中的啪嗒声，他们就期盼着是大灰熊来了。

灰熊可不是黑熊；他们几分钟就能把人撕碎、吃掉。一些犯了不尊重灰熊的错误的人，付出了沉重的代价。

在长夜里，罗斯福和梅里菲尔德一直把手指放在扳机上，但是灰熊始终没有回来。第二天，梅里菲尔德在松针和苔藓上

---

① 罗杰·L.迪西尔维斯多：《西奥多·罗斯福在恶土荒原》，纽约：沃克出版公司，2011年，第132页。

发现了灰熊的踪迹，他们循着踪迹来到了一片树林。

猎人们一边匍匐前进，一边呼吸着冰凉的、散发着松针清香的空气。罗斯福跟在梅里菲尔德后面，“当我们在灌木丛里绕过一堆齐胸高的倒伏树木时，前面的梅里菲尔德走到一棵巨松的主干旁边。”罗斯福后来写道。[①]

“就在他快要经过时，梅里菲尔德突然单膝跪下，侧转身来，一脸狂喜的表情。当我大步跨到他前方时——手里的枪随时准备射击，距我仅十步之遥，云杉树苗之间，一头灰熊正慢慢从它的‘床’上直起身来。”[②]

梅里菲尔德没想到罗斯福轻快地闯到他前面去了。这头 9 英尺高、1200 磅重的灰熊听见他们走动的声音，往后一坐，半蹲在地上，呲出满口尖利的牙齿。

“它听到我们来了，但显然不知道准确位置，也不知道是什么动物，”罗斯福继续写道。“它半蹲着，侧对着我们。当他终于看见我们时，就再次四脚着地。他转身朝向我们，脖子和肩膀上蓬乱的毛似乎根根竖立。当它身子一沉，把重量压在前腿上时，我举起了步枪。”[③]

罗斯福感到心跳剧烈，嘴里发干，因为他正与西部最厉害的野兽对决。他端着枪，心突突跳，他提醒自己这是紧要关

---

① 穆拉特哈尔斯底德：《西奥多·罗斯福的人生》，俄克拉荷马州，阿克伦：撒阿菲尔德出版公司，1902 年，第 49 页。

② 西奥多·罗斯福：《大牧场主狩猎之旅》，纽约：乔·帕·普特南森出版公司，1885 年，第 338 页。

③ 穆拉特哈尔斯底德：《西奥多·罗斯福的人生》，俄克拉荷马州、阿克伦：撒阿菲尔德出版公司，1902 年，第 50 页。

头，是战胜自我的关键。如果没击中目标，他就可能丧命。罗斯福瞄准灰熊射出凶光的两眼之间，开了一枪。

“毫无疑问，我当时脸色煞白，”他后来写信告诉姐姐，“但我手中的蓝管猎枪端得很稳。我顺着枪管方向看过去，能看见枪的准星正对着它那双险恶的眼睛……”①

灰熊有能力撕咬罗斯福，他的唯一机会就是一枪击中灰熊头部。这头1200磅的猛兽一旦被惊扰，而罗斯福又没打中要害，他就可能被撕成碎片，因为梅里菲尔德根本来不及阻止它刀一样锋利的爪子和能把人咬碎的下巴。

罗斯福这样追述那个时刻：“我一扣动扳机，随即跳到旁边，以防灰熊反扑过来。其实这是多余的，因为那头巨兽正在痛苦地垂死挣扎。后来，我把它的皮带回了家，可以看到，弹孔正好在它两眼之间，仿佛是我用木工尺子事先量好的。”②

罗斯福终于猎到了他梦寐以求的大灰熊。这次惊心动魄的刺激之旅总算圆满收官。那个抢到梅里菲尔德前面去射击的人——不管其结果是杀了熊，还是被杀——已经从信奉“顽强毅力能征服羸弱肉体”理念的小男孩，变成了相信“表现勇气则勇气来”理念的男子汉。③实际上，罗斯福当时一定怕得要死。

---

① 迈克尔·R.坎菲尔德：《西奥多·罗斯福在野外》，芝加哥：芝加哥出版社，2015年，第161页。

② 西奥多·罗斯福：《荒野猎人》，纽约：乔·帕·普特南森出版公司，1893年，第221页。

③ 凯思琳·道尔顿，《西奥多·罗斯福：奋发有为的人生》，纽约：艾尔弗雷德·A.克诺夫出版社，2002年，第52页。

今天，人们喜欢开列“人生愿望清单”。西奥多·罗斯福的人生愿望清单大概是这样的：去西部。（✓）猎杀野牛。（✓）买个牧牛场。（✓）勇斗歹徒。（✓）智斗印第安人。（✓）猎到一头大灰熊。（✓）生存。（✓）这一系列令人振奋的经历有一个附加的好处，就是让罗斯福把注意力从悲伤的往事上转移开。他再一次直面西部神话，得到他应得的“一磅肉”……实际上，他得到了 1200 磅。

当他们打点行囊、收拾营地、成单行往山下走时，漫天大雪洋洋洒洒落在轻软的松树上。罗斯福让备用的马驮着沉重的猎物。当他踏上 300 英里的归途时，内心非常有成就感。归程逐渐变得艰难。在穿越炎热荒芜的大草原时，马开始步履蹒跚。在队伍行进到小比弗河东边的沙丘时，一匹拉车的马累得止步不前。他们用最强壮的一匹备用马换下了它，然后继续推进，在天黑之前到达被称为“药山”的诡异之地。这些山岩，活像圆锥形帐篷，又像一群古代居民，或者其他更加奇幻的东西。“有的山岩，像高耸的尖峰、山脊或链条……天气变化将其周围侵蚀成峭壁，或者形状独特的洞穴、柱子、城垛和尖塔。”[①]罗斯福后来这样描写道。

他们就着满月的光华，在这些奇形怪状的山岩中间扎营，在一面悬崖下生起一大堆篝火。松树林和林立的药山在月光下显得诡异、陌生，再次提醒罗斯福已经远离了都市文明。

篝火在寂静的夜晚忽闪，火光中的山丘俨然一座小城。罗

① 拉马尔·盎德伍德编辑：《西奥多·罗斯福论狩猎》，康涅狄格州、吉尔福德：里昂出版社，2003 年，第 162 页。

斯福一边在寒冷的夜晚喝着咖啡，一边抬眼看着将枝条伸向无情的月亮的松树。早晨，风雨雾一齐来临，三个人不停地变换藏身之处，没有篝火，食物也所剩无几。

罗斯福写道："幸运的是，我们都明白一个道理，那就是，无论情况多么糟糕，抱怨发火会让情况更糟，因此最好是忍受厄运。即使做不到无动于衷，至少你可以保持沉默。"①

天气放晴，他们还得走40英里才能到达格里戈·朗的家。"我想应该把马骑进去，把他们叫起来做早餐。"梅里菲尔德说。"好啊……我们就这办。"罗斯福回答道。②他这一路吃了不少苦。

晚上9点钟，两人骑马飞驰在月光下的大草原上。1885年的一个夜晚，在辽阔的恶土荒原上飞速骑马，这大概是最接近飙车的一种极限体验。

疾驰过程中，两人蜷缩身体，紧贴马脖子和鬃毛，往下看，只见银色大地在不停翻滚。10月的凉风轻轻拂过宽阔大地，他们正在每个男孩梦里才有的奇境中纵马飞驰。罗斯福后来以一种浪漫情怀描写了这次西部夜行：

> 整个寂静的夜晚，我们只听见马儿踏出有节奏感的蹄声，偶尔有草原狼在哀号。起伏的大平原向我们四周延伸

---

① 拉马尔·盎德伍德编辑：《西奥多·罗斯福论狩猎》，康涅狄格州、吉尔福德：里昂出版社，2003年，第163页。

② 赫尔曼·哈根顿：《罗斯福在恶土荒原》，纽约：霍顿·米夫林出版公司，1921年，第204页。

> 出去，在月亮的清辉下发出微光；偶尔有一群幽灵般的羚羊，悄无声息地从我们前方路上躲闪开。
>
> 有一次，我们邂逅一群得克萨斯肉牛。它们死死盯着我们这些入侵者。当我们经过时，它们冲上来，大地在它们脚下发出隆隆的声响，它们的犄角互相碰撞发出响板似的声音。
>
> 在这人迹罕至的平原上，我们能清晰地看到方向；大草原极为平坦，不见任何地标，我们就依靠星辰的指引调整方向。骑行时间赶得很巧，当我们冲进小密苏里河谷时，正前方峭壁的上空一片彤红，一轮红日即将喷薄而出。[①]

在那一刻，还有比这更灿烂的神话吗？一个小伙子飞速驰骋在印第安人、牛群和歹徒出没、圆月当空的大草原上，飞速闯进消逝中的狂野西部历史——还有比这更让人兴奋的经历吗？

当他们纵马穿越黑暗，那回响在坚硬土地上的马蹄声、轻轻拂过面颊的草原凉风，都镌刻在罗斯福的记忆里，直到他生命的最后时刻。这就是泰迪·罗斯福牛仔梦想的巅峰时刻。这次险象环生的狩猎之旅，罗斯福骑行了将近 1000 英里。

在写信给姐姐谈到这次狩猎时，他表露出罗斯福式的洋洋自得：“我……完全明白这个猎物很危险，不过，我的枪法从来没像射杀灰熊那么准。我也猎到过麋鹿，当我第一次打到野牛

---

① 西奥多·罗斯福：《大牧场主狩猎之旅》，纽约：乔·帕·普特南森出版公司，1885 年，第 146 页。

时，整个树林回荡着我的欢呼声……但是，自从我开始猎熊，其他的狩猎都显得逊色了。总之，这次狩猎玩得很过瘾，足够的兴奋和疲劳，让我不再思虑过多；而且，我终于在晚上可以好好睡觉了。”①

“思虑过多”当然是指压力、神经症或者抑郁。罗斯福依据其阻止过度思虑和绝望心情的能力，对自身的经历进行排序。

这不是他第一次说自己可以睡个好觉了。他是一个失眠患者，而西部的积极因素再次帮他驱除了东部生活中的忧虑。在这封写给贝米的信末尾，罗斯福显示出清醒的自我认识：“但是，除非我一刻不停地猎熊，恐怕我在这种生活状态下，也会很快变得烦躁，就好像在老家那种生活状态下一样。”②

所有药品都有一个有效期，罗斯福的处方不得不经常更新。幸运的是，对他而言，西部仍然是一个露天大药房。

---

① H.W.布兰兹编辑：《西奥多·罗斯福书信选辑》，纽约：库珀·斯贵尔出版社，2001年，第40页。

② E.E.莫里森编辑：《西奥多·罗斯福书信集》，坎布里奇、马萨诸塞州：哈佛大学出版社，1951年，第82页。

第 16 章　不满之冬（1886 年）

当罗斯福正忙于猎杀灰熊时，侯爵已经在巩固其对恶土荒原的控制。他正沿着自己的屠宰场和冷藏车运输线，建设一套四轮马车驿站系统。他的控制目标，包括对罗斯福的埃克霍恩牧牛场主张权利——由他的心腹乔·帕达克具体实施。

帕达克带了一帮人来到埃克霍恩牧牛场，与梅里菲尔德发生了冲突。随后，在一个众人喝得大醉的午餐会上，帕达克威胁说，埃克霍恩牧牛场的所有者要么给钱消灾，要么付出血的代价。莫赫斯侯爵声名狼藉，但他也很危险。

当他刚来这里并开始占有小密苏里河流域的土地时，他跟弗兰克·奥多纳尔、莱利·卢福塞和“荷兰佬”瓦纳根等几位武艺高强的边疆居民发生了冲突。更糟糕的是，奥多纳尔早在帕达克给侯爵效力之前，就和他结下了梁子。奥多纳尔骑着马风尘仆仆赶回家，发现他的狩猎通道被侯爵派人修建的围栏给阻断了——侯爵明显是从联邦政府手上购买了瓦伦廷地契——麻烦事由此开始。

奥多纳尔拆掉了围栏，无视侯爵的权利声索。这里是西部，霸占他人土地的事件经常发生；而且，没有人准确知道土地的边界。侯爵让人重建了围栏，当然奥多纳尔和同伴们又一次捣毁了它。这种情况持续了一段时间——一个小型的暴风雨慢慢在积聚力量。

当侯爵通过帕达克宣布，他将占有奥多纳尔的狩猎营房及其周围土地时，台风终于爆发。“谁敢霸占我们的土地，”奥多纳尔扬言说，“我就马上送他进坟墓。”[①]

对决即将开始。6 月 21 日，奥多纳尔等三人在小密苏里小镇里驰马放枪，向对手示威。他们故意酒后吐真言，让大家知道，只要见到侯爵就会杀了他。作为机警的耳目，帕达克向他的主子报告了牛仔们的死亡威胁。侯爵赶到 150 英里外的曼丹，向治安法官禀告了情况。他最后问道：“我该怎么办？”

这个西部风格的治安法官很淡定地回答：“好办，开枪啊！”侯爵在法国的决斗中把两个人送上了西天，因此他并不缺乏胆量。他乘火车返回小密苏里镇，发现奥多纳尔一伙人正在附近等着他。他们没有公然阻拦他，但是当他在平房外面跟帕达克交谈时，一颗子弹与他擦身而过。

侯爵给一位警长发去了电报，警长随即乘火车赶来。侯爵叫人守住小镇的所有出口，以便警长来了就能抓到人。奥多纳尔、卢塞福和瓦纳根在火车站等待警长，警长发现面对的三位持枪者，宣布自己有逮捕令。奥多纳尔以完美的牛仔方式回答道：“我又没犯法，我不跟你走。”[②]

---

① 埃德蒙德·莫里斯：《西奥多·罗斯福的崛起》，纽约：兰登书屋，1979 年，第 195 页。

② 埃德蒙德·莫里斯：《西奥多·罗斯福的崛起》，纽约：兰登书屋，1979 年，第 196 页。

然后，就像某部克林特·伊斯特伍德主演的西部片，三人径直骑马离开小镇，只留下警长看着他们的背影。但侯爵早就设下埋伏。在交火中，三人都中枪落马。其中，卢塞福颈部中枪，当场坠马身亡，临死前大叫："瓦纳根，噢，瓦纳根！"另一颗子弹击中奥多纳尔的大腿，瓦纳根的衣服被纷飞的子弹打得不成样子。他们很快投降了。现场安静下来，尘土还在飞扬，鲜血还在流淌，侯爵和帕达克带着另外两人从藏身处慢慢走出来。

所有参与伏击的人都被捕了，除了帕达克——他辩称自己没有开枪。他们最后都被判无罪，莱利·卢塞福被葬在坟场山。很多小镇居民都诅咒侯爵，希望他再露面就被打死。结果，侯爵果然现身了，但什么也没发生。除了这些局部的纷争，真相是，西部正在被大牧场主垄断。一支民防队在蒙大拿和达科他应运而生。人们以为它的作用是防范盗马贼，实际上，他们专干把独立小牧场主逼到恶土荒原边缘的勾当。这在后来成为西部片和西部小说的一个经典主题：西部的早期公司化牧场与独立牧场主或个体边疆居民之间的冲突。在美国历史大棋局中，这是一个长期存在的主题。

纽约《太阳报》的一位驻西部记者总结道："牧牛者不光要对抗印第安人，也得跟白人定居者斗争。他们跟白人和其他移民争夺土地所有权。他们想拥有大片的土地，未开垦的山地，而非小块的定居点。养牛数量少的个体牧牛者不受欢迎，他们被逼到荒原的边缘地带。一些人的牛群被抢夺，一些人被陌生的势力杀害。"狂野西部之所以狂野，也因为它是一片开放土地，这里创造了一个真空地带——强势的利益集团能够染指西部，最终以很小的代价占据主导地位。

一些人仅仅因为有偷马的嫌疑就可能被处以私刑，而实际上他们的真正罪恶可能是敢与大牧场主对抗，捍卫自己的土地权。在这种背景下，一些坏人断定，埃克霍恩牧牛场就是这样的一个软柿子，因为它属于来自东部的一个“四眼仔”。

帕达克一定相信，有侯爵给自己撑腰，可以从罗斯福那里讹到钱。毕竟，他们已杀了一个敢于作对的人，而且没有不良后果；可以肯定，这位来自东部的“公子哥”没有能力跟强大的侯爵对抗。

当帕达克一伙骑马赶到埃克霍恩牧牛场时，道和斯沃尔正在那里。当听到屋外有马蹄声和枪声时，斯沃尔正在写信。他出去查看，发现是帕达克领着六个凶神恶煞般的打手，都拿着子弹上膛的步枪。斯沃尔等人正在喝酒，于是邀请这帮人一起吃喝。他一边款待他们，一边做好枪战的准备。

斯沃尔对一些人被当成盗马贼绞死的事情有所耳闻。“我想我应该尽量让他们感到舒服，”他后来解释说，“如果他们制造事端，我们应该见机行事。我知道，如果把他们喂饱了，他们就可能表现得更温和一些。而且受到人家好酒好菜招待，还挑起事端，这会让人处于一个比较尴尬的境地。”[①]

斯沃尔又带这帮人参观了牧牛场，最后他们离开了，但是

---

① 赫尔曼·哈根顿：《罗斯福在恶土荒原》，纽约：霍顿·米夫林出版公司，1921 年，第 200 页。

毫无疑问，他心底清楚这些人想霸占这片土地。当斯沃尔把这些人的威胁言语转述给罗斯福时，他只是点点头，嘟囔了一句“是么”？然后，他立即骑上马，去往帕达克靠近铁路的房子。西部的行为规则又在起作用了。罗斯福当然知道，如果他不能让帕达克和侯爵退让，他将永远得不到尊敬，他的牧牛场也永远不得安宁。

他来到小镇上，拴好马，径直走进木板门廊，他腿上的马刺咔咔作响。这个皮肤黝黑、戴着眼镜的男子敲响了距离金字塔大酒店只有几百码的木屋的门。这是西奥多·罗斯福的正午时刻，他准备与另一个西部恶棍正面交锋。

那个持枪歹徒开了门。“帕达克，”罗斯福高声说，“听说你扬言一见到我就要杀我。我倒要看看，你怎么开杀戒。我告诉你，如果对我有啥不满，你现在就讲。”[①] 帕达克显然很吃惊，表示自己的话被误传了。罗斯福当然为这次冲突做了充分准备，而且他刚从麋鹿狩猎场归来。

罗斯福怒发冲冠、杀气腾腾，帕达克一定意识到，他并不是在和一个喝醉了酒可以偷袭的牛仔打交道。总之，他立马认怂了，侯爵也退缩了。至少是暂时如此。罗斯福撂下帕达克，骑马扬长而去。罗斯福传奇又有了新的内涵。起先，他不畏惧在小酒馆里恐吓他的醉酒枪手。此后，他将以敢于直面侯爵这样的豪强地主、捍卫自己土地权利的硬汉形象被人们传扬。

在这一片以个人英勇和主动成就传奇的土地上，西奥

---

① 埃德蒙德·莫里斯：《西奥多·罗斯福的崛起》，纽约：兰登书屋，1979年，第281页。

多·罗斯福已经为自己争得了一席之地。虽然他和侯爵都出身富有阶层，都来到西部冒险，他俩却有天壤之别。西奥多·罗斯福赢得了尊敬。这再一次证明，人们也许会仇富，但更欣赏勇气。

第 17 章　最黑暗的时刻（1886 年）

在 1886 年，罗斯福做了一件奇怪的事——短暂返回纽约，重访昔日政治舞台，似乎是在把新人和以前的自己进行比较。他做了几场演说，检测了主流的政治风向，庆幸自己及早脱身去西部，可能是明智之举。人们几乎可以想见，他竖起一根手指，查看命运之风正往哪个方向吹。

他于 11 月 16 日回到西部，面对一个他将永生难忘的冬天。罗斯福乘火车到达后，先去老牧牛场见了希尔文和梅里菲尔德，再去由道和斯沃尔打理的新牧牛场。去埃克霍恩的这次长途骑行，罗斯福动身有些晚。

"白色天气"笼罩了恶土荒原，气温降到零度，天色开始暗下来。经常有困在冬季大风暴里的人，最后冻死在恶土荒原上。罗斯福在《大牧场主狩猎记》一书中写道："当白昼缩到最短，暗夜绵绵无尽，整个辽阔北部大平原就变成铁铸的荒凉之地。有时，北风怒吼，卷起遮天蔽日的雪尘，以死神的斗篷，裹住每个面对其怒火无处躲逃的生灵。"

罗斯福顺着一条通往恶土荒原的路径骑行，途中经过沟壑、溪谷和山丘，然后闯进开阔的台地。风猛烈地吹，将雪花冻成冰针。这个孤独的骑行者向前跋涉时，真怀疑自己是不是刚从世界之都纽约归来。

但泰迪·罗斯福无惧极端的情况。燃烧的矿藏喷吐出诡异的烟柱。“周围空气中弥漫着浓烈的硫磺气味，”罗斯福这样描写牧场附近的矿藏，“发热的土地崩裂出口子，从长长的地缝里，人们可以窥见令人毛骨悚然的熊熊地火，蓝色或红色的火舌摇曳着伸向地表。”①

他多次在不同地点尝试跨越小密苏里河，但是冰层太薄，人马都会掉到水里。这时候，罗斯福陷入被冻死的境地：风雪越来越猛烈，黑暗如月亮背面的一层纱垂落下来。他知道自己今晚有麻烦了。“粉末状的飘雪包裹了广阔的白色大地，我仿佛坠入一个陌生的世界，曾经熟悉的地标都面目全非，必须小心以防迷路……”②

罗斯福记得附近有一处属于某个“罗宾斯队长”的狩猎棚屋，他决定摸过去在里面过一夜。问题是，在这个风雪交加的暗夜，他连自己的双手都看不清楚。当时，更没有科技手段可用。罗斯福完全得靠自己了——如果迷失了方向，冻死在荒野，只有到来年春天，才会被人发现。

很多人冻死在这漫长、酷寒的冬天，临死前的抽搐驱使他们将衣衫撕成碎片。很多走失的牛，也冻死在这个似乎被日光遗弃的地方，荒原上到处散落着死牛的骨架。

---

① 西奥多·罗斯福：《牧场生活与狩猎之道》，纽约：百年出版公司，1899年，第116页。

② 西奥多·罗斯福：《牧场生活与狩猎之道》，纽约：百年出版公司，1899年，第115页。

在雪花飞扬的荒野中，罗斯福只听得见沉闷的马蹄声。冰冷的雪花打在脸颊上，他只好将身体蜷缩起来，同时还得留心看路——更糟糕的是，眼镜沾满污垢。他还听到了“四分之一英里外，一头狼发出的悠长哀号”。在恶土荒原的冰雪之夜蜷缩行进的这个孤独骑手，有朝一日将成为美国的总统。从这个角度看那个时刻，真让人感到不可思议。

还有一次，罗斯福跟一位得克萨斯牛仔外出时迷了路。“我们从家里出发一起横跨大草原。结果，我们被一场很大的暴风雪困在途中……我们突然晕头转向，鹅毛大雪几乎完全糊住我们的眼睛。我们完全依靠指南针寻找行进的方向。”[①] 过了9个小时，他们偶遇一处空荡荡的窝棚，于是停下歇脚。罗斯福拿出《哈姆雷特》读给那位牛仔听。

罗宾斯的窝棚藏在一些白杨树后面，大晴天也不易被人发现，更不消说在风雪交加的黑夜里了。罗斯福发现里边是空的，而且不暖和。这个地方已经废弃多时了，因此没有储存食物。但它毕竟是一个遮蔽物，可以躲进去免得冻死。罗斯福下河取了水，然后生起了火。他从包里拿出茶叶，泡了一杯茶。“我想应该吃点东西了，但是又没啥可吃；对于又冷又累的人，一杯热茶是个不错的补偿。”[②]

然后，他在窝棚里睡下，外面狂风呼啸。第二天一早，罗

---

① 西奥多·罗斯福：《牧场生活与狩猎之道》，纽约：百年出版公司，1899年，第75页。

② 西奥多·罗斯福：《大牧场主狩猎之旅》，纽约：乔·帕·普特南森出版公司，1885年，第93页。

斯福提着步枪出去，在树林里发现几只尖尾榛鸡。他打死五只，然后回到营地。“我很快把两只鸟拔了毛、洗干净剖开了，再用火烤熟。这就是我的美食了。”[①]

行动才有意义。罗斯福继续骑行，到达埃克霍恩牧牛场。他发现，斯沃尔和道已经把牧场的房子修建得差不多了，已经开始在修造墙壁部分。他的牧场房子将会比恶土荒原上别家的更大、更宽敞。泰迪也参与了劳动，花了两天时间帮助修房造屋。这时候，气温已降至零度以下。

夜晚，零下50华氏度的气温将树木冻裂成两半。在冬天的埃克霍恩牧牛场上，牛背上结出了霜花，牛蹄子变得僵硬，地面冻得像玻璃。在死亡般冷寂的夜晚，草原狼的吠叫像鬼魅的幽叹；狼群长时间忧伤的嚎叫，令牧牛场的工人们感到毛骨悚然。双手冻得发紫、脸颊冻得僵冷的他们，急急忙忙地修建屋顶。在这些顶着透骨严寒劳作的日子里，罗斯福一直在考虑自己的前程。在写给朋友亨利·卡博特·洛奇的一封信中，他这样写道：“政治家已转变为——哎呀，恐怕是永远的，牛仔。”[②]

在他们劳作时，斯沃尔是罗斯福的忠实听众。罗斯福告诉这个伐木工人，自己变成啥样都无所谓。他反复说自己活得没意思。“你不应该任由自己这么想，”斯沃尔坚持说。“你起码

---

① 西奥多·罗斯福：《大牧场主狩猎之旅》，纽约：乔·帕·普特南森出版公司，1885年，第100页。

② 埃德蒙德·莫里斯：《西奥多·罗斯福的崛起》，纽约：兰登书屋，1979年，第286页。

应该为孩子活着。”[①]

“她姑姑比我更会照顾她，”罗斯福回答，“她完全不了解我。没有我，她一样过得好好的。”然后，斯沃尔颇有预见性地为这个迷惘的年轻人描述了他的未来：“你不会一直这么认为的。你很快就会打消这种念头。我对这些事情很熟悉；时间可以将它们治愈。你不会一直陷在这种情绪当中，你也不会一直在这儿待下去……因为，一旦你开始有了不同的想法，你就想回到老友中间。你能够干出比养牛更大、更有益于这个世界的事情。即使你还没有更好的计划，你也可以回老家搞改革。你会是一位了不起的改革家。你总是想把事情做得更好，而不是更糟。”[②]

罗斯福在冬天大概最为放松。一个人待着，与曾经熟悉的世界隔绝。当世界熟睡时，他可以改变自己。他在冬季的创作非常具有文献价值。罗斯福热爱所描写的这片西部大地——在描写惨淡冬日恶土荒原景象的段落里，这一点表露得尤其明显。这是一个受都市文明养育的东部人对即将被开发的狂野西部的观感；这是以维多利亚式文风捕捉到的一个瞬间：

> 当白昼缩到了最短，黑夜看似绵绵无尽，辽阔的北部大平原就变成钢铁般的荒凉之地。间或有北风怒吼，扬起

① 赫尔曼·哈根顿：《罗斯福在恶土荒原》，纽约：霍顿·米夫林出版公司，1921 年，第 218 页。

② 赫尔曼·哈根顿：《罗斯福在恶土荒原》，纽约：霍顿·米夫林出版公司，1921 年，第 218 页。

> 遮天蔽日的雪尘……它们发出雷鸣般的低音横扫大草原，或者急卷过裸露的大峡谷；它们让高大脆硬的棉白杨瑟瑟发抖；在它们粗暴的触摸之下，簇拥在山谷里的松树，以冰冷的枝干为弦，奏出风弦琴的乐音。
>
> 偶尔，隆冬之日，不起一丝一毫的风；从地下孵出来的寂静、无情、可怕的寒冷，像悄悄降临的死神的影子。它的阴郁和严苛，甚于不羁而癫狂的暴风雨。整个大地犹如一大块花岗岩；大河僵直地站立在河床中，似乎已冻成钢铁。漫漫长夜里，没有任何声音打破单调的沉默。在不停变幻的北极光或者冬夜灿烂的星光映照下，冰雪覆盖的大地，铺陈出一片毫无生机、无穷无尽、熠熠生白的荒原。①

在这些最黑暗的时刻，当他闭上双眼，人们可以想象到，泰迪·罗斯福已经掩埋的新娘会像幽灵一样，在最寒冷的冬夜，又浮现在他的脑海里。在这个冬天，爱丽丝·李一定还会在那儿，在毫无防备的时刻，闯入他的梦里。

① 西奥多·罗斯福：《牧场生活与狩猎之道》，纽约：百年出版公司，1899年，第73页。

第 18 章　这么好的运气（1873 年）

1873 年 10 月 18 日，泰迪 · 罗斯福一见钟情，坠入爱河。在这样一个天蓝云白、花红草绿树金黄的秋日，这位哈佛大学的翩翩少年乘二轮马车行进在波士顿街头，发生浪漫的邂逅再自然不过了。正当色彩斑斓的秋叶随风飘舞，罗斯福与自己的真爱也在两栋宅邸之间的一条路上相遇。爱丽丝 · 李是乔治 · 李的女儿，她们家位于蚝湾的府邸，与罗斯福家族的十分相似。

迪克 · 索顿斯托尔扮演了丘比特的角色，邀请罗斯福课余时间去他家玩儿，而他家隔壁正好是李家宅邸。爱丽丝 · 李年方 17，罗斯福大她两岁。他们都是同一枝特权玫瑰上的花蕾，泰迪一下子就被身材高挑、蜜金色长发、蓝眼睛魅力四射的爱丽丝迷住了——她鼻尖微微上翘，金发带着波浪卷，在那位嗓门细、牙齿地包天、走路轻快的男子眼中，简直就是一位仙女。

他们去林间漫步，罗斯福马上开始了维多利亚式的爱情攻势——共乘马车兜风，诗歌相伴的野餐，客厅里的促膝谈心，情意绵绵的书信，还有正式的晚餐。“我们一晚上都在跳舞唱歌中度过，结束时已经快 11 点了。”[①] 他在日记中写道。从教堂出来，两人又去“采栗子”。三个星期后，罗斯福回家继续展开攻势。后来，他受邀出席李家的感恩节晚宴。他得意洋洋地在日记中写道：“他们家开始直呼我的名字了。”[②]

爱丽丝喜欢打网球，而且球技很棒。她本来可以打败罗斯福，但很可能她故意让他赢——在那个时代女孩就应该这样。他们又多次共进晚餐、齐赴舞场、促膝品诗，在李家府邸的门廊里闲坐，一起在火炉边度过美好时光。“大雪下了一整天！”他在日记里写道，“虽然天气不好，我还是带着美丽的爱丽丝出去散步了，走了好远好远。我的闲暇时间主要是教爱丽丝和一帮女孩子跳传统的‘五步’和一种新的舞蹈——‘尼克博克’。到了晚上，我们一块儿玩惠斯特纸牌、读恐怖小说。”[③]

一切都按计划进行。最后，泰迪为了表达心意，送给爱丽丝一个垫子，是用他猎到的山猫皮制作的。爱丽丝回赠了他一双拖鞋，把他刚上大学时母亲买的那双换下了。泰迪还把他的马运到坎布里奇，如此一来，这位富家少爷就可以更方便地往来于哈佛大学和栗树山之间。他给家人的信会谈论很多他遇到的女孩，但后来谈论爱丽丝·李的次数渐渐多起来。“对罗斯·索顿斯托尔和爱丽丝·李，我是越看越喜欢，尤其是爱丽

---

① 内森·米勒：《西奥多·罗斯福的一生》，纽约：威廉·莫洛出版社，1992 年，第 87 页。

② 大卫·麦卡乐：《马背清晨》，纽约：西蒙·舒斯特出版集团，1981 年，第 221 页。

③ 大卫·麦卡乐：《马背清晨》，纽约：西蒙·舒斯特出版集团，1981 年，第 220 页。

丝·李。”[1]

在某一个时刻，他向爱丽丝·李求婚，被爱丽丝·李得体地婉拒。淑女从不会应允第一次求婚。但泰迪·罗斯福哪管这些，他左等右等不见爱丽丝表态，就慢慢开始变得疯狂。他很可能是在 6 月 20 日向爱丽丝求婚的。从哈佛大学的聚会上出来，他和爱丽丝在霍利斯大楼的落地窗前坐下，“看着那个阳光灿烂的院子，听着欢乐合唱团的歌声”。这是请求一位上层社会窈窕淑女嫁给自己的完美氛围。

但现在，他必须等待。在哈佛的一切，其实他的整个生活，都处在一个紧要关头，而这时爱丽丝·李还在考虑不同的选择，在和别的追求者周旋。“你看那个女孩，”罗斯福在赫斯帝布丁学生社团的社交聚会上对一位熟人说，“我想娶她。她不答应，但我一定要把她追到手。”[2] 罗斯福搬了很多救兵，然后请爱丽丝父母去曼哈顿跟他母亲会面。然后，他又让姐姐、妹妹去栗树山，到爱丽丝家里串门。再后来，他在哈佛大学的坡斯廉俱乐部宴请爱丽丝全家，有 34 位嘉宾到场。

泰迪是心灵捕手，他会使用各种方法。但是当其他追求者出现，他也会丧失理智。爱丽丝·李的追求者众多，罗斯福开始变得行为古怪，经常夜里去哈佛大学附近的林间游荡。半夜三更，他徘徊于猫头鹰和夜鹰栖息的树林，一直待到天亮。

---

① 大卫·麦卡乐：《马背清晨》，纽约：西蒙·舒斯特出版集团，1981 年，第 221 页。

② 埃德蒙德·莫里斯：《西奥多·罗斯福的崛起》，纽约：兰登书屋，1979 年，第 102 页。

朋友们担忧起来，都说罗斯福是不是精神错乱了。泰迪听说还有其他追求者，就真的从法国买来决斗手枪。他决心挑战任何想把爱丽丝·李夺走的人。他继续于冰冷的雪夜游荡在林间，直到有人告诉他家里情况不妙。为此，表兄威斯特还专门过来看望为情所困的“罗密欧”。

局势很快就要失控。除了因为罗斯福的脾气，还有别的原因：一种近乎发疯的被遗弃感，导致一切分寸感的丧失。让他宽慰的是，爱丽丝·李在圣诞节回心转意了。此后不久，罗斯福在日记里写道：“我骑马去了李家，决意将此事做一个了断……经过苦苦的恳求，我甜美的爱人终于答应成为我的妻子。噢，她看上去太迷人了。如果我用全部心灵爱她能够使她幸福，她必定会很幸福。去年感恩节我发誓，要竭尽全力去赢得芳心。今天如愿以偿了，我今后的人生目标，就是让她幸福……”①

2月份，罗斯福把消息向家人公开了，并给爱丽丝买了一枚钻戒。他不顾冰雪阻隔，抓住任何机会，跑很远的路去看她。他写道：“雪下得很大，但我还是赶雪橇去了栗树山。马在齐腰深的雪地里跑，寒风吹在我脸上像刀割一样疼。我可爱的妻子那么可爱娇艳，简直不忍心亲吻拥抱她；她是那样天真纯洁、美丽动人。我怎么会有这么好的运气！回家路上，我被困在大雪中，紧拽着缰绳，艰难前进了300码，才让马停下来喘

---

① 埃德蒙德·莫里斯：《西奥多·罗斯福的崛起》，纽约：兰登书屋，1979年，第102页。

口气儿……”[①]

在冰天雪地让马拉雪橇艰难走过 300 码，对于这位罗密欧一样的武士根本不算什么。没有什么能阻止他，为了表示庆贺，他和弟弟艾略特还跑去中西部狩猎。他们先去了伊利诺伊、爱荷华，然后是明尼苏达。但是，就在出发前，当他跟母亲米蒂在一起时，腹泻的老毛病又剧烈发作了——“对于恋爱的人，这事儿好尴尬。”[②]

真是祸不单行——一位达德利·萨金特医生告诉这个年轻人，他的心脏有毛病（可能是小时候患风湿热造成的），并给他开出了当时流行的处方：休养疗法。医生坚持认为，西奥多·罗斯福不能过劳累的生活，必须过安静的生活，避免过度劳累。罗斯福没把这个情况透露给任何人。他对医生讲，他会继续折腾自己，甚至会不惜生命；根本不听萨金特医生的警告。

在明尼苏达，他的哮喘老毛病又犯了，他经受了一场剧烈的煎熬。紧接着开始腹泻，难受到走不动路。但没过几天，他和弟弟返回到芝加哥时，又显得很健康了。艾略特告诉姐姐：哥哥“皮肤黝黑发亮，要多精神有多精神”[③]。这次狩猎还没有真正西部的感觉，应该算是一种预热；他们打到了松鸡、野鹅、沙漠隼和野鸭。

---

① 埃德蒙德·莫里斯：《西奥多·罗斯福的崛起》，纽约：兰登书屋，1979 年，第 102 页。

② H.W. 布兰兹：《西奥多·罗斯福：最后的浪漫主义者》，纽约：蓓基出版社，1997 年，第 105 页。

③ 大卫·麦卡乐：《马背清晨》，纽约：西蒙·舒斯特出版集团，1981 年，第 229 页。

爱丽丝·李和罗斯福在1880年10月27日这个美丽的秋日结婚。“我的眼睛舍不得从她身上挪开，”他在日记中写道，“她是那么的纯洁和神圣……我俩单独在一起时，我无法忍受她离开我哪怕一分钟。”[①]

深深陶醉于幸福之中的这对新人，花了两个星期到蚝湾度蜜月，随后又是隆重的欧洲蜜月之旅。他俩开始生活在“一个喜悦的美梦中”。他们一起打网球，一起散步，一起去山里赏秋景。“一天24小时，我们几乎形影不离，”他写道，“我正生活在一个梦想之地，我多么希望生活永远这样美好！”[②]

---

① 大卫·麦卡乐:《马背清晨》，纽约：西蒙·舒斯特出版集团，1981年，第230页

② 大卫·麦卡乐:《马背清晨》，纽约：西蒙·舒斯特出版集团，1981年，第91页。

第 19 章　改革者和牧场主（1886 年）

西奥多的父亲当年因坦慕尼协会阻挠未能当上纽约港的海关总长。海耶斯总统已经签署了任命书，但坦慕尼协会的“老板”康克林是决定老罗斯福命运的人，认为他这辈子就别想担任该职位。

“海关总长风波”持续了好几个月，泰迪认为，父亲患上胃癌并因此丧命，与坦慕尼协会的政治腐败有直接关系。

在奥尔巴尼，年轻的州议员罗斯福是一名坚定的改革者，但由于他不支持本党的候选人而站到了错误的立场上，最终成为一个出局者。

然而，只要发现不公正，他就会挺身而出。他这种正义感在西部也找到了用武之地。这里的牧牛业蒸蒸日上，但又令人遗憾地组织混乱、没有规矩。

养牛这件事非常依赖人与人之间的合作。当地有一个不成文的规矩：牧场主可以赶着牛群到处放牧，可以啃食别人地盘上的草，包括其他牧场主土地上的草。只有通过不同牧场的集体“赶拢”，牧场主们才能找回并认出打着自家烙印的牛。

规模大、实力强的牧场主有能力和机会占小牧场主的便宜，完全有能力组织“秘密赶拢”，将那些明明打着别家烙印的牛当作自家的牲畜运到市场上出售。这种情况让小牧场主们感到很无奈。西奥多 · 罗斯福的到来，改变了这一切。

在忙活了几天修缮住所之后，他带着道和斯沃尔出发前往马耳他十字牧场。

他是冒着让人睁不开眼睛的暴雪上路的，正如他后来和姐姐说的："当我们抵达梅里菲尔德家，已经是夜深了。那时的气温有零下 20 摄氏度。

"正如你可以想见的，我的皮衣和野牛皮包来得恰逢其时。我正努力建立一个牧牛业者协会，再过一两天，如果天气不是太糟，我将带着斯沃尔沿小密苏里河去游说各个牧场主。"[①]

罗斯福很快成为西部地区有影响力的政治家。他一路拜访不同的牧场主，最后说服了其中 15 到 20 个人，支持他建立新组织的提议。

当他们跨越大平原时，斯沃尔和道与"老板"同行。很明显，他们的行动取得了成果。

《俾斯麦论坛周报》12 月 12 日刊登的一篇社论写道："西奥多 · 罗斯福曾经是纽约州立法机构的一位著名改革者，但如今他变成了一名彻头彻尾的牛仔。他提议西达科他地区的畜牧业主 12 月 19 日到梅朵拉召开一次大会，讨论感兴趣的话题，熟悉有关情况，建立一个更有效率的行业组织。罗斯福先生喜欢上了西部。"[②]

---

① 赫尔曼 · 哈根顿：《罗斯福在恶土荒原》，纽约：霍顿 · 米夫林出版公司，1921 年，第 222 页。

② 《俾斯麦周刊论坛》，1884 年 12 月 12 日。

罗斯福渐渐地把他以往生活中的一些东西带进了新的生活，就好像在对自己进行“翻修”，保留某些东西、抛弃某些东西。

当然，牧场主的崭新生活是这个“新人”的核心部分，他正往身上悬挂自己选择的装饰物。他已经是一个“人物”，但还算不上“著名人物”。

一方面，他正筹划另一次狩猎行动；另一方面，他的牧场还有工作需要在冬天完成。

生火用的木柴得劈好，煤需要从褐煤矿里运回来，最重要的任务是把牛群看护好。

他必须派人每天看着，确保这些牛不会“把自己弄丢了”。

冬天仍然很难熬。正如赫尔曼·哈根顿（Hermann Hagedorn）的《罗斯福在恶土荒原》一书所描写的：“即使穿着厚重的贴身衣服和有法兰绒内衬的靴子，牧场上的人们骑马外出时，还是偶尔会有人被冻伤。”

“当风从背后吹来时，罗斯福发觉在大雪天顺风骑马还不算太糟。但如果迎风骑马，行走在平原或高原上，那就是另外一回事了。强劲的寒风吹在身上就像锋利的刀子，哪怕最厚的皮大衣，也感觉像纸一样薄。”①

但牧场的工作总得去做，其中就包括驯服马匹。希尔文·费里斯在 12 月份的时候买回来 52 匹马。驯马是牛仔的主要工作之一，要保证这些马都可以供人骑。

---

① 赫尔曼·哈根顿：《罗斯福在恶土荒原》，纽约：霍顿·米夫林出版公司，1921 年，第 224 页。

有的马很难驯服，总会在人骑上去时猛然弓背跃起。甚至最早由侯爵建立起来的驿站马车，也因为马没驯好遇到过麻烦——野性未退的马不肯跟马车拴在一起，又蹦又跳，将拴马桩都给拔起来了。

但马必须驯服。因此，在气温降到零度以下的日子里，罗斯福也跟着有经验的牛仔们去驯马。

他后来回忆道："早上 5 点起床……跟着牛仔帮，骑行在星光下，颇有点儿冒险的意味。后来，当你和这些牛仔们围坐在火堆旁，跺着冻僵的脚、搓着冻木的手，知道自己和他们一样能干，一种男子汉的豪情和满足感就油然而生。"①

罗斯福很享受在虽狭小但"能挡风雨，感觉像家"的木屋里，跟牛仔们一起度过的那段时光。他们一起朗读，或下跳棋、国际象棋，或玩古老的斗草游戏。他写信给好友洛奇说："我有没有跟你说过，我和牛仔们一起朗读，主要是赏读你送我的《文学研究》杂志？"②

对于罗斯福而言，拉近跟牛仔们的距离很重要。虽然他们大多数人基本上就是文盲，但他从内心里尊敬他们。他要尽可能做到掌控全局。

驯马工作结束后，他又想跟梅里菲尔德一起外出，去猎杀山地野绵羊。他们本来想等着希尔文再买些马回来，但他俩现

---

① 赫尔曼·哈根顿：《罗斯福在恶土荒原》，纽约：霍顿·米夫林出版公司，1921 年，第 227 页。

② H.W. 布兰兹编辑：《西奥多·罗斯福书信选辑》，纽约：库珀·斯贵尔出版社，2001 年，第 38 页。

在已经等不及了。

狩猎行动从 12 月中旬开始。这一次，乔治 · 迈耶在前面驾驶四轮马车，罗斯福和梅里菲尔德紧随其后。和之前的猎杀麋鹿行动一样，他们穿越了印第安人密集的地区，这让此次行动变成罗斯福式的《黑暗之心》之旅。

罗斯福后来描述过这片迷人的、奇异的土地："这里有很多条不同规模的狭长地带，每一条的上面都遍布走势混乱的山脉和山峰。在东部地区被称为山岳的地形，在这里只能算低矮的山丘。

"走向各异的幽深峡谷和狭窄沟壑，将每一条狭长地带切割开来，两边偶尔形成缓坡，但更多是竦峙的峭壁。"

"实际上，目睹这些地形地貌，你会情不自禁地感到，这些令人好奇的、扭曲变形的模样，肯定是某种剧烈的火山活动造就的。其实，它们的成因，仅仅是这里干燥气候条件下的各种天气活动。"①

他们或骑马或徒步穿越这片赤色的土地，努力爬上冰雪覆盖的山丘，或缓慢翻越狭窄的岩脊。

但是，他们没有找到野绵羊。气温开始急剧下降。

他们当作大本营的木屋一点儿也不暖和。由于组成墙面的原木漏风厉害，乔治 · 迈耶（牧场的帮工）根本没法把火生起来。

早晨，天上的星星还在，他们就徒步出发了。他们到偏远

---

① 拉马尔 · 盎德伍德编辑：《西奥多 · 罗斯福论狩猎》，康涅狄格州、吉尔福德：里昂出版社，2003 年，第 190 页。

的山麓搜寻了一番，还是没有发现野绵羊。

第二天早上，他们天不亮就出发，继续搜寻工作。正在这时，天空开始变得阴沉，空气中能嗅到雪的味道。

当黑色的球状积雨云向他们移过来，山上的气温开始急剧下降。地面积冰，他们爬得步履维艰；空气稀薄，他们好几次停下来歇息——罗斯福的哮喘老毛病有可能要复发了。

他们不停地往上爬，当爬上一道陡峭山脊时，天上终于飘起了雪花。

猎人们探头看，发现山脊另一侧有两头雄性山地野绵羊。罗斯福以双膝着地的姿势瞄准射击。较大的那头羊身子前倾了一下，但很快逃到另一道山脊后面。

猎人们跟了过去，发现这头羊已经在山脊下 200 码的地方断了气。天空变得更阴暗了。于是他们砍下羊头，打算往回返。

猎人们匆忙收拾好以后就上路了。罗斯福一马当先全速飞驰，一直在迫近的暴风雪终于向归途中的猎人们发威了。

在写给姐姐贝米的信中，罗斯福总结了这次狩猎经历："我刚从一次历时三天的恶土荒原山地野绵羊狩猎行动中归来。踏遍了所能想到的最可怕的山地之后，我终于猎到一头长相很棒的山地野绵羊。到目前为止，我已经打到了这个平原上所有种类的猎物。我得在这儿待到下个星期五，以便参加小密苏里河畜牧业主大会……"①

虽然牧场主们在罗斯福来到恶土荒原之前就在应对这些问

① 赫尔曼·哈根顿：《罗斯福在恶土荒原》，纽约：霍顿·米夫林出版公司，1921 年，第 232 页。

题，他们还是很认真地倾听了他的发言，并投票赞成小密苏里河沿岸的牧场主们组建行业协会。他们推选西奥多 · 罗斯福为该协会主席。

令人惊讶的是，一个参与这个游戏才几年时间的人，现在居然当起了主角。

甚至连莫赫斯侯爵也出席了这次会议。他努力从达科他地区立法会的法规中寻找可资借鉴的、对牧场主有利的条款。

为什么这些牧场主听西奥多 · 罗斯福的话？因为这些牧场主和牛仔们一致维护着西部特有的那些品德，而站在他们面前的这个人“直率、无畏、善言、公正，用恶土荒原上的流行语言来说——‘他不蹚任何人的浑水。’”[1]

总之，罗斯福表现出一种在西部最受尊崇的坚毅品格。他自然而然地流露出这种品格。

那位躲在鹿皮大衣后的牛仔，原来是一位天生的领导者。

罗斯福在小密苏里河流域建立畜牧业主协会，把那些与自由放任的牧牛场有关的不成文规则统统变成了法律。

这位新来牛仔的做法，在不经意间，加速了他所钟爱的狂野西部的死亡。

这里不再是法外之地，不再享有无限自由。这，就是进步的代价。

① 罗杰 ·L. 迪西尔维斯多：《西奥多 · 罗斯福在恶土荒原》，纽约：沃克出版公司，2011 年，第 154 页。

第20章　那张经典照片（1886年）

有这样一张照片：罗斯福穿着鹿皮大衣，戴着牛仔帽，配着刀和枪，流露出他想象中的边疆居民的表情。

当然，由于照相馆以油画为背景，地毯上铺了假草假花，这张照片不免显得有些俗套。但它表明了罗斯福当时对于自己的看法。埃德蒙德·莫里斯在《西奥多·罗斯福的崛起》一书中，如此描述了这张照片：

> 在这幅以鲜花和蕨类植物为背景的照片中，罗斯福身上挂着装满的弹药筒，腰带上别着一把雪亮的匕首，以站立姿势握着一柄子弹上膛的温切斯特步枪。他脚上的莫卡辛鞋坚实地踩踏着铺满假草的地毯。
>
> 不知什么原因，他的眼镜还能够晃动：虽然他用手指扣着扳机，人们不禁怀疑他能否击中面前的摄影师，更别提那远处的大灰熊了。
>
> 他那混杂着好斗、机敏和某种青春期脆弱的面部表情，至少打动了他的好友亨利·卡伯特·洛奇。[①]

① 埃德蒙德·莫里斯：《西奥多·罗斯福的崛起》，纽约：兰登书屋，1979年，第291页。

历史学者们大多误认为，这张照片反映了罗斯福式的强横，或者他从男孩到男人的蜕变。或许可以这样说：这张照片中的持枪男子，是一个浴火重生的新人：一位来自狂野西部的凶猛牛仔，敢于到任何地方去挑战任何人。

抛开粗浅的心理分析，这张照片至少表现出一个目光坚定深邃、既属于过去又属于未来的男子汉形象。

而且，这张照片让罗斯福的书变得畅销。不要忘了，前往西部的罗斯福还有作家这个身份。他在书中描述了“他的浪漫时光”。

弗朗西斯 · 斯科特 · 菲茨杰拉德的这段话用在罗斯福身上很贴切：“感伤主义者总希望世间的美好事物能够长存，而浪漫主义者却绝望地深信它们不会长久。”

很显然，令人心酸的是，罗斯福在西部所经历的浪漫时光是短暂的。边疆正趋于封闭，只剩下几年时间。

罗斯福深知这一点。在甜蜜的西部经历终结前，他只想尽可能多地尝试。不要忘了，那是一个探险者辈出的时代。

泰迪 · 罗斯福出生那年，约翰 · 斯皮克和理查德 · 伯顿找到了白尼罗河的源头；罗斯福 1909 年离开白宫时，美国人马修 · 汉森和罗伯特 · 皮尔里成为率先到达北极点的探险者；1911 年，挪威人罗尔德 · 阿蒙森首先抵达南极点。

因此，在 1885 年，罗斯福刚好处于这样一个探险家的浪漫时代。正是在这种时代背景下，罗斯福返回纽约，把自己的西部经历诉诸文字。这个牛仔无法在恶土荒原上安安静静坐下来写作。

对于任何作家而言，他们的经历，都只有在印成书以后才变得真实起来。罗斯福也是这样，他细心地将自己突出的人生经历一一写成了书。

他的写作带着时代的印记。在恶土荒原上打猎时或者坐在他的牧场摇椅上时，罗斯福熟读了史文朋和托尔斯泰的作品。

在人生的这个节点上，文学创作仍然是罗斯福的一个职业选项。

即使作为一名牛仔，罗斯福也深受当时盛开的维多利文学之花的熏陶，并相应地形成了自己的世界观和写作风格。

对于我们当代人，大自然不过就是电脑屏幕或智能手机的背景图案。19 世纪的男人和女人可不这样看待大自然。他们的自然观是泛神论的，简单来说，他们认为，大自然和人类一样有生命。直接的自然界经历可以给人以启迪和激励，也可以给人以愉悦。

在写作中，罗斯福努力去表现恶土荒原的生命力。作为一名诚恳的自然主义者，他目睹了造物主的伟大创造，甚至在最荒凉最艰苦的达科他平原上，他也感受到了圣灵的存在。他并非天生的诗人，亦非天生的小说家。他的写作缺少那样的熟练和流畅。

罗斯福的写作更像是满载信息的货车车厢。虽然他偶尔也表现得像文思勃发的诗人，尤其是他在描写西部的浪漫时，他得花时间去盘点和梳理自己的经历。他写 10 万字要用 9 个月时间。

他于 3 月 8 日写信给卡伯特·洛奇说：“我刚刚把最后一

卷手稿付印。”[①]

7 月，普特南森出版公司买断了他的《农场主的狩猎旅行》一书的版权。

这本书销路很不错，而且价格不菲——每本 15 美元。这本书值得收藏，很像今天的大开本精装画册。

今天的读者会感到，他的写作风格跟现在的博客文章很相像。

在书中，罗斯福经常信笔从一段经历写到另一段经历。但这本书，满纸都洋溢着他对西部荒野的热爱，以及他在这些经历中的内心感悟。

罗斯福在书中歌颂了牛仔的品格："在那里，他度过日日夜夜；在那里，他为生计而忙碌；在那里，他坦然面对死亡，就像无数次面对邪恶时，镇静而坚毅。

"他勇猛、好客、勤恳，敢于冒险，他是坚定的开拓者；他为将来的文明铺路搭桥，却深藏功与名。

"他的生存，虽艰难而危险，却有巨大的吸引力——植根于他无畏的自由精神的吸引力。"

当然，罗斯福谈论的是他心目中的牛仔形象，但人们很快就会明白他究竟在谈论谁——他想成为的那个男子汉。

然而，他在书的序言中也承认，这样的男子汉不会永存。他必须敢于为国家利益牺牲自我，让国家疆界不断拓展，并清

---

① E.E. 莫里森 编辑：《西奥多 · 罗斯福书信集》，坎布里奇、马萨诸塞州：哈佛大学出版社，1951 年，第 89 页。

除祸患，保障后继者的安全。

在恶土荒原的酷热和严寒中，罗斯福践行了这样一种人生信条：为崇高的目标而牺牲自我。肯定是这样，历经磨难者想追求不朽的人生。

然而，他的书主要是关于狩猎的，虽然它装帧奢华。“它是一册四开大本的书，用了厚实的米色手工纸，留着 2.5 英寸的页边空白，印着奢华的装饰版画。”[①]

这本书叫好又叫座。罗斯福 23 岁时出版的第一本书《1812 年的海战》一直为学术圈所钟爱。这本新书则是为普通读者而写，不枯燥，具有抒情色彩，语言稍嫌浮夸，辞藻华丽，却又不失可读性。

狩猎是书中的主要话题，罗斯福猎杀了数以千计的动物。21 世纪的人们很难接受，一个如此热爱大自然的人怎么忍心去毁灭它。

当然，泰迪·罗斯福对大自然的看法，受到人类“对自然界拥有统治权”这种思想的影响——人类高高在上，为了体育和觅食之目的，有责任去狩猎。但绝不能无耻地追逐商业利益，就像有些猎牛人，只要有市场需求，他们就大批杀害野牛，仅仅为了皮毛或舌头。更不能像有些列车上的乘客，恣意地开枪射杀火车道两旁那些毫无戒备的野兽。

罗斯福鄙视那些“愚蠢的野味屠夫，不为体育或觅食目的，仅为了动物皮毛就大开杀戒，连怀孕的雌鹿和未满 1 岁的

① 埃德蒙德·莫里斯：《西奥多·罗斯福的崛起》，纽约：兰登书屋，1979 年，第 291 页。

幼鹿也不肯放过”[①]。

他把真正的猎人视为高尚之人。“猎人是自由的原型。他的福祉不仰仗他人，全由自己掌握。”这些思想符合他所处的时代，也与他所属的阶层相吻合。狩猎赐予他梦寐以求的冒险经历。

因此，他在书中时而大书特书猎杀大灰熊、麋鹿和野牛的惊险刺激，时而转向一种维多利亚式的华丽文风。这让喜欢史文朋风格的读者兴奋得面红耳赤，而博客写手则对行文的跌宕起伏充满期待：

> 牛仔生活在一片孤寂的土地上：大河在荒凉陡岸间曲折地向前奔流；大草原上长满在风中起伏的野草，一直延伸到远处的蓝色地平线；在这辽阔的草原上，他可以尽情纵马驰骋——几天，甚至几个星期，遇不到一个人说话，也见不到一处打破这平坦景象的山丘。
>
> 绚烂而炽烈的晚霞点亮了蓝色天穹和棕色大地，最后在远方融为一片熊熊火海。[②]

这就是照片中的男子所推崇的文风。这位奉行维多利亚文风的紫色武士，也是一位勇于获取各种人生经历的武士。他的

① 拉马尔·盎德伍德编辑：《西奥多·罗斯福论狩猎》，康涅狄格州、吉尔福德：里昂出版社，2003 年，第 103 页。

② 西奥多·罗斯福：《牧场生活与狩猎之道》，纽约：百年出版公司，1899 年，第 100 页。

自我教育尚未完成。

他最终返回东部这一事实，令一些历史学者得出如下结论：罗斯福在西部度过的时光平淡无奇，不过是一次他很快便忘怀的远足，类似于早期的拓展训练活动。

回归“旧生活”其实是泰迪·罗斯福人生转变的重要部分。正是新与旧的完美焊接，才将他锻造成总统之才。

第 21 章　流浪的牛仔（1886 年）

在 10 万字的写作冲刺之后，罗斯福患上了欧洲霍乱，这种病将终身伴随着他。现代的克罗恩病（节段性回肠炎）患者能够理解这个年轻人有多么难受，以至于他的姐妹们请求比尔·斯沃尔帮忙照看他。他因此不得不将返回恶土荒原的时间推后到 3 月 14 日。

罗斯福回到西部以后，一个牛仔这样形容此时的罗斯福："你可以用两只手掐住他的细腰。"但罗斯福急于重新骑上马，立刻去让自己经受考验。小密苏里河给予他第一次冒险，一个再次证明他身体健康的机会。融雪季节的降雨导致河水上涨，跨过小密苏里河的途径只有两个：一个是横跨河面的铁道桥梁；另一个是位于河流下游、一半淹没在水中的堤坝。这个骨瘦如柴、来自东部的男子，要骑着爱马曼尼托从堤坝上过河，虽然大伙儿都认为这样做太疯狂。"堤坝的起点在哪里？"[1] 罗斯福问道。

"你没必要从堤坝上蹚过去嘛！"费希尔（他的牧场工人）

---

① 赫尔曼·哈根顿:《罗斯福在恶土荒原》，纽约：霍顿·米夫林出版公司，1921 年，第 250 页。

叫起来。“你可以像别人那样从铁道桥梁上过去。”罗斯福皱着眉，摇了摇头。“如果曼尼托的蹄子能踏上堤坝，它就能够站稳，我们就能走过去。”“嗯，很可能堤坝没剩下多宽的地方。”罗斯福咬咬牙，用脚碰了碰马刺。

“不要紧。曼托尼很会游泳。我们怎么都能过去。”在这里，人们仿佛又看到少年时代的罗斯福——他喘息着告诉整个世界，他能呼吸，接着又往山上跑，试图证明自己。

罗斯福和曼尼托开始渡河。冰凉、湍急的河水漫过堤坝，马蹄周围飞溅起白沫。罗斯福一边轻轻催促它前行，一边放眼观察远处的对岸。突然，曼尼托从堤坝上滑了下去，罗斯福跟着掉进了冰冷的小密苏里河。岸上的人都觉得罗斯福肯定会淹死。

马被冷水一激，受到了惊吓。人和马都被河水淹没了。但罗斯福死死揪着马鬃毛，任凭河水把他和马冲走。曼尼托拼命地游呀游，泰迪使劲地推开冰块，在被河水冲到下游之前，罗斯福和曼尼托终于到达了河对岸。

曼尼托踩着河床，奔跑着上了岸，身上冒着热气，罗斯福拍了拍它的脖子。河对岸的人看了直摇头。“我猜想，人们会觉得我太莽鲁，”罗斯福后来承认，“但是，这样做很好玩。”[①]

后来，无人旁观的时候，罗斯福又试了一次。他写信给姐姐，得意洋洋地说：“我独自在丘陵地骑行了二十多英里，才找

---

① 转引自卡尔顿·普特南：《西奥多·罗斯福》(卷一：形成时期)，纽约：查尔斯·斯克里布纳尔森出版社，1958年，第521页。

回家并把衣服弄干。但这样做让我感到自己健康而强壮。”[①]

人们通常不认为“健康”和“强壮”是西奥多·罗斯福所具备的特点。但他通过各种艰苦考验，以顽强的意志力将这些词语融入自己的身心，并因此真的变得健康而强壮起来。不要忘记他所处的时代。当时，人们通常会到乡间去疗养。罗斯福和母亲去过各种各样的“疗养地”。

罗斯福发现，生病以后故意将自己置于某种考验中能加速康复。假如当时没骑马，他也会一个人纵身跳进河里，努力游到河的对岸去。

然后，罗斯福前往已竣工的埃克霍恩牧牛场。哈根顿在《罗斯福在恶土荒原》一书中如此描述这栋房子：“这是一栋木结构的单层房子，临河一侧修了带顶子的门廊；一条贯通南北的过道，将宽大的房子从中间分隔开，左右两边是很多小屋子。罗斯福的卧室在东南角，靠近一个有壁炉的大房间……”[②]

从这里开始，屋子里有了装饰物——镶嵌进墙壁里的动物头颅，还有墙角里摆出造型的一堆步枪。总是求知若渴的罗斯福在房间里放置了书架，上面摆满了“欧文、霍桑、库珀、洛威尔、凯布尔、克雷杜克、梅肯和乔·钱德勒的作品，还有畅销书作家艾克·玛威、巴勒斯、舍伍德·伯纳尔的作品”。杰克·伦敦的书还没问世，但是可以肯定，这个西部地区富有文

---

① 埃德蒙德·莫里斯：《西奥多·罗斯福的崛起》，纽约：兰登书屋，1979年，第294页。

② 赫尔曼·哈根顿：《罗斯福在恶土荒原》，纽约：霍顿·米夫林出版公司，1921年，第240页。

学氛围的牧牛场，一定欢迎这个描写北方故事的作家。门廊里放的一把摇椅仿佛在向罗斯福发出呼唤。罗斯福感慨道："当一个人来到恶土荒原时，他会感到，这里跟爱伦坡的故事和诗歌所表现的简直一模一样。"[①]

在那个夏天，牛群长势良好，因此罗斯福花 39000 美元又买进了 1500 头，使他在牧牛业的总投资达到 85000 美元——大约相当于现在的两百万美元。他的家人感到紧张，贝米问他，牧牛场生意究竟能不能赚钱。"我相信没问题，"罗斯福回答道。[②]

然后，他又变成了一位流浪牛仔。他的牧场走失了不少马匹，罗斯福于是骑行很远，去寻找它们。有一次，他骑行太远，天黑了，只好在明谷维尔小镇过夜。

罗斯福策马走向一座小型的黄色建筑物时，偶遇一个狂野西部的恶棍，神话与现实在此合而为一。西奥多·罗斯福在西部的故事围绕着几个事件。其中一个试金石，就是他跟一个持枪恶棍的正面冲突。如今，另一个罗斯福传奇的图腾，再次出现在明谷维尔小镇。

这个镇子已经成为牧场主经常光顾的地方。虽然梅朵拉距离牧牛场更近而且道路更平坦，但缺乏足够空间来容纳大量的

---

① 罗杰·L. 迪西尔维斯多：《西奥多·罗斯福在恶土荒原》，纽约：沃克出版公司，2011 年，第 46 页。

② 埃德蒙德·莫里斯：《西奥多·罗斯福的崛起》，纽约：兰登书屋，1979 年，第 295 页。

牛。北太平洋铁路公司的货运记录表明，明谷维尔地势开阔，是出栏肥牛聚集、等待火车装运的主要地点。说白了，它就是一个荒凉的养牛区小镇，只有一家破败的旅店。

明谷维尔这个地方完全可以用来拍电影。它是美国西部片中狂野西部小镇的典型代表，牛仔们经常赶着牛到这里玩闹，甚至展开枪战。那些电影场面的真实程度有限，“小镇枪战”这个词也很可疑。在狂野西部，最常用的是 0.45 口径柯尔特“决斗者”转轮手枪。虽然西部片里有很多近身对射和近距离举枪对峙的惊险刺激场面，西部的真相却是：大多数牛仔都枪法欠佳。

主要原因还是钱的问题。子弹与火药很贵，因此人们不练习，想用手枪把人杀死很困难。任何试过用手枪射击的人都会表示赞同。枪必须拿稳、瞄准，同时还要扣动扳机。经常发生的情况是，在击中目标前，子弹都不知道飞哪儿去了。

当时没有靶场供人们磨炼枪技，很多牛仔视力不好却又不肯戴眼镜。除了泰迪·罗斯福，自尊心很强的牛仔死也不愿戴眼镜。曾经有报道，在得克萨斯州的一次酒馆枪战中，有 10 个牛仔被卷进去。事后人们在现场找到一百多颗子弹，但当时竟然没有一人受伤。因此，当牛仔们来到一个小镇，挥舞喷火的六连发手枪闯进酒馆，谁也说不准子弹最后会钻到哪里。

明谷维尔小镇是枪战发生的完美之地，当子弹射进老得干裂的建筑物时，你就会看见人们吓得东躲西藏。牛仔们很年轻，大多来自得克萨斯，他们通常精力过剩。泰迪·罗斯福这位“来自东部的公子哥”只是想找个地方过夜，不料闯进了一场由醉酒牛仔和没有准头的枪击构成的充满喜感却又致命的透景画。

诺兰夫人经营的民宿已经客满，只剩下前一年他把那个持枪醉汉打昏的旅店了。罗斯福要了一个单间，然后就爬上嘎吱作响的老楼梯。进了屋，关上门，点亮灯，从背包里掏出一本书。泰迪把皮靴整齐地摆放在床前，开始阅读原本放在鞍囊里的这本书。这时候，一帮耍酒疯的人往这边走来，远远就能听见他们身上0.45弹药筒发出的砰砰声。

紧接着，一个嗓门更大、醉得更凶的人走进了旅店。他拔出柯尔特手枪，抵着店主的肚子，然后揪着店主在屋里乱舞。罗斯福听见那位腹部顶着一把六连发手枪的店主在向那个醉汉哀求："吉姆，别乱来！别这样，吉姆！会走火的！吉姆，这很危险！"①

罗斯福翻了一页书，调整了一下眼镜。这里是西部，这是恶土荒原上的又一个夜晚。然后，他听见醉汉吉姆说："是的，该死的，别乱来！还用你说！谁管它走不走火！噢，还用你说！"

此刻，罗斯福脑海里很可能闪过在酒馆里纠缠他的那个人。他挪动了一下伸直的双腿，又翻了一页书。如果他没把那个人打昏，冲突的结果也许是另一种样子。枪很容易走火，经常有人中枪而死。醉汉吉姆要求店主给他找张床。罗斯福听见靴子踩楼梯的沉重响声，距离他的房间越来越近。

---

① 赫尔曼·哈根顿：《罗斯福在恶土荒原》，纽约：霍顿·米夫林出版公司，1921年，第244页。

他放下了书，扭头看着关好的门。这时，敲门声响了。罗斯福下了床，把门开了一条缝。在灯笼的映照下，他看见一个面色惨白的男子。“不好意思，”店主说。“这里有个人，只好跟您这儿凑合一晚上了。”“我也不好意思啦，”罗斯福回答道，“我不想让他进来。”小个子男人汗都吓出来了，用哀求的眼神看着他。“他喝高了，还拿着枪……他硬要进来，”男子还不肯走。

罗斯福的眼镜片上映着灯笼的火光。他盯着店主说：“我要关门熄灯了。谁敢硬闯，我就毙了他。”[①] 罗斯福关了门，等着外面的反应。他备好了温切斯特步枪和柯尔特手枪，但是那个人再也没出现。这是一个令人惊叹的时刻。因为，如果那个醉汉牛仔再来，罗斯福会用枪打死他。一个男子汉必须说到做到，他已经证明过这一点。

类似的事情还发生过一次。罗斯福外出找寻走失的马匹直到天黑。在珍珠白的月光下，他看见了远处的明谷维尔小镇。这次，他刻意避开那家旅店，去了诺兰夫人的民宿。店主是“一位性格强势、瘦而结实的妇女，有一副桀骜不驯的下巴，还有一双令人望而生畏的眼睛——就像一把六连发手枪，可以撂翻一屋子不速之客”[②]。

罗斯福将马拴在旁边附属建筑物里，然后去问店主还有没有床位。诺兰夫人告诉这位戴着眼镜、口音奇怪的男子，也许

① 赫尔曼·哈根顿：《罗斯福在恶土荒原》，纽约：霍顿·米夫林出版公司，1921 年，第 245 页。

② 赫尔曼·哈根顿：《罗斯福在恶土荒原》，纽约：霍顿·米夫林出版公司，1921 年，第 245 页。

能在一个有人的房间里给找张床。罗斯福很疲倦，又不想去旅店，就同意了，跟着店主来到一个放了两张双人床的屋子。一张床上，两个熟睡的人发出鼾声。罗斯福认出来，其中一个人是“三七帮”成员比尔·琼斯。他本是一名奶牛饲养员，“最近因为搞恶作剧逼停一辆陆路快车——只是为了让列车长跳舞——而在江湖上名声大噪”①。

泰迪把裤子、枪、靴子、皮护腿和帽子放在床边，打算好好睡一觉。屋外黑暗中又传来撒酒疯的牛仔开枪的声音。两小时以后，门突然被推开，罗斯福一下子坐起来，面前是一盏点亮的灯笼，还有一把柯尔特手枪——长长的、光滑的枪筒正对着他。灯笼后面，一个男子开口了。当他顺着枪管看过去时，罗斯福听见自己心跳得厉害。“不是他。”那个声音说。②

眼前恢复了黑暗，灯笼又照着屋子另一边，罗斯福看见两支枪齐刷刷对准比尔·琼斯。“嘿，比尔！”一个粗哑的声音说道，“别想耍花招，悄悄跟我们走。”“好吧，别紧张，”比尔说，“我可没想耍花招。”

“行嘞，”那人回答道。“我们是朋友。我们不想伤害你；只要你跟着走一趟。你知道因为啥。”于是，比尔提起裤子、穿上靴子，跟着两个持枪者走了出去。

罗斯福呆呆地看着眼前的一切。屋里的另一个人似乎一直

① 赫尔曼·哈根顿：《罗斯福在恶土荒原》，纽约：霍顿·米夫林出版公司，1921年，第246页。

② 《西奥多·罗斯福自传》，纽约：查尔斯·斯克里布纳尔森出版社，1921年，第135页。

在熟睡，全然不知发生了什么。一根火柴在黑暗中点着，一根蜡烛亮了起来。他俩对视了一下。“不知道他们为啥把比尔带走。”罗斯福说。那个人没回答，罗斯福又说了一遍：“不知道他们为啥把比尔带走。”“呃，”那人平淡地说，“我想他们是来抓他的。”然后，他吹灭了蜡烛。这就是西部的逻辑。这里进行着另一种形式的、不容轻视的教育。

罗斯福想让牧场挣钱，以提供一个生计来源。他和牧场伙计们同吃同住同劳动。他们在西部帮他赶拢牛群，在牧场兢兢业业劳作。“罗斯福非常喜欢这些牧场工人；他们具有罗斯福看重的杰出男性的品格——勇敢、正直、顽强、自主。”①

在粗粝、孤立的西部大地，人们为了生存必须相互依靠，就像后来的宇航员团队一样。换句话说，一个人应该具备必要的品质。罗斯福开始以一种新的视角认识普通美国人，这对他后来的政治观念产生了深远影响。但是，这些牧场工人不会称呼他泰迪、罗斯福或者西奥多，而是叫他“罗斯福先生”——令人惊讶的是，年龄比他大一倍的男人也这么正式称呼他。19世纪末期贵族阶层的DNA，只能容许存在这个程度的平等主义。

在所有的西部经历当中，罗斯福始终恪守一种永不妥协的个人准则。有一次，他带着一个伙计外出，正好遇见一只没有打烙印的肉用公牛。这头牛是在朗的土地上被发现的，因此按理说，在谁的地界上被发现，就应该算谁的财产。这就属于罗

① 赫尔曼·哈根顿：《罗斯福在恶土荒原》，纽约：霍顿·米夫林出版公司，1921年，第253页。

斯福正试图通过畜牧业主协会确立为成文法规的不成文规矩。

这位牛仔捆好了公牛，燃起了一堆火，开始烧烙铁。当这个牛仔开始给牛打烙印时，罗斯福感觉什么地方不对劲。“那是朗的烙印……蓟草环纹。”他指给牛仔看，牛仔正举着烧红的烙铁。[①]

“那不碍事儿，老板，”这位牛仔回答道。“我懂这一行。”“住手！”罗斯福大叫起来。“你在打我的烙印啊！”牛仔咧嘴一笑，他太清楚了，大多数人都会遵从“我发现的，就是我的”这个规矩。“真的不碍事儿，”他向罗斯福保证。“我经常帮老板打烙印。”罗斯福站起身，瞪着这个牛仔。“放下烙铁，”他平静地说道，“你回牧场去，自个儿待着，我用不着你了。”

牛仔盯着他说：“哇喔，我怎么啦？我不是给你打烙印吗？”“是的。但是，一个为我偷窃的人，也会偷窃我的。你被解雇了。”那个牛仔只好骑马离开。这个故事传遍了恶土荒原。在名誉就是一切的土地上，罗斯福的声望更高了。

---

① 赫尔曼·哈根顿：《罗斯福在恶土荒原》，纽约：霍顿·米夫林出版公司，1921年，第256页。

第 22 章　一朵牵牛花（1881 年）

罗斯福会说，他从政是出于责任心和好奇心。“我想要成为统治阶级的一员。”他后来这样写道。[①]

可以说，罗斯福已经是统治阶级的一员。作为一个纽约贵族家庭的子弟，他不可能属于社会弱势阶层。他的大多数同辈都目睹了政界肮脏的运作机制——权力的操纵杆由一帮政坛大佬、政治仆从、贪污犯和腐败官员掌握。

这时候，年轻的改革者出现了。他婚姻美满，在纽约第五十七街的豪宅里有美艳的娇妻，但他厌倦了律师生涯，正在寻找新的生活目标。共和党就是他们家族的势力范围，当他寻求一个区立法会议员的席位时，他很轻松地就赢得了。但是他的家人都不高兴。“当时我们都认为他太嫩了，说实话。”他的堂兄埃姆伦·罗斯福回忆说，“我们觉得，他爸爸也不会喜欢……整个罗斯福家族都对从政不感兴趣。”[②]

但西奥多对坦慕尼协会如何操控地方政治很感兴趣。当他

---

① 杰洛米·艾尔登：《棒极了：跟着泰迪罗斯福去冒险》，纽约：皇冠出版集团，1979 年，第 25 页。

② 埃德蒙德·莫里斯：《西奥多·罗斯福的崛起》，纽约：兰登书屋，1979 年，第 124 页。

去《奥尔巴尼时报》到时，一位立法会的报到登记员心里想：“纽约还要给我们送来什么？”[①]

纽约送来一位23岁的小伙子。他给人们留下特别深的第一印象。正如艾克·亨特后来描写的：“我们差点笑出声来……他仿佛是被弹弓突然射到我们面前的一个人。他穿着一件超级棒的阿尔斯特大衣……一身正装，就好像刚从某个宴会现场赶来……这位纽约公子哥跑到州议院来了”。[②]

而且，罗斯福讲话的方式很古怪。“他张着嘴巴，伸着舌头，讲话不大利索。”[③]纽约的《太阳报》在引用罗斯福的话时，故意根据他的口音，把“非常开心”写成“非强开心。”[④]

人们可以想象，衣着浮华、留络腮胡的罗斯福站在发言席前，身体前倾，用呼吸不畅而造成的假声喊：“主湿（席）先生！主湿（席）先生！”他后来这样给姐姐解释自己讲话时的声音：“我不会用胸腔发声，所以我的嗓音不够有力。”[⑤]

因此，这位怀揣金表、戴金边眼镜、着紧身裤、留光滑中分发型的公子哥，被人们称为“纨绔子弟”、“奥斯卡·王尔德”、

---

① 罗杰·L. 迪西尔维斯多：《西奥多·罗斯福在恶土荒原》，纽约：沃克出版公司，2011年，第24页。

② 大卫·麦卡乐：《马背清晨》，纽约：西蒙·舒斯特出版集团，1981年，第255页。

③ 大卫·麦卡乐：《马背清晨》，纽约：西蒙·舒斯特出版集团，1981年，第256页。

④ 大卫·麦卡乐：《马背清晨》，纽约：西蒙·舒斯特出版集团，1981年，第256页。

⑤ 贝勒米·帕特里奇：《罗斯福家族在美国》，纽约：希尔曼·科尔勒出版社，1936年，第90页。

“爵爷”或者“娘炮”。就像西部的牛仔，新闻媒体和他的同行都低估了这位衣着浮华的小个子男人。现在的问题是，罗斯福会不会是又一朵“清晨的荣耀（牵牛花）”，用乔治·华盛顿·普伦基特的话说，会不会是这样一位道德高尚的人——“早晨还很精神，但很快就蔫吧了？”[①]

考验马上就会到来。泰迪在 1882 年的第一个任期有 5 个月时间，罗斯福只在奥尔巴尼待了 9 个月，但他已经变了一个人。威廉·哈德逊说，罗斯福每天的工作从阅读一大摞报纸开始，他“逐页阅读，看完就扔地板上，摊开放着，直到最后，身体两侧都是齐着办公桌高的报纸，就等着助手来清理打扫。与此同时，他还能参与正在进行的交谈。如果有人认为他看报纸只是装样子，那可就大错特错了。罗斯福吸收了报纸上的所有信息，对任何问题都能形成个人见解”[②]。

艾克·亨特后来这样描述罗斯福初到立法机构时的形象：“他让我想到一个成长中的孩子。你知道，不出三两天，孩子的性情就会变。”[③]

罗斯福是一个善于学习的人，亨特非常了解这一点。他俩一起上楼梯，结果他才走到公寓楼梯的一半，走在前面的罗斯福早已进屋了。泰迪·罗斯福受到当时席卷全美的进步主义前

① 内森·米勒：《西奥多·罗斯福的一生》，纽约：威廉·莫洛出版社，1992 年，第 123 页。

② 卡尔顿·普特南：《西奥多·罗斯福》（卷一：形成时期），纽约：查尔斯·斯克里布纳尔森出版社，1958 年，第 274 页。

③ 大卫·麦卡乐：《马背清晨》，纽约：西蒙·舒斯特出版集团，1981 年，第 266 页。

卫风潮的影响。由于美国社会呈爆炸式发展，很多问题需要应对，尤其在纽约这样的大都市里。

移民遭受剥削，工厂雇佣童工。当时还没有关于儿童劳动的法律，腐败就是官员的生活方式。奥尔巴尼立法机构里的很多政客都被政治大佬收买了，政治大佬的触须深达每一个城区。罗斯福面临的第一个艰难考验就是《雪茄议案》。

雪茄烟生产者同业公会已经通过一项法案，禁止雪茄烟加工厂让工人在家里从事生产。有些加工厂老板就瞒着同业公会，雇佣住在廉租公寓里的穷人卷雪茄，只付给非常少的报酬。

罗斯福所在的委员会负责调查该议案的实际价值。这位年轻的立法会议员反对这个议案，因为这违反了他信奉的自由放任原则，认为这样的议案明显具有限制性。但是，当罗斯福亲身调查了几个家庭卷烟作坊以后，就像他所在阶层的很多人一样，吃惊地发现世界上居然还有一部分人如此悲惨地活着。40年后，他这样写道："我一直清楚地记得，有一间屋子塞进了两个家庭……这里住着几个孩子、三个男人和两个女人。

"烟草胡乱堆放，床上一片狼藉。屋子的一个角落里，还有吃剩的饭菜。这些男人、女人和孩童在这间屋子里整天工作，一直忙到深夜，他们睡觉、吃饭都在这里。"[①]

自从目睹移民遭受的剥削，罗斯福就一直支持这个议案。他在议院发言时对《雪茄议案》表示支持，结果这个议案被一

① 大卫·麦卡乐：《马背清晨》，纽约：西蒙·舒斯特出版集团，1981年，第266页。

个代表制造业利益的游说者破坏了。尽管这件事没有取得成功，但罗斯福了解到那些没有话语权的移民被剥削的痛苦。这是他不能忘怀的一个启示。法律已经不能吸引他，同时他已写出一部关于海战史的书，从政不过是一个副业，他还在等待自己人生中的真正事业出现。

这时，他第三次当选立法会议员，而爱丽丝怀孕了。在位于纽约第五十七街的家中，罗斯福快乐地与年轻妻子在火炉边玩双陆棋。埃德蒙德·莫里斯在《罗斯福的崛起》一书中描写了这对年轻夫妇在曼哈顿的生活，人们可以从中感受到黑暗吞噬罗斯福之前，他过的一种田园诗一般宁静欢愉的家庭生活。

“除了每天 6 英里的漫步，驾驶雪橇兜风是那个冬天罗斯福唯一的运动。他像往常一样努力，围绕曼哈顿快速地绕大圈，一次起码走 30 英里，而绝大多数纽约市民都只围绕中央公园缓缓转个圈就了事。他的娇妻裹着野牛皮衣依偎在他身旁，拉着雪橇的小马莱特富特四蹄飞跑扬起令人激动的雪沫。罗斯福驾雪橇穿过上西区的农庄和板房区，一直到天黑，他们左手边就是冰雪覆盖的哈德逊河。沿着河滨大道往北滑行，可以欣赏到灰暗天空下帕里塞兹公园犹如浮雕的雪景，然后他的雪橇会划出一道弧线，往东穿过哈莱姆的白色原野，再往南经过东河的那些著名庄园，进入长满松树、空气清新的琼斯森林。”[①]

① 埃德蒙德·莫里斯：《西奥多·罗斯福的崛起》，纽约：兰登书屋，1979 年，第 291 页。

这是他年轻生命的最辉煌时刻，世界正向他敞开大门。罗斯福一边等待立法会议员任期的开始，一边恢复在奥尔巴尼的拳击训练。“我觉得大有进步，”他从奥尔巴尼写信告诉妻子，“但我还非常缺乏训练。既然我们的好日子已经开始，我感到更加放松了，更懂得享受人生乐趣；我觉得仿佛一切尽在掌握中。”①

爱丽丝来奥尔巴尼看过他，但很快又返回纽约，因为她离分娩越来越近。爱丽丝返回纽约不久，罗斯福在给她的信中写道：“真舍不得你离开，我欢乐、阳光、娇小的爱人！我每时每刻都爱你、想你。哦，你是那么温柔，现在更加温柔，我最甜美的妻子。我就盼着周五晚上跟你团聚。”②

爱丽丝的孕期很平静。罗斯福的母亲说，爱丽丝的肚子“非常大”，但一切都还正常。因为见到妻子前得坐5小时的火车，罗斯福心里仍忐忑不安。他安慰自己，很快周五就能见着她了。当他再次返回纽约时，发现母亲感冒了，天气变得更加寒冷、阴郁，城里的雾气还在加重。

星期二这天，罗斯福还是返回了奥尔巴尼。2月12日，爱丽丝生孩子。罗斯福收到的电报说，母子平安。根据艾克·亨特的描述，那段时间罗斯福“活力充沛，心情愉快”③。

---

① 大卫·麦卡乐：《马背清晨》，纽约：西蒙·舒斯特出版集团，1981年，第277页。

② 威廉·亨利·哈尔博：《权力与责任：西奥多罗斯福的人生与时代》，纽约：法拉尔·施特劳斯·库达依出版社，1961年，第51页。

③ 埃德蒙德·莫里斯：《西奥多·罗斯福的崛起》，纽约：兰登书屋，1979年，第228页。

纽约的雾气变得更浓厚、影响区域更大了。《纽约时报》称之为“自杀式天气”。由于这灰色地毯般的大雾来袭，陆地和哈德逊河上的交通都慢得像在爬行。然后，罗斯福收到了第二封电报。艾克·亨特说，罗斯福突然间变得“疲惫不堪”。罗斯福匆匆搭乘去往纽约的火车，这次旅程将他引向深渊，并最终把他引向西部。

此时，罗斯福内心极度痛苦。他知道，世界正从他的指尖滑走。当他见到垂危的妻子和母亲，泰迪·罗斯福对整个世界都产生了怀疑。那个在风雪中用雪橇载着妻子绕行纽约市郊的人消失了。一个新人将取代他——他将在地狱般的恶土荒原经受磨炼。

第23章　赶拢牛群（1886年）

新的牛群和斯沃尔等人一起到达。现在，罗斯福拥有超过3500头牛。他就像一个买了艘巨大而昂贵的帆船后，才意识到自己得驾驭它的人。泰迪一直在学习，但这个学习曲线很陡，因为聚拢牛群这个活儿很容易出人命，尤其在发生踩踏时。经典西部片里克林特·伊斯特伍德类型的牛仔，总能变魔法似的轻易驱赶牛群，但真相却是：这是一项很残酷的生意，很困难、很艰辛，尤其是对于牛群。

对于这些四蹄动物来说，甚至为赶拢做准备也是件很不愉快的事。斯沃尔在写给哥哥的信中，讲到如何给牛打上烙印：

> 牛群被从野外赶回来，先圈在一个场子里。场子从中间用一道栏杆分成两半，其中一边是一个窄道，一次只容许6到8头牛通过。当牛从窄道进去，走到中间围栏的立柱时，出口变得更窄，一次只容许一头牛通过。牛经过立柱，会来到一道位置很高、很牢固、开在最外侧围栏上面的门前。
>
> 当牛群像离弦之箭冲进窄道，来到那上宽下窄的门前时，就不得不踮起脚来。这时候正好有一根绳子从牛背的

> 上方垂下来，绳子另一头系在场子外面一根杠杆上。当牛试图往门外冲时，骑在杠杆一头的牛仔就趁机将它捉住、绑上，接下来就是打烙印了。
>
> 牛仔们已点好两堆大火，每个火堆各配四把烙铁，每头牛身体两侧都会烙上印记。一侧的印记是个三角形，大约 4 英寸长；另一侧的印记是鹿角，有 6 英寸长，带两个叉。那个场面就像是在执行火刑……我还想到了印第安人把白人俘虏绑在柱子上用火烧。①

这种场面不适合胆子小的人。罗斯福与他的牧牛工人在梅朵拉会合，然后把牛群向北驱赶，前往埃克霍恩牧牛场。他们一开始就远离小密苏里河，因为雨后河水暴涨，而且附近有很多流沙。

罗斯福选择了位于小密苏里河与比弗河之间的道路。这条道将把牛群带进恶土荒原，这个选择是一连串错误的开始。很快，这位新牧场主就意识到，他没有足够的人手。

帮忙驱赶牛群的牛仔有五个，其中只有一个稍微具备实际经验。就像一个买了帆船却没有航行经验的人，罗斯福很快意识到，对于新手来说，驱赶牛群是非常困难的工作。

他们必须将一千多头牛哄骗着往同一个方向前进。当然，这些动物有自己的主张，而牛仔们必须确保他们的主张占上风。

① 赫尔曼·哈根顿:《罗斯福在恶土荒原》，纽约：霍顿·米夫林出版公司，1921 年，第 266 页。

罗斯福先是让那位有经验的牛仔任总指挥，但他很快意识到，经验并不能造就一个领导者。他那辆著名的马拉篷车、骑手们以及牛群经常纠缠在一起。这样可不行。罗斯福只好亲自出马。这时，一千多头牛已经跑散开来，速度最快的牛冲在最前面，迟钝懒散的牛落在后面。在这两极之间是众多的追随者，随大流往前冲，带起地上的灰尘直冲云霄。

西奥多·罗斯福安排两名牛仔到纵队前方带队，另外两名牛仔断后，他和一名牛仔在队伍两侧来回奔跑，把掉队的牛赶回纵队。最大的危险就是牛群惊跑，一旦牛群猛然加速，牛仔们必须把它们截住，控制前进的速度。

“任何东西都可能惊扰行进中的牛群。”罗斯福在《牧场生活与狩猎之道》一书中写道，“冷不丁闯来的一匹马，突然靠近的草原狼，或者闻到气味赶过来的其他肉牛或奶牛。每一头牛都可能突然发作，加快步伐，就像遭了电击似的，翘着犄角和尾巴，狂奔起来。这时候，无论地面情况多么恶劣，或者夜晚多么黑暗，牛仔们都必须骑上马，不顾一切地阻止牛群惊跑。”[①]

罗斯福驱赶的牛群口渴了——这在恶土荒原上是一件麻烦事，因为这里温差很大。当赶拢开始时，天上还在下雪，狂风迫使他们将牛群引到一个山谷里暂避。水塘都结冰了。转眼之间，气温又急剧上升，牛的体温升高，水分开始散发。更糟的是，天快要黑了。

---

① 西奥多·罗斯福：《牧场生活与狩猎之道》，纽约：百年出版公司，1899年，第67页。

夜间巡查的任务是确保牛群在原地待着。大家轮流值守，通常是两个人一班，围绕牛群骑行，不让牛走失或惊跑。但是，牛们太渴了，距离水塘还有好几英里地——这是一个完美风暴，在恶土荒原炎热的、尘土飞扬的晚上，最容易发生惊跑。这确实是一个风暴，它呼啸而来，大概吓坏了这些牛。

但是，不管什么原因，牛们觉得自己受够了，开始站立起来去找水喝。罗斯福等人急忙上马，冲进夜色里，去阻止因为口渴而疯狂的牛群。“在夜间牛群惊跑的时候骑马，从某种意义上说，很狂野也很危险，尤其是在人被洪流一般的牛群裹挟时。”罗斯福后来这样写道。[①]

但现在，他骑在马背上，马在不平坦的地面奔跑，他的眼镜随之在鼻梁上晃动，他甚至看不清楚举到眼前的手。沿着牛群的模糊轮廓线，在黑暗中全速骑行，就好像一个人企图控制一阵龙卷风。罗斯福知道，一旦牛群分散跑远，牛仔们就再也不能将它们都赶回来。他骑马飞快跨过遍布沟壑的黑暗大地，刚把一些牛赶回了纵队，另一些牛却又溜出了牛群。

不可避免的事情终于发生，正如他后来写的：“唯一的办法是让它们尽量靠近，一旦它们散开了，就没办法再聚拢；因此，我在一边把守，一个牛仔把着另一边，我从来没有想到骑马会这么累。在黑暗中，我只能估摸着看见牛群的轮廓线，我挥动鞭子、磕碰马刺，让我的坐骑跑到牛群出尖儿的地方，把想溜号的牛赶回来。可是我刚一转身，又有牛离群了。

---

① 西奥多·罗斯福：《牧场生活与狩猎之道》，纽约：百年出版公司，1899 年，第 67 页。

地面有很多细长的沟壑，我们经常跌倒，导致人和马凌空翻滚。我们挥汗如雨，坐骑也像颤杨一样哆嗦、晃动。经过一个多小时最剧烈的活动，我们终于让牛群恢复了平静。”①

在黑暗和扬尘中拼命骑马飞奔，牛群发出的轰鸣就在耳畔。罗斯福的坐骑突然掉进一条深沟，罗斯福从空中飞了出去。他肩膀先着地，又翻了一个筋斗，马也摔落在他旁边。

很难想象，坐骑在黑暗中空翻，落地时居然没把你压死。更难以想象的是，上马继续追赶奔逃的牛群。令人讶异的是，罗斯福既没被摔死，也没有瘫痪——他有着高超的能力用生命一次次去冒险，最后居然全身而退。

罗斯福在5月15日写信给好友亨利·卡博特·洛奇，相当低调地讲述了这次赶拢经历。“来这儿以后，我干得很卖力，也获得很多乐趣。明天，我将去参加赶拢，把刚刚购进的1000头牛赶回牧场。天气很糟，我一刻不闲，日夜工作，在一周之内，我只有一次得空把衣服脱了。”②

罗斯福没有提到的是，在阻止牛群惊跑的过程中，他差点把脖子折断，他重点强调了没时间换衣服这个事实。然而，他后来在《牧场生活与狩猎之道》一书中，描述了那次惊心动魄的牛群夜间惊跑事件：

突然之间刮起了疾而猛的大风，接着是一场暴风雪，

---

① 埃德蒙德·莫里斯：《西奥多·罗斯福的崛起》，纽约：兰登书屋，1979年，第105页。

② 罗杰·L. 迪西尔维斯多：《西奥多·罗斯福在恶土荒原》，纽约：沃克出版公司，2011年，第165页。

> 然后是让人皮肤刺痛的大雨……黑暗已经来临，但每一次闪电都让我们看清雨中摇晃的牛犄角和惊恐的眼神……我注意到，风暴当前，牛群开始飘移，夜间值守的牛仔根本挡不住它们……我急忙去准备鞍马；一眨眼工夫，所有人都已准备停当，冲进了黑暗的雨夜……[①]

来自波士顿的贵族也许会发现这是令人兴奋的文字。他也许会发现赶拢活动本身更加刺激。在这经典的赶拢活动中，罗斯福就是一个普通的牛仔而已。在古老的西部聚拢走失的牛群，跟街头的枪战是一样的惊险刺激，这正对西奥多·罗斯福的胃口。

罗斯福于 5 月 19 日到达博克斯埃尔德溪，参加恶土荒原的春季赶拢活动。博克斯埃尔德溪是一个可以让想当牛仔的男孩出来一展身手的好地方。在这里，每个人都有机会参与对牛群进行聚拢和分类的活动。《曼丹拓荒者报》5 月 22 日报道："西奥多·罗斯福正在梅朵拉，他在那里已经有一段时间。他正在为这次赶拢准备全套装备，他将积极参与这次活动。"[②]

这次赶拢活动将覆盖两百英里的路程，顺着小密苏里河谷往下，向东、西两面铺开。60 个人将负责把 4000 头牛从溪谷、深谷、隘谷以及恶土荒原上牛可以躲藏的其他任何地方赶出来，然后将它们分类，交给各家牧场，并把走失的牛和新出生

---

① 西奥多·罗斯福：《牧场生活与狩猎之道》，纽约：百年出版公司，1899 年，第 106 页。

② 《曼丹拓荒者报》，1884 年 5 月 22 日。

的小牛打上烙印。

西奥多·罗斯福将用 32 天参与赶拢，骑行至少 1000 英里。一个参与赶拢的牛仔首先必须挑选好赶拢期间要用到的矮马。罗斯福认为，虽然自己是马耳他十字牧场的主人，但没有权利挑选最好的矮马。于是，他挑选了 10 匹最差的矮马。其中 4 匹是布朗科马——没有驯服的烈马，经常会把骑手掀翻在地。但他决意做一个“普通的牛仔”，不愿意搞特殊化。

罗斯福的麻烦在于他害怕“驯服”一匹马。当罗斯福骑上脾气暴烈的布朗科马时，林肯·朗正好站在旁边。“当罗斯福先生上马时，马还戴着眼罩，因此它站着没动……罗斯福先生刚骑上去，牵马的人就取下它的眼罩，放开了缰绳。”①

起初，这匹马没有弓背跃起，但后来就发狂了——“他像一头奔跑的鹿，高高跳起，落地时四腿弯曲，左蹦右跳；又第二次跳起来，摇头摆尾。”比尔·丹茨回忆说。②

罗斯福死死揪着鞍桥。很多被烈马摔下来的人都受了重伤。林肯这样描述了罗斯福的临场表现：“他一手抓着鞍头，一手抓着后鞍桥，随时调整自己的重心，像蚂蟥一样附着在马背上……当然，他的眼镜和手枪，在烈马头几次跃起时差点掉落，但他自身始终紧贴在马背上……”③

---

① 赫尔曼·哈根顿：《罗斯福在恶土荒原》，纽约：霍顿·米夫林出版公司，1921 年，第 287 页。

② 赫尔曼·哈根顿：《罗斯福在恶土荒原》，纽约：霍顿·米夫林出版公司，1921 年，第 288 页。

③ 赫尔曼·哈根顿：《罗斯福在恶土荒原》，纽约：霍顿·米夫林出版公司，1921 年，第 288 页。

但还是有一匹马让罗斯福吃了大亏。这匹马的摔人招数是往后翻滚。这是一匹黑眼圈的烈马。比尔·丹茨说："这匹马就是个亡命之徒。"其他牛仔提醒罗斯福不要挑选这匹马，但是，罗斯福到底还是挑中了这匹马。

当罗斯福骑上去时，那匹马一跃而起，然后往后翻滚，把罗斯福压在底下。罗斯福感到肩部一阵剧痛，有一处骨头折了。当时现场没有医生，罗斯福只是掸了掸身上的尘土，然后又骑了上去。他后来说："过了好几个星期，我的胳臂才活动自如。"①

他因此赢得更多尊敬。"荷兰佬"瓦纳根后来这样评论罗斯福："有些从东部来的公子哥，假模假式的，如果从马上摔下来一次，你就再也听不到他们的消息了。罗斯福却不觉得丢脸。天呐，如果他被马摔下来，他会立即再骑上去。他以前可是个纨绔子弟！"②

这个纨绔子弟的状态好极了。如果说牛仔生涯中有什么辉煌时刻，那一定是在赶拢期间；男人们没日没夜地一起工作。

在赶拢牛群的过程中，牛仔之间发展出深厚的情谊，这是美国西部神话的一部分，后来成为很多西部小说和电影的重要主题。罗斯福后来写道："赶拢活动比乡村市集更有意思。因为虽然工作很艰苦，实际上一天 24 小时有 16 个小时都在干活，

---

① 西奥多·罗斯福：《牧场生活与狩猎之道》，纽约：百年出版公司，1899 年，第 50 页。

② 赫尔曼·哈根顿：《罗斯福在恶土荒原》，纽约：霍顿·米夫林出版公司，1921 年，第 291 页。

但是其中充满了乐趣。”①

罗斯福既不具备其他牛仔的套索技巧，也没有把牛群进行分割所需的好视力，他只能负责“白天放牧”。也就意味着他的工作基本上就是在牛群的外围活动，把牛赶进来。这项工作有时会持续到晚上，因此他也会负责“夜间放牧”。

多年以后，罗斯福在自传里写到了这段经历：“当你累极了的时候，你很难在夜间放牧时使出自己的本领。但是，在平常的夜晚，在黑暗中围着牛群转两三小时也是很开心的经历。在那时，骑行在空旷的天空下，人会有孤独感。周围很安静，牛群的呼吸声变得很清晰。你得保持警觉和戒备，以应对无形的黑夜中可能出现的任何紧急状况……”②

有时，罗斯福找不到牛群。有一次，他在漆黑的旷野中转悠了好久才找到牛群。人们可以想见，年轻的罗斯福骑着马，行走在黑暗中，天上北斗星隐约闪烁，地上的牛群在月光下静静地游荡。

在那片神话、魔法和隔绝之地，25岁的罗斯福脑海里一定闪过往昔的生活画面以及对未来生活的憧憬。虽然花了一些时间，但罗斯福终究赢得了其他牛仔的尊敬。“就像做其他任何工作，就赶拢而言，一个普通能力的人，只要不对工作挑三拣

---

① 赫尔曼·哈根顿：《罗斯福在恶土荒原》，纽约：霍顿·米夫林出版公司，1921年，第277页。

② 赫尔曼·哈根顿：《罗斯福在恶土荒原》，纽约：霍顿·米夫林出版公司，1921年，第280页。

四、逃避任务，很快就能赢得别人的尊敬。”[①]

当然，那些不认识他的牛仔会好奇地瞪着他看，通常会说一些嘲笑他的话。在某种意义上，眼镜是东部新手的身份标签，谁都想摆脱它。现在有这么个人，走到哪儿都带着牙刷和折叠紧凑的铺盖卷，看上去就像一个初次来夏令营报到的男童子军学员。

最尖刻的嘲讽来自得克萨斯牛仔：“每当我走进陌生人中间，我总是要花 24 小时忍受这个事实带给我的羞辱：我戴着近视眼镜。我会尽可能假装没听见那些挖苦‘四眼仔’的话，直到我认为我的沉默被人误解了，必须马上把事情说明白。”[②]

一个得克萨斯州牛仔终于把罗斯福惹毛了，他警告这个人：“要么动手，要么闭嘴。要么现在开打，要么做个朋友！”这个人眼睛发直，耷拉着肩膀，换了一下站姿。“我没想伤害你啊。我们做朋友吧。”[③]

赶拢场上的积极生活从凌晨 3 点钟开始。正如罗斯福后来所描写的：“每个人，一起床，先从搁物箱里抓起一个锡杯和一个碟子，倒上茶或咖啡，加上糖。当然牛奶是没有的。然后就着一两块在荷兰灶（撤火后用余热烧烤食物的灶）里考好的烙饼，或许再来一片在油渍麻花的煎锅里加热了的肥猪肉，自己

---

① 迈克尔·R. 坎菲尔德：《西奥多·罗斯福在野外》，芝加哥：芝加哥出版社，2015 年，第 154 页。

② 南希·怀特洛：《西奥多·罗斯福掌控全局》，伊利诺伊州、莫顿格罗夫：安·怀特曼出版社，1992 年，第 48 页。

③ 弗雷德·J. 库克、罗伯特·博米尔：《西奥多·罗斯福：汇聚自由的人民》，芝加哥：金斯顿书屋，1962 年，第 64 页。

用大勺子舀一些豆子，蹲在地上开始吃早餐。”[①]

然后，大家各自上马，开始干活儿。对于罗斯福，他的任务就是骑马跟着牛群，留意那些掉队或离群的牛。他后来在文字中回忆了在西部的一些难忘时刻。“在阳光灿烂的春季早晨，这些漫长的、轻快的骑行……空气甜美而清新，有些许浓烈……小马的快速奔跑、自由自在的生活带来的轻松和愉悦感，这些都让人热血沸腾……行走够快的骑手，不会再有忧和愁……”[②]

他提到的“忧愁”离他也就几年时间，但是，沉浸在丰富多彩“新生活”中的罗斯福，已经不可能被拉回去了。骑马赶牛忙累一天，9点钟才吃晚餐。罗斯福开始喜欢上牛仔们围坐在篝火旁边歇息、吃饭、分享故事、抽烟和歌唱的那个时刻。

牛仔们戴阔边帽、系大围巾，枪和马车闪闪发亮，还背着宽宽的弹夹带——他们是罗斯福如此熟悉和敬重的人，以至于多年以后，他还会告诉这些跟他一起骑马赶拢的人，欢迎随时来白宫看他。

赶拢还要持续下去，雨天也多起来。营地移到了著名的“烟囱山”脚下。电闪雷鸣和倾盆大雨同时来到。牛群不喜欢恶土荒原的这种大炮仗。罗斯福正和林肯·朗在野外负责夜间值守。突然有人叫起来：“集体行动！”因为这时最有可能发生

① 西奥多·罗斯福：《牧场生活与狩猎之道》，纽约：百年出版公司，1899年，第57页。

② 西奥多·罗斯福：《牧场生活与狩猎之道》，纽约：百年出版公司，1899年，第59页。

牛群惊跑的险情。当天空被闪电撕开一个大口子，所有的牛仔都紧张注视着牛群。闪电终于在牛群中间某个位置落地。这一下就够了。牛群立马在雨中趁着闪电的光亮四散奔逃，牛仔们也全体出动，拼命想把受惊吓的牛群控制住。

罗斯福后来写道："大家在马背上叫嚷着，挥着手，左冲右突，不顾危险……速度快到极点，勒住马、调转马头——动作太突兀，以至于坐骑累得直接蹲坐下去……炸雷令人心惊胆战；轰隆隆的雷声接连不断，最后混合成一种持续的轰鸣；每当一声比一声响的雷声降临，牛群都会惊得溃逃。"①

罗斯福骑马全速在黑暗的雨夜驰骋，他四周全是疯狂奔逃的牛。惊窜的牛群仿佛一条流经身旁的暗河，罗斯福听见了涛声。罗斯福的眼镜肮脏模糊，因此在夜间他几乎是个瞎子，只隐隐约约知道，自己已经到了小密苏里河边了。就在这时，他的坐骑一下子踏空了。当罗斯福连人带马跌入河中时，他有一种从天空降落的快感。

小密苏里河水在他身边流淌，牛群溅起白色浪花。罗斯福紧紧伏在马背上，与洪流拼死搏斗。曼尼托挣扎着靠近了河岸，结果又深陷流沙和泥淖。罗斯福磕了磕马刺，他们终于爬上更远的河岸。牛群像一道疯狂的洪流，所幸现在已在河另一侧的远处得到控制。于是，罗斯福又纵马跳上遍布沟壑、溃口和坑洼的一片地方。

他躬身紧贴着马脖子，好几次几乎因马失前蹄而坠地。地

---

① 西奥多·罗斯福：《牧场生活与狩猎之道》，纽约：百年出版公司，1899 年，第 210 页。

上出现一个坑，马摔了一个跟斗，再一次将罗斯福抛了出去。他爬起来，骑上马又接着走，跟其他牛仔一道吆喝、驱赶狂奔的牛群。整个夜晚，这种情况多次发生。有一次，罗斯福看见一个牛仔从他身旁疾驰而过，然后突然像幽灵般消失了。

恶土荒原上，人与牛混杂在一起。林肯·朗回忆说："地上泥泞而潮湿。一整夜下着雨。真不记得我们是怎么熬过来的。一路上都伴着电闪雷鸣。这种混乱场面我从未经历过。"①

天亮的时候，罗斯福全身湿透，筋疲力尽，浑然不觉身在何处。牛群已经被赶回营地，他看见夜里碰见过的那位牛仔，手里拿着马鞍。他的坐骑撞到树上死了。

罗斯福终于到达营地，迅速吃了早饭，换了一匹马，然后又出发去寻找其他失散的牛。他骑行了十多个小时，然后回来营地，吃东西、换马匹。最终，罗斯福在马背上连续骑行的时间累积超过 40 个小时。

他钻进湿透的毯子，像个死人一样睡去了。这位新牛仔后来描写了那个夜晚牛群惊跑的危险场面："无论地面情况多么复杂，夜色多么黑暗，牛仔们必须全力出击，不管不顾自己或者马匹的生命安危……在牛群惊跑之夜的骑行，从某种意义上说很狂野，很危险，尤其是当一个人被困在狂奔的牲畜洪流中时。"②

---

① 赫尔曼·哈根顿：《罗斯福在恶土荒原》，纽约：霍顿·米夫林出版公司，1921 年，第 296 页。

② 西奥多·罗斯福：《牧场生活与狩猎之道》，纽约：百年出版公司，1899 年，第 58 页。

大胆鲁莽的罗斯福再一次躲过了死神。也许是因为他身材矮小，而且年轻力壮。也许，他命中注定要经历这许多艰险，并且能毫发无损地站起来。无论什么原因，反正他活下来了，危险是真实的——正如他的下一次冒险，就在牛群惊溃发生后没几天。

由于暴风雨来袭，河水猛涨，水位上升，导致牛仔们过河时必经的那座原木搭建的简易桥梁淹没在水中。罗斯福与一位来自英国的年轻人一起出发。这位英国人来这里体验美国西部生活，但是他很不适应。就在他们骑马过河时，桥突然散了架，两位骑手连人带马掉进打着旋奔流不息的河水中。罗斯福紧紧贴着马背，游到了河岸边。那个英国人却惊慌失措。“我快淹死了！我快淹死了！”他呼叫着。这是典型的西部片场景。罗斯福拿出套索，虽然不是很熟练，最后还是成功地套住了英国小伙儿的双肩，然后像薅落水的肉牛一样，把他从水里拖了起来。罗斯福后来写道：“他好像并不是很感激。”

此刻，一位勇敢、机智而自主的牛仔将一位（很明显是）英国贵族老爷的儿子从河里救了起来。罗斯福再也不是那个胆小的、东部来的四眼仔，而是一位脸上留着太阳的痕迹，能准确使用套索的牛仔。

在写信给好友亨利·卡博特·洛奇谈在赶拢中的那些冒险经历时，罗斯福总结说：“我参加赶拢已经快三个星期了，跟其他任何牛仔干得一样卖力，我很享受这种经历。昨天，我在马鞍上度过了 18 个小时——从凌晨 4 点到晚上 10 点——中间吃饭喝茶，各花半个小时。我现在可以熟练地完成牛仔的各种活计……已经熟悉了烈马经常玩的摔人把戏。有一匹马从不愿背负鞍子……除了弓身跃起，还不停地往后翻滚，把我撂下来；它占了一次上风，让我遭到可怕的一击，左胳膊严重受伤。另一匹烈马则快速冲向山下，将我摔落在地……我的一匹老马在追赶狂奔的牛群时，两次翻着筋斗把我摔下来……”①

如果说罗斯福的西部冒险有转折点的话，那无疑是这次赶拢活动。这位瘦削、病弱的东部青年已经在西部完成了自我转变，一位记者写道：“他看上去气质粗犷，皮肤呈古铜色，充满健康活力。”②

甚至连他的讲话风格也发生了改变。“昔日东部公子哥的习气在罗斯福的身上已荡然无存。现在，他穿着粗犷而随性，脖子上系着大围巾……以前那种拖长腔调慢吞吞让人听了着急的说话方式、一个纽约客面对下层人民时必须使用的腔调，都已彻底消失。取而代之的，是一种干脆、活泼、平实、西部人特有的说话腔调。”

在西部日记里，罗斯福此后几乎没有提及哮喘或欧洲霍乱。现在人们熟知的“泰迪·罗斯福”被装进了一个新的模子里，它正在迅速被填满。比尔·斯沃尔说：“他跟我在西部遇见的所有不依靠耍枪讨生活的牛仔一样身材魁梧。”③

后来，几年没见着罗斯福的威廉·罗斯科·赛耶吃惊地

---

① 赫尔曼·哈根顿：《罗斯福在恶土荒原》，纽约：霍顿·米夫林出版公司，1921年，第298页。

② 罗杰·L. 迪西尔维斯多：《西奥多·罗斯福在恶土荒原》，纽约：沃克出版公司，2011年，第175页。

③ 哈罗德·霍兰德：《西奥多·罗斯福和他的时代》，康涅狄格州，纽黑文：耶鲁大学出版社，1921年，第7页。

发现，此时的罗斯福“有着泰坦巨人一般的粗壮脖子，肩膀宽阔，胸膛厚实”。西奥多·罗斯福正在重塑自己。西部的严峻考验已经让他的身体和心理都变得无比强悍。

一种崭新的人格从那个曾经失魂落魄、乘坐火车逃到西部的年轻人的灰烬里诞生。西部开阔的边疆锻造强化了他，他将以西部的馈赠作为对抗未来逆境的隐秘力量。“强者生存、强者发达”的西部，重新定义了泰迪·罗斯福这个人。在行动比言语更重要的西部现实里，艰苦而动荡的生活将泰迪·罗斯福塑造成一个崇尚行动的男子汉。

已经采取的行动是出类拔萃的，活力充沛的人生已变成现实。这片开放的土地可供自由攫取，而美国正忙于攫取，大秀其年轻的肌肉，泰迪·罗斯福也是如此。一个能够在恶土荒原电闪雷鸣的天气下，在狂奔的牛群后面策马疾驰，在无法无天的边疆小镇直面持枪歹徒，将烈马驯服，用套索把一个即将淹死的人从河里救出的人，他当然会像高韧性煤一样，在适当的时候、合适的条件下，变成一颗璀璨的钻石。

西部正在施展它的魔法，创造出一个即将变成政治发电机的人，一个可以和处于“美国世纪”临界点的国家所具有的能量相匹配的人。罗斯福传奇中还缺乏的，就剩下对抗印第安人和捉拿歹徒了。

第 24 章　牛仔还乡（1885 年）

6 月 21 日，罗斯福返回了东部。这次回来，他已经变了一个人——一个牛仔。圣保罗的一位记者报道说：“西奥多·罗斯福昨天经过圣保罗，从他的达科他牧牛场返回纽约和现代文明社会……罗斯福从纽约绅士变成了彻头彻尾的西部人。”[①]

由此我们可以感受到他的受关注程度。有趣的是，罗斯福给记者们制造了一个话题。和自己从内心来理解这种变化相比，还有比从媒体那里获得反馈更好的途经吗？

正如哈根顿在《罗斯福在恶土荒原》一书中所讲述的，一位来自《电讯报》的记者采访了罗斯福：

> “我刚从我的牧牛场回来。还没来得及吃晚餐，但是我想，与报社记者聊一聊会让我胃口大开。是的，我是一名普通牛仔，从衣着到内在——”他举出很多物件来证明这个断言，从羊毛衫到系在脖子上的围巾，等等。“我跟别的牛仔一样，不比他们中的任何一位逊色。我会射击，

---

① 赫尔曼·哈根顿：《罗斯福在恶土荒原》，纽约：霍顿·米夫林出版公司，1921 年，第 308 页。

骑马，赶拢牛群，技术上跟他们中的好手不分上下。哎呀，这帮伙计太有意思了，这些牛仔啊！而且，你跟他们混熟了，就知道个个都是顶呱呱的，但他们不喜欢城里人的帽子和尖头鞋。我跟他们都相处得很好。

我们刚刚结束了春季赶拢。你应该知道那是啥意思。赶拢的区域，包括小密苏里河沿岸方圆两百英里的地带，成千上万头牛被赶到这一块地方。这是一种罕见的体育运动，但也是很艰苦的工作。你问我喜不喜欢牧牛场的生活？老实讲，如果不是因为利益关系，我是真不想回纽约了。是的，我享受牧牛场的生活胜过城市的生活。我喜欢狩猎、赶牛，和所有我懂得的边疆生活。毫无疑问，在边疆，你会发现品质高贵的人们。你问我有多少头牛？让我想想，嗯，目前至少有3500头。明年，我还会购进一些。①

有趣的是，罗斯福在此表明，他已经完全跟以前的人生决裂。他发现西部牛仔远比他的纽约老乡高贵，他背离了自己的阶层，完全拥抱西部的朋友。他在对抗他那个年纪的神经衰弱症、白人男子的压力，他发现“活力充沛的人生”是更好的生存方式。

他言语中流露出牛仔或边疆人自立自强的优越感。罗斯福

① 赫尔曼·哈根顿:《罗斯福在恶土荒原》，纽约：霍顿·米夫林出版公司，1921年，第308—309页。

认为，东部的缺憾是行为与生活方式的腐败，他将这些问题与妻子和母亲的死联系起来。旧的生活毫不足惜，只会带来幸福的毁灭与锥心之痛。甚至纽约这块土地也很可疑——到处人满为患，而西部作为最后的边疆，有广阔的空间和充分的自由。

罗斯福继续讲述自己如何变成新人——一位牛仔，以及作为政治家的他如何死去。“不要让我谈政治，”当记者给他施压时，他这样回答。“我已经脱离政界了。我知道，公众人物经常这么讲，但我说这话是当真的。我真的不关心政治了。赶拢都比搞政治有意思得多，而且更加受人尊敬。跟纽约的生活相比，我更喜欢我的牧牛场以及由此产生的喜悦。”[①]

26 岁的罗斯福对政治做出了蔑视的手势，他实际上是在说，我已经不是原来的罗斯福了。牧牛场更令人开心，而且，牧牛场的生活远比政治生活激动人心。

可以肯定，他不给曾经背弃他的那个社会体制好脸色。当然，他的评论揭示的，是尚处在西部冒险中途的心理和精神状态。他已经在新世界证明了自己，可以说到做到，做到说到。这时候的罗斯福身材魁梧，皮肤呈“深棕色”，说话风格也大不相同，他对以前的生活一点也不关心了。

他去蚝湾看了最近刚建好的房子，第一次跟女儿相处。罗斯福出席了格兰特总统的葬礼。除此之外，纽约没有什么

---

① 赫尔曼·哈根顿：《罗斯福在恶土荒原》，纽约：霍顿·米夫林出版公司，1921 年，第 309 页。

值得他去的地方了。仿佛他回来一趟就是为了宣告自己已经完全改变。

对于东部的人们，罗斯福的西部经历显得更加神奇和真实。可以想见，他跟东部的人们讲了好多西部的经历：关于赶拢，关于对付恶棍，关于猎熊，关于死亡之夜在恶土荒原的夺命狂奔。对于 1885 年的纽约市民，这些冒险经历跟小说一样刺激。

都市里的人不会有在惊涛骇浪的河边套马、被烈马弓身抛落、困在暴雪之夜、连人带马陷进河里等经历。这就是冒险，如果不算探险，还带有英雄主义的色彩。而且一经他讲述，这些冒险经历便获得了神话般的高度。这么说，真有狂野西部，它仍然存在着?

这个嗓音低沉、虎背熊腰、说话时手舞足蹈的人声称：的确如此。当然，有些经历，罗斯福没有向他的纽约乡亲们讲述。泰迪 · 罗斯福发生的转变不是都能用语言来讲述的。哈根顿精辟地总结了西部冒险在罗斯福的灵魂深处留下的印迹：

> 野蛮的骑行，细小的波折，狂热的活动，牛群的气味，尘土与喧哗，身体的疲倦、兄弟的情谊，命悬一线的经历……他喜爱清晨凉爽的空气、绝美的风景、无尽的空间、一半蓝色的天空、一半金黄的草原。他的灵魂敏于感受美，尤其是广阔的苍穹下、温暖的阳光中，大平原所展露的美。那些经历，对于他的伙伴们只是日复一日的劳

碌，对于他却是熠熠生辉的心灵历险。[1]

30 年后，罗斯福在书中写到自己的那段经历和那已不复存在的西部，试图记录自己身上所发生的转变。“我们深知辛劳、苦难、饥饿与干渴，我们目睹牛仔在牛马中间惨死，或者在邪恶的仇杀中死去；但我们也感受到艰苦生活在血脉中的节拍——劳作的荣耀与生活的喜悦都归于我们。”[2]

《达科他地方》一书的作者斯蒂克尼博士颇有预见性地说道：“对于罗斯福，这是很神奇的经历。他自己也意识到它多么精彩。他当时在那里经历了，并且以足够坚韧的性格承受和领悟到了。他去那里获取了关于这个国家的基本真理，而且他终生都追随那个目的，矢志不渝。”[3]

两个月以后，还乡的牛仔于 8 月 22 日登上芝加哥铁路有限公司的列车，再次前往西部。

---

① 赫尔曼·哈根顿：《罗斯福在恶土荒原》，纽约：霍顿·米夫林出版公司，1921 年，第 305 页。

② 《西奥多·罗斯福自传》，纽约：查尔斯·斯克里布纳尔森出版社，1921 年，第 103 页。

③ 赫尔曼·哈根顿：《罗斯福在恶土荒原》，纽约：霍顿·米夫林出版公司，1921 年，第 306 页。

第 25 章　田园牧歌与为民除害（1886 年）

假如罗斯福在明尼苏达和纽约跟记者们所说的都是实话——他已经彻底和旧的人生决裂——那么他返回西部将面对的是一个充满希望的牧场生活。他不再是一直漂泊历险的牛仔，他养了 3500 头牛，拥有两座牧牛场。这需要很多劳作，需要很多维护，帮工们的“女眷”也陆续从缅因州来到了艾克霍恩牧牛场。从某种意义上，早期拓荒的日子终于结束了。

斯沃尔夫人把 3 岁的女儿带来了，罗斯福真正回到了一个“家庭”而不是只有一帮粗率的大老爷们的牧牛场。就像罗斯福曾经和爱丽丝 · 李短暂品尝过的家庭生活，艾克霍恩牧牛场进入一种男人、女人、儿童过着“大草原上小木屋”的田园牧歌式生活的状态。如果说艾克霍恩牧牛场有过黄金岁月，那肯定是指这段时间。女人做出了丰富美味的饭菜，包括糕点、手工果酱，甚至专门饲养了一头奶牛。

“马耳他十字牧牛场的伙食，（在女人们到来之前）简直就是胡乱凑合，”比尔 · 斯沃尔回忆说。“如果有好吃的，只能说是碰上好运气了。”如今，男人们可以享用丰盛的食物，“铺着洁净桌布的餐桌上，有大盘大盘的鹿子肉、一条一条的好面包、大罐大碗的鲜奶、成堆的烤鹿肉或烤羚羊肉排。也会有烤鸡和炸鸡，另外还有鸡蛋、奶油、野李子，茶或咖啡。”[①]

罗斯福是这个大家庭的主人，但除了这个头衔，他和大家平等相处，活儿也一起干。他自己配马鞍，自己洗衣服。女人们自愿包揽厨房的活儿，罗斯福体重又增加了，变得“身材魁梧”。忙完工作，他会坐在门廊处，赶着牛群，而此时“几只秃鹫在上空盘旋，他们滑翔着，在因干燥而白得刺眼的河床上投下黑色的影子”[②]。

罗斯福两腿交叉，在摇椅上坐下来，身上还带着汗渍和尘土，开始读济慈或史文朋的作品。这时候，夕阳渐渐隐没在高高的山丘后面，牛栏上空浮起一层薄雾。他现在就缺一个女人。可以想见，当他注意到手下人都过着幸福的家庭生活，心里一定很难过。罗斯福也许又开始想到爱丽丝·李以及曾经的幸福时光。在凉风习习的傍晚，周围只有摇椅嘎吱作响，他知道，终有一天，他将永远离开西部。

不过，现在牧牛生意进展顺利。罗斯福总共在牧牛场投入85000美元，在他的家族成员看来像是一个疯狂爱好的投资，终于进入稳定状态。这对于罗斯福的未来相当重要。比尔·斯沃尔仍然忧心忡忡，不相信恶土荒原会是良好的牧区。他后来给哥哥写信，评估了他所看到的牧牛业生意：

---

① 赫尔曼·哈根顿：《罗斯福在恶土荒原》，纽约：霍顿·米夫林出版公司，1921年，第311页。

② 赫尔曼·哈根顿：《罗斯福在恶土荒原》，纽约：霍顿·米夫林出版公司，1921年，第316页。

> 我不认为今天冬天我们会损失很多头牛。我想它们已经挨过了最困难的时期。来年会是一个坎儿。损失最多的是奶牛，去年春天牛犊子不多，今年春天将会出生很多……这里太冷，不是很适合养小牛。我不信饲养母牛能挣着钱，我担心根本无利可图，除非饲养的头数非常多。牧场的母牛过多，恐怕未来几年会把利润吃掉。[1]

比尔·斯沃尔的预测后来不幸应验了。“开放牧场”（牛群可以自由漫步和进食）的好日子，将随着大型公司化牧牛场的出现而难以为继。

在此时的西部使用这样一个词汇很奇怪，但随着铁道线往西部延伸，大公司开始涉足这里的牧牛业。这里将发生很多起争夺牧牛场的斗争——企图垄断市场的人，强行驱赶独立的牧牛场主。斯沃尔在给哥哥的信中说：“我认为，牧牛业的好日子不多了。我去年秋天提醒过罗斯福先生。我希望他不会失败，但他已经面临风险。”[2]

罗斯福的牧牛业生意将因为恶劣天气以及牧草匮乏而多次面临考验。已经有好几个牧场主失败了，但目前看来，似乎一切还都是阳光灿烂。梅朵拉开始发展。西部开始发展。《曼丹拓荒者报》写道：“梅朵拉是一个特别的牧牛业小镇，有望成

---

① 卡尔顿·普特南：《西奥多·罗斯福》（卷一：形成时期 ），纽约：查尔斯·斯克里布纳尔森出版社，1958 年，第 561 页。

② 赫尔曼·哈根顿：《罗斯福在恶土荒原》，纽约：霍顿·米夫林出版公司，1921 年，第 307 页。

为西北地区的主要牧牛业市场。短短两年时间，它已经从无到有，发展成为一个拥有不少优质建筑，代表着巨量资金投入的繁荣小镇。其中，黑山大宗货品仓库是一幢漂亮而坚固的建筑物。去年，这里还修建了一些砖房，包括一个整洁美观的天主教堂和一个大型旅店。”①

罗斯福在一定程度上促进了这些变化。他支持乔·菲利斯在镇上开了商场和钱庄，与侯爵的公司、商场直接竞争。

梅朵拉是侯爵一手缔造的，他插手这里的一切事务。虽然罗斯福缺少侯爵那样的手段，却有能力投资于侯爵的竞争对手，而在处于信用真空地带的西部，最好的选择就是开钱庄。当然，梅朵拉最红火的生意是酒馆，酒馆生意很繁荣。臭名昭著的恶棍比尔·威廉姆斯就经营着以子弹和打手为后盾的经典酒馆。

侯爵是酒馆的股东，这里 24 小时营业。据说威廉姆斯以前干过杀人越货的勾当，他经常为了招徕顾客而从酒馆弹簧门里往外开枪。结果他把喜欢挖掘狂野西部神话题材的小报吸引过来了。《迪金森新闻报》就曾经转载《埃斯特莱恩·贝尔》杂志上一篇关于西部恶棍基本命名法的稿件：

> “枪”还是挂在右髋部，稍微比以前的位置低，这样使得朋友之间的交流更方便。平常的“45”口径仍然最受欢迎。有些人更爱用口径更小的，但那样看起来会比较帅。

① 赫尔曼·哈根顿：《罗斯福在恶土荒原》，纽约：霍顿·米夫林出版公司，1921 年，第 318 页。

比如，一支“40”口径的枪，可以在敌人身上打出更有艺术性的一道伤口，但是总体的效果和死亡率会大打折扣。烟丝还是装在与手枪相对的另一侧口袋里，这样掏烟丝时，朋友们不会误认为你要掏枪，最后不得不参加你的葬礼。开火之前双方没有什么繁文缛节。

等验尸的时候再讲究纯粹的外在形式也不迟。点缀一下“铁家伙事儿”仍然是经典的做法，而且事关重大，挂装一套六个弹夹是可以接受的做法。自转式左轮手枪是顶级枪手圈子里唯一的配置。普通左轮手枪需手动操作击锤，这使得它的实战效力大大降低，尤其当你的交流对手拿的是那种自转式左轮手枪的时候。

老式手枪在枪战中毫无用处，除了作为验尸时的特定证据。不拔枪，直接从腰带上开火，几乎不被认为是绅士所为，这样做太引人注目了。至于一个人身上配枪的数量，可以被接受的尺度相当大，在街头或者社交聚会上，佩带一支到 4 支枪的人都有。

一般来说，随身带一到两支枪足矣，除非你是一位令匪徒闻风丧胆的警长，才需要很多手枪，甚至还有背一杆温切斯特步枪的。我们特别要向读者强调，装备考究是绝对必要的。①

这是一篇故弄玄虚的文章，但它道出了狂野西部配枪、用

① 赫尔曼·哈根顿：《罗斯福在恶土荒原》，纽约：霍顿·米夫林出版公司，1921 年，第 321 页。

枪规矩的常识。梅朵拉是一个经常发生枪战的小镇，罗斯福牵头成立的小密苏里河畜牧业主协会觉得应该正视这个问题。于是，协会让所有牧牛场各出一名牛仔，组成联防巡逻队，以“整肃”铁道线以北、小密苏里河与密苏里河之间区域的治安乱象。比尔·斯沃尔代表艾克霍恩牧牛场参加了巡逻队。

协会还雇了一个人充当牲畜监察员，检查所有打上烙印后将运往芝加哥的临时牲畜围场的肥牛。这当然是防范偷牛贼的第一道防线。

当然，这些乱象的幕后黑手此时正因为袭击莱利·卢福塞而遭到牢狱之苦。侯爵是罗斯福硬币的另一面。两人都来自富有的贵族阶层，但侯爵最终相信特权，想要凌驾于他人的利益之上，而罗斯福相信机会平等。

“侯爵总是在冲突的紧要关头出现，”斯蒂克尼博士说，“但他没有是非判断，你不要指望。他成长于军队中，成长于缺乏是非判断的社交圈子。他不知道如何正确处理与牛仔发生的利益冲突。他解决这些问题时，总是用最差的人做帮手。而当罗斯福来到恶土荒原时，他自然而然地吸引到牛仔当中的优秀者，像菲利斯和梅里菲尔德这样人格高尚、恪守原则的人。”[1]

亚瑟·帕卡德——《恶土荒原牛仔报》的出版人则认为：“罗斯福尊重法治以及多数人的民主决策。侯爵发自内心地相信，他就是王法，他可以随心所欲地改变法律。”[2] 从道德角度而言，

---

① 赫尔曼·哈根顿：《罗斯福在恶土荒原》，纽约：霍顿·米夫林出版公司，1921 年，第 117 页。

② 赫尔曼·哈根顿：《罗斯福在恶土荒原》，纽约：霍顿·米夫林出版公司，1921 年，第 317 页。

罗斯福比侯爵更优秀，而且他相信进步，而侯爵相信霸权。当屠宰加工厂拒绝侯爵的劣质牛肉时，侯爵就地屠宰肥牛后用冷藏车运往芝加哥的宏大计划遭遇挫折。他的马车驿站生意也很快失败。现在，他打算买断太平洋沿岸的啤酒花，然后卖给位于密尔沃基的那些啤酒厂。

侯爵真正的麻烦在于，他以欧洲的视角看待阶级，把手下人都视为奴仆，而罗斯福真诚地喜欢西部的牛仔。侯爵和西奥多·罗斯福注定有一次对决。

第 26 章　侯爵的正午时刻（1886 年）

法国侯爵错误地认为，有了钱和头衔就自然有影响力。他发现在美国不是这么回事。他本希望通过异想天开的做法——就地宰杀肥牛，冷藏运往芝加哥——强行进入当地牧牛业。他从这件事上学到了法国皇家教养中缺失的一课：新手不招人待见，经验丰富才有生意。

因此，当他的牛肉被批发商们拒绝时，当铁路调度员延误他的车皮时，他怀疑芝加哥的利益集团在背后捣鬼。也许，他错得不太离谱，但他的“贵族血统”妨碍他深入了解触犯了谁的利益，为什么有人不允许他玩这个游戏。他以为有钱就有权，但他面对的是既有权又有钱的人比如罗斯福。侯爵对他产生了怀疑，因为罗斯福来自纽约，应同属于粉碎其雄心壮志的有钱阶层。

他有点儿像一个爱耍脾气的小孩，不听话地乱扔麦片，虽然权力都在父母手上。罗斯福很容易就成了这个任性小孩的攻击目标，一次肥牛交易就是侯爵向罗斯福扔的第一勺燕麦片。

罗斯福同意向侯爵出售一百头肥牛。按照行规，售价都是提前谈好的，不受市场波动的影响。就像股票或者利率，市场有时对买家有利，有时对卖家有利。

但是，货物交付时的价钱，一般不会有大的起伏。罗斯福先把肥牛运到北太平洋冷藏车公司的候宰栏里。等肥牛都过完磅，罗斯福就去找侯爵结款。这个法国人抬头看了看风尘仆仆的罗斯福。“很遗憾，我不能按照之前谈好的价钱跟你结账。”侯爵说。[①]

罗斯福皱了皱眉头。“可你已经买下了这些肥牛，”他不满地说，“交付货物就意味着销售完成。”侯爵摇了摇头。“抱歉。芝加哥那边价格跌了半分，我只能按以前价格的一半付你钱。”紧张气氛显而易见。亚瑟·帕卡德后来这样描述道：“这是一个棘手的局面。我们都知道价钱早就谈好了；交付肥牛就等于销售完成。市场波动与此无关。就算芝加哥肥牛市场价上涨，罗斯福仍会按事先谈好的价格交付肥牛。”[②]

罗斯福转头看着侯爵，问道：“你答应过以 6 美分的价格买这些肥牛，对不对？”“对的，”侯爵承认，“但是，芝加哥的市价……”“你打算以，6 美分这个价结款吗？”罗斯福打断了侯爵，追问了一句。侯爵摇了摇头，用手捋了捋打蜡的胡须。“不，我只付 5 分 5 厘。”罗斯福推了推鼻梁上的眼镜，转身看着跟他一起来的牛仔们。

“把肥牛都赶出来。”牛群赶出来了。罗斯福觉得，交易就是交易。一个人要说话算话。他在原则面前从不妥协。而侯爵

① 赫尔曼·哈根顿：《罗斯福在恶土荒原》，纽约：霍顿·米夫林出版公司，1921 年，第 340 页。

② 赫尔曼·哈根顿：《罗斯福在恶土荒原》，纽约：霍顿·米夫林出版公司，1921 年，第 340 页。

不认为有这些原则；他想怎么干就怎么干。

《拓荒者报》则讲述了故事的另一个版本：

> 一年前，侯爵与出身于纽约政界、在梅朵拉拥有一个大型牧牛场的西奥多·罗斯福达成了一份口头合同。侯爵答应购买后者一定数量的肥牛。罗斯福按照事先谈妥的价格准备交付这些肥牛，而侯爵拒绝收货，声称他俩没有达成这样一份合同。罗斯福发了点脾气，但最终还是忍了，让手下的伙计不再卖肥牛给侯爵或跟他做任何生意。从此，侯爵与罗斯福的关系有点儿搞僵了。[①]

这种紧张关系很快变得越来越严重。两个男人之间天生的相互厌恶，隐藏在罗斯福在纽约宴请侯爵夫妇的友好气氛之下，但还是很快走向了公开。侯爵是杀害莱利·卢福塞的凶手，曼丹的大陪审团判决他犯有一级谋杀罪。侯爵认为这是一个小麻烦，但这进一步证明一个恶毒阴谋的存在，而幕后主使者就是西奥多·罗斯福。

“这个指控一直都在困扰我，”他后来说，“目的就是毁掉我的生意。大家都知道我现场宰杀肥牛，然后运到芝加哥和其他东部城市，我在前期准备方面投资甚多。如果我在数月后被捕入狱，我的生意将受损，也许我的事业会彻底完蛋。”[②]

---

① 赫尔曼·哈根顿：《罗斯福在恶土荒原》，纽约：霍顿·米夫林出版公司，1921年，第341页。

② 赫尔曼·哈根顿：《罗斯福在恶土荒原》，纽约：霍顿·米夫林出版公司，1921年，第343页。

侯爵就是这般偏执。他轻易地忽略了一个事实：是他指使手下伏击了那三个人，并将其中一个埋葬在小密苏里坟场。而且，他通过乔·菲利斯，把矛头指向罗斯福，因为侯爵相信是罗斯福花钱、菲利斯出面收买了几个证人。罗斯福出资支持菲利斯开钱庄和商场，因此侯爵捕风捉影地认为：有一个由罗斯福主导的、针对他的巨大阴谋存在；罗斯福的影响力通过各种途径，延伸到了芝加哥的罐头厂和华尔街金融界。

因此，侯爵虽然人在曼丹牢房里，却指使一群暴民到法庭外面闹事、扔石头。有人向他表示，如果肯花 1500 美元，整个案子可以摆平。但这位侯爵很硬气地向《纽约时报》宣称："我有的是钱给自己辩护，但我不会付给讹诈者一元钱。"①

真相是，他不看好 1500 美元的交易，因为这不能保证今后他不被再次起诉。罗斯福到监狱里探视侯爵，发现他过得很舒坦，身边有仆人和秘书。侯爵气定神闲地抽着雪茄，仆人则藏在床下。一度有民众聚集在监狱外，威胁用私刑处置侯爵。这个法国人闻讯只是打了个哈欠。但现在，他开始紧张了。在罗斯福探视他不久以后，侯爵给罗斯福写了一封信，公然提出跟他决斗，并指责他在背后搞阴谋。这封信是一个不祥之兆，考虑到侯爵是神枪手，而且在一次决斗中还杀死了对手。

> 我亲爱的罗斯福，我的处事原则是迎难而上。乔菲利斯很起劲地跟我作对，就是他收买了证人让我遭到起诉。

---

① 赫尔曼·哈根顿：《罗斯福在恶土荒原》，纽约：霍顿·米夫林出版公司，1921 年，第 342 页。

> 起诉书还让我难堪地公开了争论的具体内容……这都是你指使的吧？我一直把你当朋友。我想知道你到底是不是我的敌人。你知道我随时可以奉陪，在两个绅士之间有直截了当解决问题的方式。[①]

收到侯爵的来信时，罗斯福正在艾克霍恩牧牛场。他很可能真的有点害怕。因为罗斯福枪法一般，而侯爵以枪法准出名。而且，侯爵是一个藐视法律的杀人犯。一枪击毙一个眼睛近视的人不会让他晚上睡不着觉。

他把信念给比尔·斯沃尔听。“这分明就是威胁，”罗斯福大声说，“他想吓唬我。他吓不到我的。我要给他回信，比尔。”他接着说：“我不会因为参加决斗而辱没我们家族的名声。我不相信决斗，我的朋友们也不信这一套，他们会一致反对这类解决问题的方式，但我绝不接受一个法国佬的恐吓。现在，我是被挑战的一方，我有权利选择武器。我不会剑术，手枪也不擅长，而且太有法式的意味。你觉得用步枪决斗如何？”[②]

此刻，罗斯福已经勉强接受参加这场决斗。他知道自己取胜的把握不大。尽管如此，他绝不会退缩。在西部，这不是一个选项。侯爵代表了帝国时代的欧洲，而美国在110年前摆脱了欧洲控制。外来者的这种恐吓是美国人，尤其西部人无法接

① 卡尔顿·普特南：《西奥多·罗斯福》（卷一：形成时期），纽约：查尔斯·斯克里布纳尔森出版社，1958年，第537页。

② 赫尔曼·哈根顿：《罗斯福在恶土荒原》，纽约：霍顿·米夫林出版公司，1921年，第350页。

受的。法国人要决斗，那就成全他。罗斯福坐在一根原木上，在侯爵来信的背面匆匆写下回复：

> 我显然不是你的敌人；如果我是的话，你早该知道，因为我只会是一个公开的而非偷偷摸摸的敌人，更不会和你相互来往、宴请。然而，你在信件末尾的措辞，似乎在暗示一种威胁，那么我告诉你，你那句话不会让我担心任何可能的后果；正如你所知，我也随时可以奉陪，我敢以任何方式，为自己说过话、做过的事承担责任。[①]

斯沃尔说，他可以充当罗斯福的决斗帮手，但他心里明白这无济于事。人们可能会想，侯爵是不是发疯了。为什么会跟罗斯福这样的朋友，一个对他一贯支持的人，挑起一场决斗？当然，两个人之间存在着让侯爵在一桩又一桩生意上感到挫败的差距：一个有钱人的儿子是体会不到这一点的。邮差很快捎来侯爵的回复。罗斯福把它拿给斯沃尔看，然后说道："你是对的，比尔。"[②]实际上，侯爵认怂了。他告诉罗斯福，他的信被误读了，他真正想表达的意思是"在两个绅士之间，总有能解决问题又不带来麻烦的办法"。

那么，侯爵的真实意图是什么呢？就像一个霸凌者，他想

---

① 埃德蒙德·莫里斯：《西奥多·罗斯福的崛起》，纽约：兰登书屋，1979 年，第 303 页。

② 埃德蒙德·莫里斯：《西奥多·罗斯福的崛起》，纽约：兰登书屋，1979 年，第 303 页。

通过虚张声势，试探罗斯福敢不敢应战。他不明白自己咋会坐牢，也许他心里有些嫉妒。泰迪·罗斯福在西部已是有名望的人物，而侯爵不过是一个古怪的新手。整个这件事，可看作是罗斯福25年后向工商业托拉斯开战的一个预兆。约翰·迪·洛克菲勒在很多方面跟侯爵相似：难以想象地富有，优先考虑自身利益，总想趁机再捞一把。诚然，洛克菲勒是一位杰出的银行家，而象征帝国主义特权阶层的法国侯爵，只遵守强权即公理的底线。

多年以后，罗斯福总结了他对侯爵行为动机的看法："侯爵承认事实的理性尚未泯灭，既然他并未公开丧失地位，或因示弱而招致讥讽，他不会在缺乏证据的情况下冒险。他没料到恐吓手法被识破；当这个情况出现了，他只得做出退缩的决定。"①

侯爵错误地认为，罗斯福一想到决斗定会心惊胆战，从而他就能够取得胜利。他不是第一个低估西奥多罗斯福的人，显然他也不是最后一个。这两人此后无缘再会。

① 埃德蒙德·莫里斯：《西奥多·罗斯福的崛起》，纽约：兰登书屋，1979年，第303页。

第 27 章　牛仔和印第安人

牛仔与印第安人游戏无疑是 19 世纪和 20 世纪美国男孩最喜欢玩的游戏。20 世纪中期以后，随着棋类游戏以及后来电子游戏的流行，这种游戏的热度有所下降，但它仍然占有重要地位。在游戏中，牛仔们处在开阔地带或者躲在掩体后面，随时准备射杀来偷袭的野蛮人。

印第安人通常以最不光彩的手段搞偷袭。牛仔们一旦发现他们就开枪打死他们。这是一个好人对付坏蛋的游戏，性格直率而头脑简单的牛仔都是些好人。这种情景在各种小说和电影里出现了无数次；无耻野蛮的印第安人显然是清新的牛仔品格的陪衬。当然，“水牛比尔”会在他的“狂野西部秀”中表现这一主旨，而且这一演出的高潮部分就表现了怯懦的野蛮人围困白人定居者房屋的情节。他们一旦得手，就会杀戮或折磨白人男子，并强奸他们的妻女。

那简直就是“白人妇女”遭难的危境，因此骑兵英雄救美的戏码会适时上演。解救危难的“骑兵”不一定是军队。在演出中，很可能是“水牛比尔”骑着白马带领的一帮牛仔——骑士们及时赶到，杀掉恶龙或者残忍的掳掠者。在 1885 年，情况的确是这样。没有人会认真思考那些作为原住民被剥夺了自己的土地、生活方式，然后被赶到保留地里的印第安人。

在白人移民贪婪掠夺土地的过程中，这种思考的缺失持续了很长一段时间。这种土地掠夺行径，由一块印第安人权利的墓碑标记出来，墓碑上面镌刻的是“天定命运”。这种哲学理念认为，由白人来占领这块大陆是上天的安排。一直到1970年代，随着印第安种族屠杀题材作品《魂断伤膝谷》（*Bury My Heart at Wounded Knee*）的诞生，另一种叙事才洞穿了牛仔—印第安人神话，白人掠夺土地和印第安种族灭绝的真相才被公之于世。

当西奥多·罗斯福于1883年来西部时，恶土荒原已经基本上没有印第安人袭击的问题了，虽然偶有发生。发生在1885年的事件是山火。这些火情发生在牧牛场把肥牛赶往北太平洋铁路的必经之路上。这样一来，牛群在途中无草可食，牛的体重下降，最终导致牛肉质量降低。印第安人认为，这是对他们在恶土荒原上被剥夺的古老狩猎场的报复。

罗斯福曾经和其他牛仔一起去扑灭山火。“我们通常遵循这样的程式：先杀一头鹿，将其纵向一切两半，然后两个骑手各拽半边鹿肉，用绳子把鹿的前腿和后腿分别拴在两匹马的鞍角上。其中一个骑手纵马，跳到火线另一侧，然后两匹马在火线两侧平行站立，拉着鹿肉——淌着血的一侧朝向地面——再沿着火线跑，一路跑下去扑灭所有火苗。”[①]

扑火工作又热又累，一天下来，人人浑身沾满黑色烟尘。

① 《西奥多·罗斯福自传》，纽约：查尔斯·斯克里布纳尔森出版社，1921年，第108—109页。

后来发现，纵火的是通过一个代理机构拿到狩猎许可的 75 名印第安人。

白人定居者与印第安人之间的突袭与反突袭斗争经常导致双方人员的伤亡，但当时报纸很少会报道。这些冲突主要发生在黄石和小密苏里之间的地区。其中最为惨烈的冲突，当属克斯特将军被印第安人的弓箭和子弹射杀的小比格霍恩河战役。

很多时候，没有食物的印第安人会抢劫白人定居者。他们以前狩猎的山岭现在不属于他们了。保留地上很多腐败的代理机构不允许当地人养牛和马。最糟糕的时候，牧场主一看见印第安人就把他们当作敌人，要么直接开枪打死，要么抓起来扒了衣服，用鞭子狠狠抽打。

印第安人采取了报复行动，很多白人定居者被枪杀，或被刀砍死，或被就地砍头；白人妇女被绑在树桩子上先遭轮奸然后被肢解。这就是罗斯福进入西部以后，白人和印第安人之间持续冲突的大背景。

罗斯福对印第安人问题有某种程度的领悟。他于 1886 年在纽约发表的一次演讲，揭示了对西部的看法。

> 也许，我应该抱歉地承认，我是从西部定居者的角度看待印第安人的。我还不至于说，好的印第安人都是死人，但我相信，十个中有九个人是这样，并且我不会去深究第十个。最邪恶的牛仔也比普通印第安人更有道德。
>
> 假如把 300 个纽约下层社会家庭迁到新泽西，资助他们过上极为懒散的生活，然后，你大概就能理解印第安人

> 是什么样的人了。印第安人行为鲁莽、报复心强、恶魔一样残酷，他们抢劫和屠杀大平原上那些没有自卫能力、孤独无援的白人定居者，而不敢冒犯有自卫能力的牛仔。
>
> 至于白人士兵，一位印第安人部落酋长曾经向负责管理密苏里地区的菲利普·谢瑞登将军（Philip Sheridan）索要一门大炮。“什么！你想用它杀死我的士兵吗？”将军问道。“不，”酋长回答说。“想用来杀死牛仔；杀死士兵用棍子就够了。”[①]

这篇以一个笑话结尾的演讲，表明罗斯福对那些失去家园的印第安人缺乏同情。演讲透着罗斯福式的虚张声势和自我膨胀。士兵、印第安武士、牛仔——罗斯福总喜欢故弄玄虚。当英国两次入侵时，美国人可是相当愤怒的。

虽然有所谓自由权利和自由地位的原则，美国人也在为“家园”而战。印第安人因为相同的原因对白人发起反击，但这种反击的正当性在19世纪得不到认可。美国正在扩张疆域，印第安人却很碍事。美国的天定命运，就是成为横跨北美大陆的强国。白人传递给印第安人的信息就是：要么适应，要么消亡。

在他的牧牛场上，罗斯福非常友善地对待闯入他土地的印第安人。他让他们享有与白人同等的权利，不容忍虐待印第安

---

① 赫尔曼·哈根顿：《罗斯福在恶土荒原》，纽约：霍顿·米夫林出版公司，1921年，第355页。

人的行为。实际上，他曾经帮助一位年老的印第安人找回被盗的两匹马。“嗯，嗯。”这位印第安人嘟囔着，没有和罗斯福道谢就骑马走了。

罗斯福以为事情就算完了。结果第二天，那个印第安人又来了，默默地送给他一张牛皮画，上面画着小比格霍恩河战役的场景。

在《大农场主的狩猎旅行》一书中，罗斯福的确认可了这样的观念：美国白人夺走了印第安人的土地，他们只是在反抗：

> 在过去的一个世纪，有很多关于白人夺去印第安人土地的充满情绪的胡言乱语。现在，我一刻也不打算谈论政府和个人一次又一次对印第安人所做的恶行……这时会说到残酷而鲁莽的拓荒者与阴险狡诈、复仇心强、恶魔般残忍的野蛮人的接触，然后必定引出一连串相互做出的骇人听闻的事。但是，关于夺取土地，至少从西部印第安人的角度看，真相就是白人从未真正拥有这片土地。
>
> 哪里猎物多，印第安人就去哪里狩猎，猎物移动，他们也随之迁往新的狩猎场，除非他们被强大的对手阻止……印第安人应该像白人定居者一样被平等对待，给他们每个人一块土地。假如，正如通常会发生的那样，他拒绝接受这种安排，何不让他像成千上万以打猎为生的白人猎户一样，面对同样的命运……定居点的发展已经让猎物

绝迹……[1]

但是，现在还得回来讲讲这位冒险者的故事。的确，缺少与印第安人的正面对决，狂野西部的冒险经历就不算完满。男孩子和男人们都喜欢沉浸在这种游戏带来的幻想中：以勇气和机智战胜来袭的印第安人。游戏中的印第安人都被设置成滑稽可笑的傻瓜，不会使用现代武器，不懂得战术。当然，这和事实相差甚远。印第安人了解温切斯特连发步枪的威力，会想方设法弄到这种武器。在最初面对步枪直接进攻遭遇惨败后，他们也懂得了跟白人迂回打游击战。

印第安人也理解什么叫恐怖，因此白人都怀揣毒药，宁愿自杀也不愿被逮住后遭受折磨。但对罗斯福来说，除了有一次跟梅里菲尔德外出打猎在山里遇见印第安人，还没有机会以经典牛仔的方式与印第安人发生冲突。在那张著名照片里，他那身鹿皮衣以及上膛的步枪，似乎活灵活现地诉说着他与印第安人的这次遭遇。

照片里的这个人不是准备猎杀野牛或灰熊——不，紧握温切斯特步枪、一脸威严注视前方的这个人，是在抵抗印第安人的进攻，或者至少是准备随时出击。他就是白人版本的穿鹿皮衣的印第安人——大卫·克洛科特，或山民，或者靠土地生存、以野蛮方式对抗闯入他的世界的野蛮人的那些拓荒者。

---

① 西奥多·罗斯福：《大牧场主狩猎之旅》，纽约：乔·帕·普特南森出版公司，1885年，第18页。

因此，当罗斯福外出寻找走失的马匹时，众神又一次向他微笑了。他跑到了北边，那里有一些属于他的牛在吃草。当他骑马登上一块台地时，5 个印第安人出现在他的正前方。当时，天气晴朗，天显得很空旷。印第安人都有温切斯特步枪，他们马上拔出枪来，高高举起，朝着罗斯福狂奔而来。

喊叫声就是冲着他来的。罗斯福知道逃是逃不掉了，因为他们都骑着身轻体健的快马。当他意识到自己一个人走得太远，而且一个白人一星期前刚刚被印第安人杀死，他感到了恐惧，还是兴奋呢？不太好讲，但罗斯福马上从曼尼托身上跳下来，从枪套里拔出了温切斯特步枪。

那群印第安人开始包抄过来，仍然一路高举着步枪喊叫着。罗斯福回忆说："他们一看见我，就掏出枪，全速朝我冲过来，叫喊着、抽打着马。我骑着一匹熟悉的马——曼尼托，这是一匹有经验的老马，不会惊慌失措。我立刻下马，做好射击准备。"①

他久等的那个时刻终于来到。罗斯福又一次闯进了西部神话，与野蛮人正面交锋——就像是典藏版的"水牛比尔"及其"狂野西部秀"。当然，这一幕已经在巨大的帆布帐篷马戏场里上演过几百次，专供那些闻着新鲜锯末气味、兴致勃勃的白人观众。

罗斯福此刻扮演的就是抗击红色危险的保卫者，除了保卫

---

① 《西奥多·罗斯福自传》，纽约：查尔斯·斯克里布纳尔森出版社，1921 年，第 112 页。

自己，也在捍卫这片属于自己的土地、牛群、牧牛场和生活方式。所有这一切，不是都包含在牛仔—印第安人对决的西部神话里了——进步对抗混乱、野蛮对抗道德？当然，罗斯福没空去想那么多，他正瞄准跑在中间的那位印第安人，等他们再靠近就开火。

他后来写道："这些印第安人可能只是虚张声势，并没有真正的恶意。但我不喜欢他们的行为，而且还是不放心，万一他们抓住我，抢了我的马匹和枪支，还可能杀了我。因此，我等着，直到他们距离我只有几百码时，先把领头的那个人干掉。印第安人——这种情形下，白人也一样——不会傻到朝一个头脑冷静、做好射击准备的人径直冲过去……"①

因此，罗斯福在恶土荒原上，举着温切斯特步枪，死死瞄准一个印第安人的胸膛。他正面临着毁灭——人们不禁会感慨，有朝一日会驾驶飞机或汽车的人，却在狂野西部消失前的最后一缕微光中，冷静地击退印第安人。

再过不到 20 年，莱特兄弟将实现人类第一次飞机上天的梦想，很快美国西部疆域也将封闭。罗斯福真的是一个同时脚踏原始西部和现代东部——连接两个非常不同的世界的奇人。

被烈日炙烤的方山上升起的热风，轻轻吹拂着他的帽子边缘。他能听见曼尼托的响鼻声，觉知到手指正扣着步枪扳机。

---

① 埃德蒙德·莫里斯：《西奥多·罗斯福的崛起》，纽约：兰登书屋，1979 年，第 306 页。

眼光竭力望远，罗斯福知道他至少得打死一个来犯者。

他就这样举枪站着，冷汗顺着帽带淌下来，眼睛直盯着目标。他沉浸在西部神话中，这样他将化为永恒。罗斯福多年以后这样描述那一个时刻："一瞬间，所有的印第安人都藏身马肚子旁边"，并且"5 个人都掉转了马头，往相反方向奔跑，像野鸭一样敏捷地改变了路线"。①

然后，印第安人又返回来，兜了个圈子，停了下来。当其中一个独自上前来时，罗斯福感觉出，他们是想商量什么事情。他摊开两手做出一个和平姿势，罗斯福让他走到大概距离自己 50 码的位置。这个印第安人手里挥舞一张纸，也许是一张保留地通行证。"嗨！我是好的印第安人，"他说，"嗨！"罗斯福回答道："我很高兴你是好人，但不要再靠近了。"印第安人于是向他索要一些糖或者烟草。"我都没有。"罗斯福回答道。

他写道："另一个印第安人开始悄悄向我靠近，不顾我让他保持距离的警告。于是我又拿枪开始瞄准，两个印第安人随即躲藏到马肚子旁边，一溜烟跑开了，嘴里还骂着脏话——这说明，他们至少对某方面的英语词汇很在行。"②

罗斯福骑马在草原上往回返，那几个印第安人尾随他走了足足几英里。他们最后消失在朦胧的暮色中——很像历史上的这个时刻，一个只能活在书籍中和电影中的瞬间。

---

① 《西奥多·罗斯福自传》，纽约：查尔斯·斯克里布纳尔森出版社，1921 年，第 113 页。

② 《西奥多·罗斯福自传》，纽约：查尔斯·斯克里布纳尔森出版社，1921 年，第 113 页。

泰迪·罗斯福又一次躲过了死神，而且，有幸触摸到另一艘正在消失的船的舷墙。毫无疑问，这些印第安人有能力杀死他，可他却像我们熟知的西部电影主角那样，用温切斯特步枪和他的巨大勇气赶走了充满恶意的野蛮人。“水牛比尔”在到处巡演的“狂野西部秀”里所能表达的也不过如此：给神经衰弱的观众展示一个印第安人永远是胆小鬼、牛仔永远取得最后胜利的世界。

第 28 章　恋爱的牛仔（1886 年）

如果把罗斯福的话当真，人们会相信，他将扎根西部荒野，终生以放牧为职业追求。但是，罗斯福的公开言论和他的私人行为之间经常存在差异。

在 1885 年春天，罗斯福返回了纽约，同他年少时的心上人伊迪丝 · 卡罗（Edith Carow）秘密订婚。这件事发生在爱丽丝 · 李逝世一年半以后。

伊迪丝 · 卡罗和泰迪 · 罗斯福来自同一个社会阶层。罗斯福还是小孩子时，她就经常到他家里做客。两人经常一起玩，都喜欢读书。大家都以为她俩肯定终成眷属。

不料情况生变。“伊迪丝 · 卡罗 17 岁生日的时候，我给她送了一个薄纱的袋子作为礼物。”[①] 8 月 22 日，罗斯福骑马外出“狂奔”了一天，然后和伊迪丝 · 卡罗开始了一段帆船旅行。再后来，“伊迪丝跟我去了趟河畔避暑别墅”。

然后呢，他的日记里不再提及她。情况有变化了——也许，两人的关系没有朝着他希望的方向发展，他的日记从此对

① 埃德蒙德 · 莫里斯：《西奥多 · 罗斯福的崛起》，纽约：兰登书屋，1979 年，第 74 页。

这段恋情保持沉默；也许，两人曾经有过山盟海誓，但后来其中一方反悔了。不管怎样，伊迪丝淡出了，罗斯福遇到了爱丽丝·李。

“只要我还活着，就永远不会忘记，她的容颜多么妩媚，她待我有多么温柔。”①

“机智”、“可爱”而“阳光”的爱丽丝·哈撒韦·李，彻底征服了泰迪·罗斯福。

罗斯福最后一次提及伊迪丝·卡罗，是他让朋友带话给她：“告诉她，我希望在圣诞节而不是休息日见到她。”②显然，两人之间发生了冲突，伊迪丝·卡罗把罗斯福送进了爱丽丝·李的怀抱。

如今，罗斯福又回到了麦迪逊大道422号，在他打开房门时，伊迪丝正好从里面出来。自从妻子去世，以及后来去西部，罗斯福都一直回避跟伊迪丝见面。伊迪丝的家族在1880年代开始衰落。跟很多不顾衰败仍然虚摆场面的大家族一样，伊迪丝一家仍然竭力攀附原来的阶层以维持其社会地位。

她和罗斯福的姐姐柯莲娜仍然关系亲密。她父亲已经去世，她母亲和妹妹旅居欧洲。正在这个节骨眼上，西奥多·罗斯福从西部荒野回来了。这时的伊迪丝已24岁，在当时算是“老姑娘”了。在罗斯福眼中，正处于生命巅峰的伊迪丝，体

---

① 埃德蒙德·莫里斯：《西奥多·罗斯福的崛起》，纽约：兰登书屋，1979年，第80页。

② 埃德蒙德·莫里斯：《西奥多·罗斯福的崛起》，纽约：兰登书屋，1979年，第82页。

态相当优美，而且善解人意。[①]

伊迪丝几乎不敢相信眼前这个人就是罗斯福。西奥多以前很瘦弱，由于患有哮喘，他总是显得面色苍白，好像随时可能从皮囊里蹦出来。而此刻，站在伊迪丝面前的，是一位皮肤黝黑、留着平头、蓄着胡须、胸膛宽厚、臂膀粗壮，无论动作和讲话都透着威严的男子。

在他位于纽约富人区的家中凝视她的，是完完全全不同的一个人。这是一位牛仔。伊迪丝对罗斯福还心存芥蒂，毕竟他另择新欢，让她伤心欲绝。

多年以后，伊迪丝坚持说，她一直认为自己是罗斯福的最佳选择。她有着桀骜不驯的蓝色眼睛，这也许是两人当年不欢而散的一个因素。经过西部荒野的磨砺，如今的罗斯福跟伊迪丝可谓是棋逢对手了。

没人知道他俩之间究竟发生了什么。此后他们又多次会面。但一直到 1886 年 11 月 17 日，他俩才正式承认订婚。没有公开宣布订婚这一做法，似乎可以让人一窥当时罗斯福的内心世界。

罗斯福的妻子去世还不到两年，他居然跟另一个女人订婚了！对于把他视为道德力量的选民来说，这无疑是相当尴尬的一件事情。

虽然订婚的消息推迟了一年才公布，这个婚约透露出的信

---

① 埃德蒙德·莫里斯：《西奥多·罗斯福的崛起》，纽约：兰登书屋，1979 年，第 82 页。

息却很清晰：罗斯福在西部荒野的冒险生活必须画上句号了。

西部荒野让一个男人重获爱的能力，这是很值得赞叹的事情，但更加明显的一点是：这个历经磨砺的牛仔，不光从肉体上改变了，内心也改变了，不再是伊迪丝当年熟悉的那个人了。

也许罗斯福自己并不清楚这种联系，但他的确已经从母亲和妻子去世的阴影里走出来了。

在充满冰火煎熬的、地狱一般残酷的恶土荒原的某个地方，一个男子脱胎换骨，重获爱的能力，更重要的是，具备了创造未来的能力。

伊迪丝不会喜欢恶土荒原的生活。她是典型的维多利亚时代的女性，不喜欢任何事情做得太过——无论是宴饮、咒诅、性事（当然包括这个），还是行为举止；而西部荒野的生活方式恰恰与此相悖。

她是一个极为注重隐私的人，会定期焚毁信件，尤其是她跟罗斯福之间的往来情书——这对于历史学者们而言真是一个噩梦。

在伊迪丝·卡罗的世界里，这位牛仔将不得不把他的马具束之高阁。罗斯福对此一定很明白，但他没有料到，恶土荒原将会替他做出人生的决定。

第 29 章　正午时刻（1886 年）

加里·库柏（Gary Cooper）在美国西部片《正午》（*High Noon*）中成功塑造了一个令人难忘的形象：一名男子在一条布满灰尘的街道上独自应对一帮恶徒的攻击。他就是正义的代言人。他就是小镇警长。

这位颇有偶像气质的警长形象，和牛仔以及印第安人一样，都是美国西部神话的组成部分。西部荒野之所以狂野就因为那里地广人稀、法纪松弛。

很多西部小镇，比如小密苏里和梅多拉，根本没有法律可言。法律远在 150 英里以外的地方，而且只在小镇发生警情时才会来人。等执法者大老远赶过来，争端通常已经以某种方式得到解决。

因此，小镇上唯一的执法者就是警长——一个具有道德和法律权威的人，和他所掌握的监狱、左轮手枪以及温彻斯特步枪。

一般在小镇上还有一位执法助理，他们没有正式的委任书，真实身份通常是铁匠，甚至是酒鬼。

巴尼·法伊夫（Barney Fife）也许是一个过于夸张的美国喜剧电视片角色，但也并非完全是一个胡编滥造的人物形象。只有警长可以执法，而在西部狂野的小镇上执法很需要胆量。

警长通常是单枪匹马去执法。偶尔会有“民防团”这种临时组织来协助警长行使其职能。民防团通常由牧场工人组成，捉拿盗马贼或偷牛贼关系到这些人的切身利益。

有时候，民防团的成员就是些嗜血成性的人，他们可能在很多执法行动中都抓错了人。警长才是真正的责任人。只有通过他的道德节操，正义才能伸张，歹徒才能伏法。

警长这种角色对罗斯福有巨大的吸引力，因为他自己就是一个能在道德热忱驱使下完成正义事业的人。

从他后来的“大棒外交政策”中，人们也能看出，这位西部小镇上咋咋呼呼的“新任警长”，正鼓动其他国家一起来维护世界正义。

罗斯福把美国视为一个由不同国家组成的社群当中的那位警长，并且通过派遣美国的强大海军舰队到世界各地巡航，来确保“警长”具备足够的武力威慑。

“温言在口，大棒在手”的罗斯福外交政策，也完全可以是狂野西部中小镇警长的座右铭。而对于罗斯福，想在西部拿起他的大棒，就必须让自己成为法律的长臂。具有讽刺意味的是，在那个以马匹为主要交通工具的年代，却是一条小船让他的梦想得以实现。

罗斯福在 1886 年春天来到西部荒野。他在写给姐姐的信里透露了关于恶土荒原的一些内幕：

我来这里以后一切都还行，出了火车站就有人接我；我很高兴再次见到这些高大、健壮、留着胡子的伙计们，而他们同样发自内心地欢迎我。

乔·费里斯已经成家了，他们两口子让我在小镇上度过了一个非常舒适的夜晚。翌日，我发现地上大雪覆盖。

我们在雪中艰难前行，终于在太阳落山后很久，才到达那个牧场，那时候周围的景物都笼罩在满月的清辉里。

房子前面矗立着一道冰雪的峡谷，庞大的冰块垂挂下来，快逼近我们的大门了。

马是完全没法通行的。我们幸好还有一条船，尽管这样，我们把它抬到水里也费了老劲，我们就像极地探险者一样忙活。①

罗斯福意识到，他必须走出牧场，让斯沃尔和道有事儿做。这里的冬天异常严酷，工人很可能轻易就毁约走人。因此，他能够在漫长的严冬找到有干劲的工人，这已经算很幸运了。

小密苏里河水位通常都很低。牛仔们可以直接骑马通过而皮靴不湿；如果河面结冰，他们更可随心所欲地骑马而过。

但是，春天的河水开始融化，水位随之上升，水流变得湍急。要不是有河边长势繁茂的棉白杨阻挡，罗斯福的木房子都

① 赫尔曼·哈根顿：《罗斯福在恶土荒原》，纽约：霍顿·米夫林出版公司，1921年，第365页。

可能遭到冲刷。

埃尔克霍恩牧场是这片地方为数不多的拥有船只者之一。河的中心部分有水流动，但是马却跨不过去。

因此，船只成了无价之宝。罗斯福打算去猎捕美洲狮，这条船能派上用场。

斯沃尔本来把小船系在一棵树上，以防河水把它冲走。第二天早晨，他手里拿着一条绳子和一只手套来见罗斯福。

“我猜想，我们今天走不了啦！”斯沃尔说。[①]罗斯福瞪了一眼被小刀割断的绳子和那只红色手套。

“有人把我们的船划走了！”罗斯福嚷道。他非常气愤，甚至想骑上叫玛尼托的马亲自去追赶那帮盗船贼。

斯沃尔指出，河流结冰了，追赶是徒劳的。罗斯福永远也追不上驾船顺流而下的那些贼人。

唯一可行的做法，是打造一艘平底驳船，然后驾驶它去追赶盗船贼。罗斯福认可了这个建议，就让斯沃尔等去置办造船所需的原材料。

这时候，人们很难理解，为什么罗斯福要去冰天雪地里追捕盗贼？不就是一艘小船嘛。然而，凭借小密苏里畜牧业者协会主席这个身份，罗斯福事实上已经成为一名非正式的代理警长。这个协会其实是某种意义上的治安组织。

除了对于协会的责任与义务，罗斯福认为，这种盗船行径

---

① 赫尔曼·哈根顿：《罗斯福在恶土荒原》，纽约：霍顿·米夫林出版公司，1921年，第367页。

也违反了他以及其他在西部奋斗的人们所共同遵循的一个深刻的道德准则。

这个道德准则赋予人们一种绞死盗贼或枪杀歹徒以自卫的权利。后来，人们把这种道德准则称为人们在日常生活中必须遵守的“荣誉体系”。

预科学校使用一种类似的系统，让学生们学会珍视荣誉，不在考试中作弊，或者敢于承认错误。

罗斯福认为西部社会也必须遵循这样的准则。人们按照这一准则去生活，该准则必须得到严格维护。而且，他对是谁偷走了那条船心里有数。

带头偷走小船的那个贼名叫“红头发”芬尼根；这个名字用在一个狂野西部的恶棍身上再贴切不过了。

他还有两个酷似西部片中的社会边缘人的帮凶——一个是（白人和美洲土著人的）混血儿伯恩斯底德（Burnsteed）；另一个是傻瓜蒲法芬巴赫（Pfaffenbach）。

人们一直怀疑，留着红色长发的芬尼根在干偷牛的勾当和其他违法活动。

畜牧业者协会早就想除掉他，有人已经在讨论将他以私刑处死。

在此之前，芬尼根就曾犯过事：有一次喝得大醉，酒醒之后，拔枪在小镇上撒泼，打伤了好几个人，差点闹出人命来。

总之，在罗斯福看来，芬尼根这帮人就是西部的害群之马，已经没有资格继续在此存在。

罗斯福搜查了芬尼根的窝棚后，得出一个结论：这三个人在义务警员们采取行动的威胁迫近时，居然仓皇出逃了。

而罗斯福的小船成了他们的绝佳逃跑工具。对这位小密苏里新任代理警长不利的情况是，天气正变得越来越糟糕。

罗斯福一边等待斯沃尔和道造船；一边动手写一本关于密苏里籍参议员托马斯·哈特·本顿（Thomas Hart Benton）的新书。

在写给好友亨利·卡博特·洛奇的信中，罗斯福写道："目前，我们被暴风雪困住了。

"一旦天气转好，我要带两个伙计坐上我们室内在建的小船，去追捕前一段时间在晚上偷了我们的船出逃的一帮盗马贼。可是，他们老早就动身了，我们能追赶上的几率不大。"①

当然，罗斯福决意去追赶歹徒的另一个原因，是认为这是他生命中的那个终极冒险。

他读过很多小说，也听过不少关于勇敢者追捕歹徒，并将他们绳之以法的故事。

甚至"水牛比尔"也在演出中，头戴白色牛仔帽、骑着大白马，再现这种传奇故事。他扮演的牛仔象征着正义、进步与文明。印第安人和亡命之徒则代表着那片未开垦的处女地的黑暗面。

因此，尽管屋外暴风雪肆虐，罗斯福还有心情写书，还给

① 赫尔曼·哈根顿：《罗斯福在恶土荒原》，纽约：霍顿·米夫林出版公司，1921 年，第 372 页。

姐姐写了一封信：

> 再过一两天，当天气稍微变得柔和点儿，我估计我们可以乘船顺河而下到达曼丹镇。这次航行可能需要一周或者 10 天，大概这样子。那一定很好玩儿。
>
> 这个夏天我在牧场的生活将不会是一场冒险，也不会令人兴奋；我的工作主要还是督促工人干活。[①]

这次，罗斯福写信的语调跟前几次迥然不同，他甚至写道："这里的生活已经安顿下来，回复到一种单调乏味的轨道上。"[②]

罗斯福在信中谈及恶土荒原时的这番措辞让人颇感意外；现在，他的生命中有了牵挂，这让一切发生了转变。

然而，他仍然有机会经历一次冒险，平底船马上就造好了。

3 月 30 日，暴风雪开始减弱，罗斯福于是带着斯沃尔和道乘船出发，打算把不法之徒绳之以法——或者，至少把丢失的船追回来。

斯沃尔和道的妻子一直目送小船远去。她们感到忧虑。气温又下降了，北达科他地区印第安人又很多；这三个人也很容易在没有树木、风力强劲的恶土荒原上冻死。

---

① 赫尔曼·哈根顿：《罗斯福在恶土荒原》，纽约：霍顿·米夫林出版公司，1921 年，第 372 页。

② 赫尔曼·哈根顿：《罗斯福在恶土荒原》，纽约：霍顿·米夫林出版公司，1921 年，第 372 页。

罗斯福随身携带了书籍，包括托尔斯泰的《安娜·卡列尼娜》；还带了照相机，惦记着将来把冒险经历写出来出书。

他当然知道这是一场大冒险，因此身为作家，他多留了一个心眼。

斯沃尔负责掌舵，道负责撑船和警戒，罗斯福则猫在野牛皮袍子底下，看着河岸上一闪而过的那些冰块。

四周的风景很淳朴，活像冰河世纪：到处有小山丘挺立，山脚下是冰雪镶嵌的煤炭矿脉，红色火焰在幽暗中跳跃。

寒风顺着小密苏里河吹来，他们坐着小船迎风而上。

“我们可能会一整天都这么迎着寒风。”道一边说着，一边撑起船篙，让船头远离冰冻层。

“不会这么惨吧，”斯沃尔说，“除非这是达科他地区最变态的风。”

他们像驾驭独木舟的原始人一样沿着河流行进，小心翼翼地将船航行在河的中心地带，尽量远离两岸的冰雪堆积物。

寒风实在厉害，三人很快就冻得鼻子和脸颊彤红。“这的确是达科他最变态的寒风。”斯沃尔哆嗦着说。

这时候，罗斯福正在读托尔斯泰，他决心“尽可能利用好这段时光。”[①] 而这又一次显示他在狂野西部的冒险完结之前放手一搏的决心。

他发现，冰冻的起伏绵延的风景，正从红色渐变为紫色。

---

① 埃德蒙德·莫里斯：《西奥多·罗斯福的崛起》，纽约：兰登书屋，1979年，第319页。

他后来写道："河流频繁改变方向，水流在冲积平原低洼处穿行，然后从一座座荒凉小丘旁流淌过……我们头上方经常会有冰块掉落，在河水中激起浪花，发出沉闷的声音，仿佛有某种巨型怪兽在往河水里跳。"① 气温远在零度以下，狂风一直在呼啸。

"下午的时候，有一只翅膀尖尖的水鸟从船的前方飞越河流。我们开枪把它打下来，并把船停靠在河边。我们还抓到两只，它们本来栖息在掉光了树叶的棉白杨上面。"

"我们就把这三只鸟当晚饭吃了。没过多久，天气变得愈加寒冷，于是我们各自蜷缩在皮袍子里或毯子里，很快都呼呼大睡起来。"②

第二天早晨，荒原上的气温变得更低了。罗斯福和两位帮手捕猎了一头鹿，然后继续划船前行。

河上的冰很厚，船行驶迟缓。他写道："天气更冷了。有一段时间，我们都冻得不想说话，只是呆呆地划船。直到过了正午，阳光照下来，我们才感觉血液是暖和的。"③

船经过一处河岸时，他们发现了一些印第安人废弃的圆锥形帐篷；这是他们出发以来，在这片荒原上所见的唯一人类居住过的痕迹。印第安部落应该离这里不远。

---

① 西奥多·罗斯福：《牧场生活与狩猎之道》，纽约：百年出版公司，1899年，第116—18页。

② 西奥多·罗斯福：《牧场生活与狩猎之道》，纽约：百年出版公司，1899年，第116—18页。

③ 西奥多·罗斯福：《牧场生活与狩猎之道》，纽约：百年出版公司，1899年，第116—18页。

三个人在一道冰冻的沙堤处停船，然后吃了一顿午饭；“一顿简单得不能再简单的午餐：用一截漂浮木煮的茶、烤的培根。”

然后，三人继续辛苦地前进。寒风将那艘小船推来搡去，冰雪飞扬让他们痛苦难耐。

即便太阳出来了，船篙上的水还是会冻成冰。他们只好停下来宿营，再次以水鸟当晚饭。

第二天清晨，河上的冰层冻结得更厚了，他们不得不推迟几个小时才出发。他们捕到一头鹿，于是生起火烤熟吃了。

他们好容易熬到可以出发了。那些亡命之徒比他们先走了6天，罗斯福开始怀疑能否追得上。但此时，他仍不忘四处张望，对沿途所见的景致充满惊奇。

“我们时不时会经过两边都是悬崖的河段，河谷在此变成大约两英里多长的椭圆形宽阔地带，沿着河道两边的悬崖峭壁，延伸到我们目力所及的尽头……”①

三人从埃尔克霍恩牧场出发，已经足足在河上漂流了一百多英里。他们已经受够了严寒的欺凌。

那帮亡命之徒也许早就从河上逃走了，选择了一条跟他们不同的路径，鬼才知道那是什么路径。

唯一合乎逻辑的路径，就是顺流而下。他们静静地在船上待着，罗斯福围着野牛皮袍，端坐在船的中部，他的一根手指头按着书页，起着书签的作用。正当他低头看书时，船绕过一

① 西奥多·罗斯福：《牧场生活与狩猎之道》，纽约：百年出版公司，1899年，第116页。

个冰冻的河湾。斯沃尔突然惊呼："船在那儿！快拿枪！"[①]

那艘被盗的船就停泊在河的右岸，河岸深处的树林中有蓝色的轻烟。

很显然，那三个亡命之徒认为不会有人跟踪（谁会在如此的恶劣天气里跟踪他们呢？），因此他们停下来打猎、扎营，想啥时候走就啥时候走。

罗斯福等人终于追上了早六天出发、满以为万事大吉的这帮亡命之徒。

而紧追不舍的罗斯福警长可不这么认为，正如他后来写道："篝火燃烧的烟尘，从距我们较远的矮树林后升起，在寒冷的空气中盘桓……

"我们迅速脱下外套，简单地合计了一番之后，赶紧把船悄悄靠向河岸。

"船刚挨到结冰的河岸，我就纵身跳上岸，冲过灌木丛，给系好船上岸的伙计们打掩护。

"有一阵子，我们感到格外兴奋。当我们小心翼翼地朝篝火爬过去时，浑身真有那种血脉贲张的感觉。"[②]

罗斯福等人的行动充满了危险。因为芬尼根一向是以先开枪再搭话的行事风格而闻名于西部。而且，罗斯福等人并非严格意义上的执法者，因此这些持枪追捕的人很可能遭遇他的

---

① 赫尔曼·哈根顿：《罗斯福在恶土荒原》，纽约：霍顿·米夫林出版公司，1921 年，第 374 页。

② 埃德蒙德·莫里斯：《西奥多·罗斯福的崛起》，纽约：兰登书屋，1979 年，第 321 页。

反抗。

斯沃尔后来在写给哥哥的信中说："那次追击行动相当搞笑，因为那三个盗贼中，有一个人绰号叫'很硬的硬座车票'。此人也是一位神枪手。假如当时他藏在灌木丛里，并且先发现了我们，那肯定对我们非常不利。"[①]

罗斯福及其随从很幸运，因为没人在那艘船附近把守。于是，他们神不知鬼不觉摸过灌木丛，只见有一个人守着那堆篝火，身旁放着几条枪。此人是傻瓜蒲法芬巴赫。斯沃尔后来将他描绘成"一个因喝了过多劣质威士忌酒而丧失大部分智力的老家伙"[②]。

但是，罗斯福对此并不知情。他看见这个人手上没有拿枪，于是猛地冲出灌木丛，用步枪瞄准了他。

"举起手来！"[③]

蒲法芬巴赫把双手高举过头。罗斯福等人先搜了他的身，然后缴了他的枪支和刀具，并警告说，如果老老实实就啥事也没有；如果敢反抗，就立马干掉他。

蒲法芬巴赫表示顺从。罗斯福追忆这一过程时，描写得比较平淡。"我们的追捕行动，完全出乎那帮亡命之徒的意料。当时只有那个德国佬在看守营地，武器放在地上。当然，他马

① 赫尔曼·哈根顿：《罗斯福在恶土荒原》，纽约：霍顿·米夫林出版公司，1921 年，第 374 页。

② 赫尔曼·哈根顿：《罗斯福在恶土荒原》，纽约：霍顿·米夫林出版公司，1921 年，第 375 页。

③ 赫尔曼·哈根顿：《罗斯福在恶土荒原》，纽约：霍顿·米夫林出版公司，1921 年，第 375 页。

上就投降了，而他的同伙们外出打猎了。我们把他完全控制住，留一个人看着他，不让他发出声音，然后我们坐下来，等着抓捕另外几个。”[①]

当时的实际情况怎样呢？的确，这些人是“不法之徒”，因为他们偷了罗斯福的船，涉嫌偷牛，还在小镇上开枪伤人，但罗斯福是在玩一个危险的游戏——大家都有枪这个事实，让游戏变得相当致命。

假如那个德国佬反抗，罗斯福肯定毙了他。既然那个德国人是个傻瓜，难道不是也很容易误解端着枪冲来的这帮人的动机吗？

然而，当时在罗斯福的头脑里，西部神话的执念占了上风。西奥多·罗斯福正处于那个神话的中心，以一个捍卫公平与正义的警长形象出现。而此刻，罗斯福等人等待抓捕的芬尼根，真的是一个危险分子。

芬尼根等人出去狩猎了，这意味着，这帮亡命之徒相信，他们很安全。斯沃尔看守着俘虏，罗斯福和道埋伏在岸边等着他们。

斯沃尔在给哥哥的信中回忆了当时的情形：

> 威尔和我一直在观察和聆听，我们的视力都比罗斯福好。威尔趴在罗斯福右边，我在左边。

① 埃德蒙德·莫里斯：《西奥多·罗斯福的崛起》，纽约：兰登书屋，1979 年，第 322 页。

罗斯福准备起身命令歹徒把手举起来，威尔和我则端着填满大粒散弹的双筒猎枪——一旦歹徒动枪我们就开始射击。

这个活儿太惊险了。对付这样的恶徒丝毫不敢马虎。一旦砍杀起来，我们得抢先动手。[①]

大约再过一小时太阳就落山了。这时，罗斯福听见远处传来脚步声，不过这帮人似乎是在朝着河边走去。

“我们抓不到他们了，”罗斯福小声说道，“他们不回营地了。”[②]

“我想，”斯沃尔回答，“他们是在寻找营地的烟火。”这时，那两个歹徒已经穿过灌木丛，径直朝罗斯福等人的藏身之处走来。

当罗斯福猛然站起，步枪瞄准了芬尼根时，紧张得能听见自己的心跳。

罗斯福后来写道：“我们老远就听见了他们，并做好了准备，注视着他们向我们走来，足足有好几分钟。他们肩扛猎枪，枪筒在夕阳中闪亮。当他们距离我们不到 20 码时，我们从灌木丛后一跃而起，用子弹上膛的枪对着他们，与此同时我向他们大喊：举起手来！……”[③]

---

① 赫尔曼·哈根顿：《罗斯福在恶土荒原》，纽约：霍顿·米夫林出版公司，1921 年，第 376 页。

② 赫尔曼·哈根顿：《罗斯福在恶土荒原》，纽约：霍顿·米夫林出版公司，1921 年，第 376 页。

③ 埃德蒙德·莫里斯：《西奥多·罗斯福的崛起》，纽约：兰登书屋，1979 年，第 322 页。

傻瓜蒲法芬巴赫一听见“举起手来”，就“双膝发抖，仿佛它们是鲸须做成的”，但可以预料芬尼根会有不同的想法。[①]

他并未马上把枪放下，而是在猜测这个戴着厚厚眼镜的男子是否能够射中他。

罗斯福跨步上前。“我朝前走了几步，用枪瞄准他的胸膛，这样就可避免多次射击或重复发出命令。他一看没戏了，只好认输，扔掉枪，举起了双手。”[②]

罗斯福对事件经过的讲述很有趣，就跟他描述狩猎经历时一样，同样会算计“不重复射击浪费子弹”，不论射击对象是灰熊、野牛，还是人。罗斯福是猎杀动物的好手，这种技艺让他杀人易如反掌。芬尼根缴枪投降是明智之举。

罗斯福等人对这帮歹徒进行了搜身，收缴了他们的武器。“如果你们保持安静，”罗斯福警告他们说，“也不试图逃跑，就啥事也没有。如果不老实，就杀了你们。”[③]

他们的话是真实的。道告诉斯沃尔，双筒散弹猎枪有时会走火。斯沃尔说：“我得小心点儿。如果走火，倒霉的首先是我，而不是他们。”[④]

现在，警长把匪首及其走狗都抓到了，接下来的难题是：

---

① 埃德蒙德·莫里斯：《西奥多·罗斯福的崛起》，纽约：兰登书屋，1979年，第322页。

② 埃德蒙德·莫里斯：《西奥多·罗斯福的崛起》，纽约：兰登书屋，1979年，第322页。

③ 赫尔曼·哈根顿：《罗斯福在恶土荒原》，纽约：霍顿·米夫林出版公司，1921年，第377页。

④ 赫尔曼·哈根顿：《罗斯福在恶土荒原》，纽约：霍顿·米夫林出版公司，1921年，第377页。

怎么处置他们？如果将他们捆绑起来，他们的手脚一定会在严寒中冻坏。罗斯福想出了一招：脱了这帮亡命之徒的靴子，把脚塞在野牛皮袍子里。他们这下子没法逃跑了。罗斯福必须认真考虑如何将他们绳之以法。乘船逆流而上是不可能的了。沿着冰冻的河道顺流而下去曼丹的话，有150英里的航程。大家得吃饭，而船上存的口粮已所剩无几。

更好的办法是把他们就地枪毙，或者把他们扔下，而将武器和交通工具带走——这跟把他们射杀在荒凉的恶土荒原没有区别。

还有一个办法，就是押解他们顺流而下，在冰河上经历一番艰险。罗斯福就是罗斯福，他决定就这么干。

毕竟，代理警长的职责就是将嫌犯缉拿归案。这样一来，狂野西部的神话才更为完满，执法者的道德信仰才得以维护。

无论如何，罗斯福准备乘船破冰前行，将芬尼根及其同伙绳之以法。

第 30 章　罗斯福警长（1886 年）

到现在，连睡觉都成问题了。有人不得不熬夜盯着这些嫌犯，因为不能将他们捆起来。这就意味着，在寒冷的夜晚必须有一个人持枪坐着，既不能打瞌睡，还得保卫睡觉的同伴。

罗斯福负责最早的夜间警戒任务。“我们决定，每个人值守半个晚上的时间，这样每一个人可以每三天睡一次整觉。

“我第一个担任夜间值守员，我的两个同伴把手枪放在头前，裹着毯子面朝火堆躺着。他们对面躺着的，是那三个嫌犯。我呢，戴着皮帽子、长手套，穿着皮大衣，坐在距离火光较远的地方……

“这次夜间值守，我们用的都是填满大粒散弹的双筒猎枪，因为在黑夜中步枪很难发挥效力……唯一的危险，是在暗夜中静静地端坐，为睡得一动不动的人们担任警戒时，那种极端的单调乏味感。”①

接下来的 8 天里，他们将经历寒冷而持续的辛劳。罗斯福写道：“将警长与极地探险者的角色结合在一起，毫无乐趣

---

① 埃德蒙德·莫里斯：《西奥多·罗斯福的崛起》，纽约：兰登书屋，1979 年，第 322 页。

可言。”[1]

他们开始顺流而下，但很快速度放慢，最终因冰块堵塞河道而陷于停顿。

他们爬上岸，翻过一座小山丘，情绪低落，因为“就我们所能观察到的情况而言，这条河已经被黑色的冰块堵死了。巨大的牛轭湖已经形成，我们的船还处在堵塞地带的起点”[2]。

他们不能往上游进发，也不能经由陆路。“我们毫无选择，只能下船扎营，开会商讨对策。”[3]

大家认为，别无选择，只能等浮冰融化了再出发。冰正在融化，只是速度还不够快。

罗斯福和他的捕手们不得不在冻冰的缝隙里寻找前进的水路，希望河水一直保持流动，好让他们不至于饿死。在一艘毫无遮拦的小船上，与冻冰搏斗八天八夜，对于这 6 个人来说太艰难了。

“天气一直非常冷。在夜间，提水桶里的水会冻硬。整个河面都会结冰，两岸都是厚厚的冰层。轮廓清晰的、冰冷的太阳带给我们的温暖非常微弱，在正午之前河里的冰块根本不融化。”[4]

---

① 埃德蒙德·莫里斯：《西奥多·罗斯福的崛起》，纽约：兰登书屋，1979 年，第 323 页。

② 埃德蒙德·莫里斯：《西奥多·罗斯福的崛起》，纽约：兰登书屋，1979 年，第 322 页。

③ 埃德蒙德·莫里斯：《西奥多·罗斯福的崛起》，纽约：兰登书屋，1979 年，第 322 页。

④ 埃德蒙德·莫里斯：《西奥多·罗斯福的崛起》，纽约：兰登书屋，1979 年，第 322 页。

每天，河里的冰会移动一点儿，罗斯福等人小心翼翼用长篙撑船前行，同时还不能放松对芬尼根及其同伙的警惕。

有时，在冰层堵塞地带的边缘处，会有融化的水形成流水。这些快速流动的冰水径直冲向冰冻层的下方。这股流水对行驶的小船非常危险。

罗斯福后来写道："有一次，我们行驶到一个大拐角处，由于离冰堆太近，船差点儿被卷到冻冰下方去。水流太急了，容不得反应，我们无法把船拖上冰层形成的陡峭河岸……只能用缆绳将船系稳，用力拽着它长达两三个小时……"①

罗斯福在日记里记录了这一段走走停停的行船历程：

4 月 1 日：抓到三个盗船贼。

4 月 2 日：押解嫌犯前进，直到遭遇冰塞受阻 .

4 月 3 日：遭遇冰塞受阻。

4 月 4 日：遭遇冰塞受阻。

4 月 5 日：艰难前行数英里，又遭遇冰塞受阻。

4 月 6 日：艰难前行数英里，到达冰塞地带的边缘。②

一路上，他们还需要提防印第安人的袭击；不得不扎营，努力寻找猎物，这就意味着他们需要生火。

罗斯福后来写道："在途经印第安人聚居地时，我们不得不格外小心。我们顺利通过了喧鸻岭（Killdeer Mountains）——

① 西奥多·罗斯福：《牧场生活与狩猎之道》，纽约：百年出版公司，1899 年，第 123 页。

② 赫尔曼·哈根顿：《罗斯福在恶土荒原》，纽约：霍顿·米夫林出版公司，1921 年，第 379 页。

我认识的一些牛仔曾经在那里遭遇一帮苏族印第安人，也有人说是提顿族印第安人。”[1]

食物逐渐不够吃了。他们原本只准备了3个人的口粮，而现在船上有6个人。更糟糕的是，印第安人最近搞了一次大型围猎，把河岸附近的猎物都赶跑了。

他们很快就沦落到只能吃面粉未经发酵制成的面包的地步。和面粉的水，只能是河里的脏水。而在这种艰苦环境中，罗斯福居然还有心情探讨托尔斯泰的《安娜·卡列尼娜》：“我所处的灰暗环境与托尔斯泰的作品恰好形成一种和谐的互补。”[2]

罗斯福的生活中有太多的不协调。这个人在恶土荒原上抓捕了三个坏蛋，然后押解他们在大冬天顺小密苏里河而下。途中遭遇浮冰拦路，随时有被印第安人袭击或者冻死、饿死等诸多危险。这个人并非真的代理警长，而是东部一个显赫家族的阔少，自我放逐于此而成为牛仔。眼下，他的船上押解着三名一脸凶相的不法之徒，与此同时，他还在读着托尔斯泰的名著。这不是冒险，又是什么？

罗斯福还给姐姐科琳娜写信评论这本书：“我简直不知道应该叫它一本好书，还是一本坏书……托尔斯泰确实是一位伟大作家。你注意到了吗，他从不评论书中人物的行为。”[3]

---

① 赫尔曼·哈根顿：《罗斯福在恶土荒原》，纽约：霍顿·米夫林出版公司，1921年，第124页。

② 埃德蒙德·莫里斯：《西奥多·罗斯福的崛起》，纽约：兰登书屋，1979年，第323页。

③ 埃德蒙德·莫里斯：《西奥多·罗斯福的崛起》，纽约：兰登书屋，1979年，第323页。

罗斯福的评论内容涉猎颇广，这显示出他生活在两个互补的世界里——一个是行动的世界；一个是思想的世界。

他真是一个博学的人。假如有印第安人从悬崖上俯视这两艘漂流在河中的小船，会看到三个人在船舱里缩成一团，另外两个人在撑船并警戒，还有一个人安然坐在中间，戴着眼镜埋头读书。

另一个敌人是单调乏味、无聊和疲乏。每一个夜晚都得有一个人彻夜醒着，负责警戒任务。

“有人负责夜间值守，危险因素就很少了。三个嫌犯也熟悉了我们的脾气，如有任何伺机逃跑的企图，都会落得被射杀的下场。”①

但是，这样的日日夜夜让他们备受煎熬。绵延不断的山丘和山谷，“荒凉、裸露、一直横亘在眼前……颜色暗淡的河里，涡流变成黄色的泡沫，在永远都是冻土或冻冰的河岸之间翻滚、漂移。”②

船上储备的面粉快吃完了，大家开了一次会。“我们不能打死他们，”罗斯福说，“但我们也喂不饱他们。看来，只能放他们走。”③

斯沃尔表示不同意。“面粉还够吃一两天……要知道，惩

---

① 《西奥多·罗斯福自传》，纽约：查尔斯·斯克里布纳尔森出版社，1921 年，第 131 页。

② 西奥多·罗斯福：《牧场生活与狩猎之道》，纽约：百年出版公司，1899 年，第 25 页。

③ 赫尔曼·哈根顿：《罗斯福在恶土荒原》，纽约：霍顿·米夫林出版公司，1921 年，第 380 页。

罚自己，就是惩罚盗贼。”“没错！”罗斯福说，“那么，继续押着他们吧。”正如通常会发生在嫌犯和捕手之间的故事那样，这一群人开始变成了朋友。

芬尼根甚至对罗斯福说：“如果我有一点儿不老实，你肯定不得不对我动手，罗斯福先生。但是，逃跑一点儿用也没有，这不会伤及别人，对我自己却是死路一条。”①

罗斯福大笑起来。但处境不容乐观，他必须想出对策来。按照目前的情况，在船抵达目的地之前，他们不可能不挨饿。

他们最后决定上岸寻找最近的牧场。斯沃尔第二天爬上一侧的河岸徒步去找牧场，罗斯福和道爬上另一侧的河岸去搜寻。

罗斯福终于发现隶属于“钻石 C 牧场”的一处偏僻的营地，并在那里买到一匹马。他骑马继续往前，又在喧鸻岭的附近找到一个牧场。

罗斯福在那里雇了一位农夫驾驶一辆草原篷车，运送生活必需品到河边的营地。斯沃尔和道以及三名嫌犯正等在那里。

“我租到一辆巨大的草原篷车，还有两头强壮的矮种野马，并雇了一名粗犷的、上了年纪的平原居民帮我驾车。他显然很不理解，我为什么费这么大劲，而不把盗贼就地绞死。”②

这种做法背后的逻辑是这样的：在 19 世纪 80 年代，偷盗

---

① 赫尔曼·哈根顿：《罗斯福在恶土荒原》，纽约：霍顿·米夫林出版公司，1921 年，第 380 页。

② 西奥多·罗斯福：《牧场生活与狩猎之道》，纽约：百年出版公司，1899 年，第 126 页。

在美国东部是一种很普通的罪行，犯人不至于因此遭受绞刑，通常是罚款或者监禁。

但在西部，偷任何东西都够得上绞刑，无论是偷马、牛还是船。

我们只能推测，由于当时没有法律，严苛的后果可以吓阻很多潜在的盗贼。偷马就是死罪。

还有，由于当时人们的生存条件恶劣，没有任何形式的社会安全网络——没有施粥的饭馆，没有慈善组织来帮助穷人，偷窃马、牛或其他任何生存必需的生产工具，本身就意味着死刑。

因此，现代人也许觉得偷马的贼不过是一个普通坏人，而对于 19 世纪末美国西部的人们而言，盗马贼就是潜在的杀人犯，因此所有的偷窃行为都适用于这种指控。

罗斯福返回河边并做出决定，让斯沃尔和道乘船带着生活必需品继续顺流而下，他将乘坐草原篷车，押解三名嫌犯去最近的位于狄金森的监狱。

这将开启一段罗斯福式的实现正义的最后旅程。这就像极地探险家争夺战利品的最后冲刺——也是相当的残酷。

这是一段两天的路程。罗斯福不得不拿着枪，步行跟在草原篷车后面。

“这条路非常荒凉。前一年的秋天烧荒以后，这里只剩下毫无生气的黑色荒地。而且，那两天一直有冰冷的雨雾。”[①]

① 赫尔曼·哈根顿：《罗斯福在恶土荒原》，纽约：霍顿·米夫林出版公司，1921 年，第 380 页。

三个嫌犯舒适地坐在草原篷车里，罗斯福却整天跟在车后面，在齐脚踝深的泥水里行走。

“这是一趟令人沮丧的行程。时间一小时一小时单调地过去，我只身行走在没有任何美好景观的泥路上——饥饿、寒冷、困乏折磨着我，我以一种顽固的令人厌烦的决心抗争着。

“夜里，我们在一位农夫的肮脏小窝棚歇脚，这是旅程中找到的唯一住所。不料，情况比白天更糟。

“我根本不敢睡觉。我把三名嫌犯关在一个进出不便的卧室里，然后背靠着卧室的门，整夜看守着他们。”①

历经长达36小时无眠无休的旅程，他们终于抵达狄金森。罗斯福将抓捕到的坏人移交给了当地警局，领取了作为代理警长的津贴以及差旅费——总共55美元。

移交嫌犯以后，罗斯福才感到伤口疼痛。这时候，他偶遇一位名叫维克多·H. 斯迪克尼的医生。刚刚经历艰险的罗斯福，给这位医生留下了极其深刻的印象：

> 这位陌生男子是我在狄金森生活三年以来碰上的最古怪的一种人……他浑身又脏又黑，只有牙齿和眼睛发亮。他因为穿越河谷里的野玫瑰丛而衣衫褴褛。
>
> 他身上有擦伤和瘀伤，而且显得很饥饿，却有着斗牛

---

① 埃德蒙德·莫里斯：《西奥多·罗斯福的崛起》，纽约：兰登书屋，1979年，第325页。

犬一般的勇敢和坚韧劲头……我还记得，他看起来很壮硕。

我俩快要擦肩而过时，他做了一个手势让我停下，并向我打听哪里有诊所。

他咬牙切齿地往外蹦字儿的讲话方式把我吓了一跳。我告诉他，我就是狄金森——乃至更广远的邻近地区唯一的执业医生。

“哎呀！”他激动地说。“原来你就是我要找的人呐！我双脚都起水疱了，钻心地疼，我快走不动路了。请帮我弄一下。”[1]

当大夫给他包扎伤口时，罗斯福讲到了他的冒险经历。显然，他为自己的那些冒险经历而陶醉。

他似乎并不觉得自己做了什么特别值得称道的事儿，但是，用他自己的话来说，他因为亲身参与了一场真正的冒险而感到“相当满意”。

他表现得就像一个孩子……后来，我告诉老婆，我遇到了平生所知最有个性而且最为杰出的一个人。[2]

没错，又一场冒险。罗斯福刚刚体验了具有自强精神的牛仔才会遭遇的神奇经历。他不顾自身安危追捕坏人，然后将他

① 埃德蒙德·莫里斯：《西奥多·罗斯福的崛起》，纽约：兰登书屋，1979 年，第 325 页。

② 埃德蒙德·莫里斯：《西奥多·罗斯福的崛起》，纽约：兰登书屋，1979 年，第 325 页。

们绳之以法，维护了古老西部的生存规则。一个成年男子居然真的实现了儿时玩弄牛仔帽和玩具手枪时脑子里充满的那些西部狂想！

罗斯福回到旅馆，一放松下来，就给姐姐科琳娜写信："我很高兴，今天早晨终于把嫌犯移交了，这一切都结束了——警长工作、缺乏睡眠以及持续守夜。不过，我现在就像松节一样又黑又硬。我觉得自己变强大了。"①

仿佛是对这段冒险经历的一个补充说明，囚犯芬尼根从狱中写了一封信给罗斯福，解释了他们偷船的动机，并在信的结尾部分写道："我来这里以后，从报纸上读到很多您关于牧场生活的描写，这些文字太有意思了……如果您今年秋天再有机会来北达科他的俾斯麦，给我打个电话吧。我很乐意与您见面。"②

① 赫尔曼·哈根顿：《罗斯福在恶土荒原》，纽约：霍顿·米夫林出版公司，1921年，第384页。

② 赫尔曼·哈根顿：《罗斯福在恶土荒原》，纽约：霍顿·米夫林出版公司，1921年，第384页。

第 31 章　阴云密布（1886 年）

在抓获三个盗船贼之后，罗斯福成为某种意义上的民间英雄。他在法庭上宣誓作证，红头发芬尼根和混血儿随后分别获刑三年，而那个德国人由于患有精神障碍而免于起诉。德国人对罗斯福表示感激。罗斯福则回应说，自己恐怕是天底下唯一一个称呼人家傻瓜、人家反倒表示感谢的人。

罗斯福在蒙大拿畜牧业者大会上也相当引人注目，因为大家都听说了他驾船追捕红头发芬尼根的事迹。甚至连东部的一些报纸也闻风而动。马萨诸塞州的《纽伯里波特先驱报》报道："在纽约政坛和社交圈颇有名气的西奥多 · 罗斯福，在东北方向距此 80 多英里的小密苏里拥有一座牧场。近日，他率领两名牛仔帮工将三名盗贼捉住，并于上周日将他们绳之以法。此事在当地引起不小的轰动。"

然而，很多牛仔还是有一个问题想不通：他为什么不把那三个盗贼一杀了之？他们反复指出，罗斯福等人本来应该这样做。罗斯福的一番话让众人心服口服："我来西部并不是为了杀人，我只想捍卫自己的生命和财产安全。没有人来保护我，因此我只能靠自己。”①

但就在这次胜利的冒险之后，他的人生又开始阴云密布。罗斯福无论如何也算不上一个精明的生意人。

他是一个能自我激励并激励他人的领导者、狂热者、冒险者，但缺乏那种与生俱来而又切合实际的商业洞见。

从出身而论，他本来无需具备这些素质，但他已经在牧牛业投入 85000 美元（相当于今天的几千万美元），而且这笔投资的风险已初露端倪。他不会再有先前那样的好运气了。

罗斯福家族的人都感到非常担忧，由于他们享有共同的既得利益，他们不希望罗斯福在西部荒原搞得倾家荡产。人们可以从他写给姐姐的一封信里找到最初的警示信号：

“应该说，这个冬天对于牧牛业是非常有利的。我的损失可谓微乎其微；虽然有一定数量的牛走丢了，我认为，来年夏天，这个牧场的损失应该很少……”②

他甚至给家人寄去了媒体对他的《牧场主狩猎指南》一书所做评论的剪报，还把评论中诸如“从事牧牛业显示出他的精明与魄力”这样的溢美之词用下划线标示出来。

剪报是特意寄给他那善于经商的姐夫道格拉斯的。

他寄送这张剪报，不为表明他对牧场生意胸有成竹，而是因为这种赞誉里暗含讥讽。显然，他知道自己的牧牛生意遇到麻烦了。

① 赫尔曼·哈根顿：《罗斯福在恶土荒原》，纽约：霍顿·米夫林出版公司，1921 年，第 386 页。

② 赫尔曼·哈根顿：《罗斯福在恶土荒原》，纽约：霍顿·米夫林出版公司，1921 年，第 395 页。

一向遇事悲观的比尔·斯沃尔同样对牧场的前景忧心忡忡。在这个节骨眼上，对于牧牛生意的结局，他可能比罗斯福看得更清晰。

“我一直有种不祥的预感。”斯沃尔回忆说，“我竭力想让他知道。他还打算投钱买地，我劝他不要买了。我确信，他在牧牛业投入的钱会打水漂。”①

罗斯福私下表示认同比尔的观点：漫长的严冬终将使恶土荒原变得不再适合牧牛业的发展。

有一次，罗斯福久久地凝望着他的牛群，转头对斯沃尔说：“比尔，你是对的。这些奶牛显得不是很精神，我估计会死掉一部分。”②

当他给姐姐写信称“情况总会好转”时，罗斯福式的乐观主义精神又回来了。“虽然我还没有看到任何一夜暴富的机会，如果按照目前的发展势头，我相信能赚到足够的钱偿还贷款利息，同时还能够不断在牧场生意上追加投入。”③

与此同时，斯沃尔在给住缅因州的哥哥写信时，表达了对牧场前景的担忧：“人们就像在艰难时节那样哀号。很多人开始搬离荒原，更多的人想逃离却又走不掉。”④

---

① 赫尔曼·哈根顿：《罗斯福在恶土荒原》，纽约：霍顿·米夫林出版公司，1921 年，第 396 页。

② 赫尔曼·哈根顿：《罗斯福在恶土荒原》，纽约：霍顿·米夫林出版公司，1921 年，第 396 页。

③ 赫尔曼·哈根顿：《罗斯福在恶土荒原》，纽约：霍顿·米夫林出版公司，1921 年，第 397 页。

④ 赫尔曼·哈根顿：《罗斯福在恶土荒原》，纽约：霍顿·米夫林出版公司，1921 年，第 397 页。

但是，1886 年的夏天看上去很美好。罗斯福正在干他的拿手好戏——潜心写作。

他在写一本关于参议员本顿的书。他得抓紧写，因为赶拢牛群的工作就要开始。艾克霍恩牧场是一个很适合罗斯福从事写作的地方。

他能够在脑力劳动和体力劳动之间保持一种平衡，而这是大多数作家梦寐以求而不得的状态。

“有些时候，”斯沃尔写道，“他会一整天埋头创作，有时候他只写几个小时，主要看心情。他说，有时候实在不想写……就拿枪去打猎。也有时候，他会出去闲逛。”①

把商店的二楼租给罗斯福住的比尔·菲利斯回忆说，他经常听到罗斯福在房间里一边来回踱步，一边自言自语。

由此可见，罗斯福并非写作的天才，他得一句一句往外挤。

有时候，当他对写的文字拿不准，就会大段大段念给斯沃尔听，让他提意见。6 月赶拢牛群的活儿一定让他松了口气；再不用担心牧场，再不用担心写书，只有纯粹的牛仔之乐。

“每个负责赶拢牛群的牛仔帮，人数都在一百左右；我们出发那天早上，60 个牛仔骑马蹚过一条浅河，弄得水花飞溅。河流将一片平原分割成两半。我们在河边平地上扎营。牛群赶拢工作从这条弯曲河流的上游河谷开始，然后顺流而下。”②

---

① 赫尔曼·哈根顿：《罗斯福在恶土荒原》，纽约：霍顿·米夫林出版公司，1921 年，第 397 页。

② 西奥多·罗斯福：《牧场生活与狩猎之道》，纽约：百年出版公司，1899 年，第 56 页。

赶拢和牧场的活儿似乎发挥了神奇作用，托马斯·哈特·本顿传记的写作进展飞快。

罗斯福写信给姐姐说："参与赶拢牛群的工作快有半个月了，真的好享受这种工作经历！实际上，这是我过得最快活的一个夏天。"[①]

的确如此。罗斯福或许是头一次在实现文学创作与完成体力锻炼之间找到了最佳平衡点。

"我大多数时间都待在牧场，因为有很多东西要写；但是，每隔一两个星期，我都会骑马出去扎营，或者到邻近牧场帮忙赶拢牛群。"[②]

在 1886 年的这个夏天仿佛是一个人读大学前的那个暑假，一切都显得那么美好。罗斯福的大学，就是即将举办的婚礼，以及重新启动的政治生涯，虽然当时他还没有正式做出决定。

妻子爱丽丝 · 李去世没多久就再婚，罗斯福的内心其实有过焦虑和内疚。有人听到他说："我做不到从一而终……我不是忠贞不渝的人……"[③]

人们可以猜到他所指为何。他的牧场，他的婚姻，他在作家和政治家两个身份之间的犹疑……跟很多来西部荒野的男人一样，罗斯福正打算逃离，却还没看清楚未来。

---

① 西奥多 · 罗斯福：《牧场生活与狩猎之道》，纽约：百年出版公司，1899 年，第 56 页。

② 赫尔曼 · 哈根顿：《罗斯福在恶土荒原》，纽约：霍顿 · 米夫林出版公司，1921 年，第 401 页。

③ 罗杰 · L. 迪西尔维斯多：《西奥多 · 罗斯福在恶土荒原》，纽约：沃克出版公司，2011 年，第 219 页。

在这个夏天，虽历经艰险，罗斯福终于成为一个牛仔，一位牧场主，和一名作家。这是他西部冒险生涯的最后一个夏天，当然也是他最后一次赶拢牛群。

“在这些日子里，跟牛群厮混的艰苦工作充满乐趣。黎明时分，我们翻身上马前行，迎面扑来清凉的空气；在红日映照下，我们缓缓骑进草原深处，或者排成长长的一队，在嶙峋丘山之间行进。

“整个上午，我们都跟随赶牛人，呈大圆圈队形骑行。下午，我们把牛赶拢到一起，再进行分组。我们时而纵马疾驰，时而勒马立定，时而掉转马头。

“天黑不久，我们便扎营歇息。如果遇到现成的营房，我们就在小木屋或帐篷里过夜；如果只有马车做伴，我们就在星光下露宿。”①

每过一两个星期，罗斯福都会从草原赶回牧场，重新投入写作。他知道自己就要离开西部了，因此努力利用好每一点时间。

“我站在低矮的屋檐下，眺望河对岸那些叶面光亮、在微风中窸窣作响的棉白杨，凝视河对岸陡峭山崖的上方如火焰般的夕阳。”②

有时，他会独自骑马到草原和山丘之间打猎。他返回牧场时，马鞍上通常放着一头麋鹿。

---

① 西奥多·罗斯福：《荒野猎人》，纽约：乔·帕·普特南森出版公司，1893年，第118页。

② 西奥多·罗斯福：《荒野猎人》，纽约：乔·帕·普特南森出版公司，1893年，第101页。

然后，他又会投身到十多天的牛群赶拢当中。有时候，牛仔们走到距离梅朵拉只有1英里远的安德鲁斯河，天黑以后他们会去当地的酒吧放松身心。

罗斯福也会骑马跟过去照顾他们。“荷兰人”瓦纳根当时在场，他后来做出了如下描述：当罗斯福走进酒吧时，“牛仔们似乎变得兴奋起来”。

“我不知道他喝没喝酒……我没亲眼见他喝过一杯，却看见他帮这帮牛仔把酒钱结了。他说：‘伙计们，再喝一杯。’牛仔们一喝完酒，他又说：‘走嘞。’大伙儿就都跟着他走了。

“他独自骑马领路，众牛仔紧随其后。我的天呐，我从没见过这种阵势。”①

罗斯福是一位天生的领导者，这种领导力来自别人对他的尊敬。人们愿意追随他们所尊敬的人，而“老板”的好名声，源于他的行为以及带领团队完成使命的意志和能力。

赶拢牛群逐渐向南方移动，罗斯福全程参与。他给姐姐写信说：“我出来参加赶拢牛群已经有5个星期了。今天休息，我们在凉风中睡了一觉……我从没有在凌晨4点以后吃过早餐。我们常常在马鞍上度过一整天，我们玩命地干活儿。我感到自己既快乐又坚强。”②

罗斯福一边撰写托马斯·哈特·本顿的传记，一边开始

---

① 赫尔曼·哈根顿：《罗斯福在恶土荒原》，纽约：霍顿·米夫林出版公司，1921年，第403页。

② 赫尔曼·哈根顿：《罗斯福在恶土荒原》，纽约：霍顿·米夫林出版公司，1921年，第404页。

一种颇具仪式感的生活：天不亮就起床，站在走廊里，眺望灯火，然后埋头写作，直到小屋里变得炎热才罢手。

热浪袭击了达科他地区，气温飙升到125华氏度。但是，他坚持把书写完了，还在7月4日去了狄金森，在纪念《独立宣言》发表110周年庆祝会上进行了演讲。这是庆祝美国生日的一个经典活动。

“上午10点，游行活动正式开始。有很多观众决定加入，于是很快路两边就变得空荡荡。人们在广场上大声朗读《独立宣言》，然后举行爱国歌曲《我的祖国》大合唱。

“随后，人群开始往市政厅聚集，去享用免费的午餐。当每一位牛仔都吃得很饱之后，庆典司仪斯第克尼（Stickney）博士开始介绍下午的几位演讲者。‘有请尊敬的西奥多·罗斯福先生。’”①

罗斯福在演讲中流露出他的想法：西部属于他的过去，因为，他话语中带着一种毕业致辞的意味。

“和所有其他美国人一样，我喜欢大的东西——大草原、大森林、大山、大麦田，大马路，当然，还有大群的牛羊，以及大工厂、大蒸汽船……

“但是，我们必须牢记，如果物质的繁荣腐蚀了人们的德行，没有人能够从财富中受益……如果我们希望这个国家繁荣昌盛，每个人就必须各尽其责。在这片国土上，我们不受他人

① 埃德蒙德·莫里斯：《西奥多·罗斯福的崛起》，纽约：兰登书屋，1979年，第332页。

奴役，就像在欧洲那样；我们是自己命运的主宰……

“在这个国家的新疆土上，特别是在辽远的西部，这一点尤其重要……在内心里，我认为自己既是西部人又是东部人。说实话，我很自豪，自己能被视为你们中的一员……”[①]

演讲结束以后，罗斯福与著名的《恶土荒原牛仔报》主编亚瑟·帕卡德一起，搭乘一辆货运火车去梅朵拉。

正当拂晓，他们身后的天空焰火升腾。他和帕卡德讨论了自己的未来发展，表露了重返公共生活的愿望。

帕卡德后来写道：“正是在这次谈话当中，我才意识到这个人的伟大潜质。我确信，他对于为公民权的最高理想而奉献自己的生命，有着至诚的信仰。”[②]

罗斯福向帕卡德透露，他相信政治服务最能发挥自己的才华，并且说，他有望出任纽约市的卫生委员会主席。

帕卡德的回答令人惊讶，而且充满了预见性：“然后，你将成为美国总统。”[③]

罗斯福闻言，凝望着古老西部的沉沉夜色。

“如果你的预言成真，”他缓缓地说道，“我将竭尽全力当一位好总统。”

过了 15 年，帕卡德的预见终于应验。

---

① 埃德蒙德·莫里斯：《西奥多·罗斯福的崛起》，纽约：兰登书屋，1979 年，第 333 页。

② 埃德蒙德·莫里斯，《西奥多·罗斯福的崛起》，纽约：兰登书屋，1979 年，第 334 页。

③ 赫尔曼·哈根顿：《罗斯福在恶土荒原》，纽约：霍顿·米夫林出版公司，1921 年，第 411 页。

第 32 章 “罗斯福匪帮”(1887 年)

罗斯福还有一件事没做，那就是作为美国西部神话标志性内容的火车抢劫行动。

美国西部电影中一个常见的情节，就是亡命之徒们一边当空鸣枪一边冲向冒着蒸汽、缓慢行驶的火车，逼迫这匹铁马戛然而止，抢光乘客们的细软，然后纵马驰骋，很快消失在茫茫荒原上。

当然，这就要求罗斯福成为一名不法之徒，可他并非不法之徒。

话又说回来，他并非真正的警长或神枪手，却最终成功扮演了这些西部角色。何不再试试劫火车呢?

罗斯福曾经短暂返回东部，确定自己有无机会在纽约市卫生委员会任职，以及确定和伊迪丝在英国伦敦举行婚礼的日期。那个职位，他根本没有机会得到。

显然，他正在谋划未来，准备从西部抽身。当他回到牧场，发现情况正在恶化。

一场旱灾让恶土荒原面临更严峻的考验。酷热的 8 月一天比一天难熬，罗斯福倍感沮丧和困窘。由于美国和墨西哥之间的战事没有爆发，他组织一批牛仔上前线为国拼命的计划也泡了汤。

由拓荒者组成一支强悍武装的浪漫想法，还时常在罗斯福的头脑中盘桓。但是人类进入 20 世纪以后，那种由骑士纠集和调遣一帮人作为英勇的个体到战场上拼杀的想法已经不合时宜了。

随着多种不利因素使得西部牧牛业难以为继，罗斯福也变得相当地躁动不安，总想找机会奋力一搏。

这位曼丹地区的拓荒者在那年 7 月这样写道：“由于旱灾以及过多的存栏数，今年的牛群真可谓损失惨重。除了干旱，蝗灾、近期的霜冻以及从 6 月 10 日开始的冰冻，让整个荒原没有任何绿色的迹象。”①

斯沃尔和道已经有了不祥的预感。他们把牛肉以 10 美元的单价卖到了芝加哥，所得的钱还不抵饲养费和运输费。

他俩这会儿觉得自己“简直是在往冷水里砸钱”，不得不跟罗斯福讲，他们打算终止合作协议。②

对于牧牛业的情况，“老板”也跟他俩有相同的判断，正合计着在他的 85000 美元投资彻底毁掉之前，赶紧出手止损。他打算将艾克霍恩牧场的牛转卖给比尔·麦利菲尔德和希尔文·菲利斯。

因此，他对斯沃尔的回答简短而苦乐参半：“你俩最快啥

---

① 赫尔曼·哈根顿：《罗斯福在恶土荒原》，纽约：霍顿·米夫林出版公司，1921 年，第 255 页。

② 埃德蒙德·莫里斯：《西奥多·罗斯福的崛起》，纽约：兰登书屋，1979 年，第 337 页。

时候走？”罗斯福正逐渐抽走他的投资，狂野西部还能给予他的，就是搞一场火车大劫案的机会。

当有消息传来，一位曾经在他的牧场当伙计的牛仔乔治·费雷泽因遭遇雷击而去世时，罗斯福正带领着一帮人在梅朵拉西面二十多英里的地方忙着赶拢牛群。乔治·费雷泽的遗体将被运往梅朵拉。

罗斯福知道，过去很多牛仔死在荒野里，最后只剩一堆白骨。他准备给乔治·费雷泽张罗一场葬礼。他对手下的人说：“我们得拦火车，赶往梅朵拉。”[①]

下一趟即将通过的火车是二号机型，它行进速度很快，而且不大可能因为一帮很容易被误认为是亡命之徒的牛仔而中途停下。

在那个年代，来无影去无踪的恶土荒原劫匪，可能因火车上运输的任何值钱货物而实施拦截抢劫，并顺带将乘客们的财物收缴为战利品。

西部铁路上的治安状况，一度糟糕到铁路公司不得不雇用平克顿全国侦探事务所的侦探对货物实施武装押运，并安装沉重的铁质保险柜，采用加固的火车车厢。但很多时候，这些措施根本难不住那些携带炸药的劫匪。

“他们不会在这儿停的，”一名牧场伙计说。“无论如何，他们必须给我停下！”罗斯福嚷道，并派了一名伙计去铁道旁

---

① 乔恩·诺奇：《西奥多·罗斯福与美国领导力建构》，纽约：天马图书出版社，2015 年，第 55 页。

边，用信号旗跟列车司机沟通。不出所料，火车照旧往前开，“罗斯福匪帮”则耐心等着它。

那个突突作响、喷着白汽的怪物声音越来越大，终于驶近站着挥舞双手的这群人。司机开始减速，但很快又决定原速通过。

“罗斯福匪帮”立即行动起来，骑马跟着火车跑，并开始鸣枪示警。

在火车司机和乘务员们看来，毫无疑问这就是火车抢劫行为，匪徒们的六连发手枪马上可能朝他们射击。

火车突然停了下来，乘客们慌忙设法隐藏各自的贵重物品。众所周知的火车劫案标准流程是这样的：亡命徒们爬上火车，手提一个大口袋，逐节车厢劫掠乘客们的手表、珠宝和金银制品。

乘客们深受东部流行文化的影响，相信今天肯定是遇上了一帮嗜血的劫匪。结果，他们首先看到的，是一位戴着眼镜的男子。

“我不相信，”罗斯福手下的一位名叫乔治·迈耶的牛仔回忆说，“有些乘客还能找回他们藏起来的贵重物品。”

罗斯福下马登上火车，西尔万和麦利菲尔德在身后跟着。他向列车长说明他们的意图，只是想搭火车去梅朵拉为一名意外死亡的牛仔安排一场葬礼。

列车长得知真相后，不禁勃然大怒。“你要么啥事没有，”罗斯福对这位生气的男子说，“要么就滚下车去。”[①]

① 乔恩·诺奇：《西奥多·罗斯福与美国领导力建构》，纽约：天马图书出版社，2015 年，第 55 页。

罗斯福等人最终体面地乘火车到达梅朵拉。一路上，乘客们满怀惊奇地打量这几位戴宽边帽、挎着手枪、绑着皮护腿、衣服上沾着泥土的西部牛仔。当“罗斯福匪帮”成员们下车离开时，列车长冲他们喊：“你们等着瞧！”

罗斯福承担了牛仔葬礼的全部费用。他劫火车为牛仔安排葬礼的故事，随即在铁路沿线的牛仔当中流传开来。这提升了罗斯福的名气，并很快变成罗斯福传奇。

当安于现状开始逐渐成为美国人的行为规范时，罗斯福却铁了心把自己往死里折腾。

他选择在北爱达荷的群山之中，与死神来一场惊心动魄的舞蹈。这是一次由约翰·威利斯充当向导的野外狩猎行动。

罗斯福和威利斯将出发去猎杀白山羊。威利斯一开始就低估了罗斯福，以为他不过是一位富有的酿造酒商膝下那个娇生惯养的儿子。他告诉罗斯福：“这样的狩猎，你吃不消的。”①

“你尽管前面带路，我会让你知道的。我可以训练自己走得跟你一样快。”罗斯福回答。然而，威利斯的话是对的。

他们先是走在高山林线上，随后开始爬山。在翻越陡峭的岩壁时，罗斯福果然走得很辛苦，时不时被向导甩在后面。

他俩的软皮平底鞋磨坏了，双手和胳臂也在野蔷薇丛中拉出了血痕。狡猾的白山羊一直不见踪影。正当罗斯福精疲力竭地靠在树上休息时，一头白山羊却在离他们很近的地方闪现。

---

① 多纳德·戴依、E.E.莫里森编辑：《西奥多·罗斯福的狩猎与探险活动》，纽约：刻度盘出版公司，1955年，第132页。

罗斯福开了一枪，打中了它的一条前腿。

追击开始了。山羊慌张地往高处爬去，两人循着地上的血迹追赶。罗斯福沿着一道山脊追赶，一不留神脚下一滑，以头冲下的姿势摔下山去。

罗斯福在空中下坠了 50 英尺，先是撞上一棵高大的、积雪覆盖的松树，然后又撞上一棵香脂树，最后才掉到了地上。

猎人约翰 · 威利斯确信，这个戴眼镜的家伙要么瘫痪了，要么摔死了。威利斯在山上喊：“你受伤了没有？”①

罗斯福站起来，感觉到挫伤和刮伤的疼痛，万幸的是松树枝减缓了他下坠的速度。鼻梁上的眼镜居然还在。罗斯福向山上吼道：“我没事儿！”向导说：“那就跟上！”

他们继续追击白山羊，在山上手忙脚乱地攀爬。罗斯福再次发现那头山羊，于是又开了一枪。

他这一枪打得太高，山羊沿着山势往下方逃窜。两个人气喘吁吁、大汗淋漓在后面紧追。天渐渐黑下来，山羊踪迹不见。

“这会儿，”威利斯说。“我想你应该很累了。”“可不是。”罗斯福回答，“我们走了多远？”“大概翻山越岭走了有 15 到 20 英里。”

“如果我们明天抓到那只山羊，我给你 100 美元作为奖赏。”“我可不稀罕那 100 美元，”威利斯回答说。“无论如何，我们必须抓住它。”罗斯福说。

---

① 赫尔曼 · 哈根顿：《罗斯福在恶土荒原》，纽约：霍顿 · 米夫林出版公司，1921 年，第 422 页。

第二天中午罗斯福抓到了那头白山羊。随后的两个星期里，他们一直在群山之中狩猎。

两人经常在篝火旁边彻夜长谈。多年以后，威利斯回忆说："这个人让我眼界大开。他的知识太渊博了，他是我所平生遇到的最见多识广的一个人。"[①]

狩猎结束后，罗斯福返回牧场与斯沃尔和道解除合约。两位牛仔都已成家，正收拾行李，准备举家东迁。

"从今天算起，三周以内，"罗斯福在跟两个人商量之后宣布，"我们离开这里。"[②]

实际上，关闭艾克霍恩牧场就意味着，罗斯福即将结束他人生当中非常宏大的一个篇章。

几年前，比尔·斯沃尔曾经对这位心神错乱的年轻人说："你的想法会变的……到那时，你就不会再待下去了。"

如今，罗斯福果然改变了想法。他将重返另一种生活，即将在伦敦举行婚礼，一度消沉的政治生涯即将峰回路转，豁然开朗。

在那最后的三个星期里，罗斯福和斯沃尔多次骑马在大草原上闲走。他告诉这位曾经的缅因州伐木工人，他正考虑进入法律界一展身手。

"你会是一名优秀的律师，"比尔回答道。"不过，我认为，

---

① 赫尔曼·哈根顿：《罗斯福在恶土荒原》，纽约：霍顿·米夫林出版公司，1921 年，第 423 页。

② 赫尔曼·哈根顿：《罗斯福在恶土荒原》，纽约：霍顿·米夫林出版公司，1921 年，第 428 页。

你应该从政。像你这样的好人就应该从政。如果走这条路，我相信，你能当到总统。”①

罗斯福闻言付之一笑。“那好像太遥远了。”比尔说：“也许，你现在觉得很遥远。但是，对于最终成功的那些人，这条路并不是那么遥远。”

罗斯福说，他将去东部谋一个职位，还想继续写作。他此时还在和人生玩着轮盘赌，想看看自己到底在哪个行业落脚。总之，他有了方向，那就是东部。

当两个人在一望无际的大草原上骑马漫步时，他们生命当中最为灿烂的一个篇章即将完结。

9 月，一场蓝色的大雾笼罩了整个恶土荒原。有人以为，这场大雾是草原烧荒造成的；有经验的人却知道这场大雾究竟意味着什么。

眼看着大雾在热天也不消散，他们便着手囤积漫长冬天所需的各种物资。

有谣言说，北极猫头鹰开始在蒙大拿出现。对于最早的定居者——印第安人而言，这是一种凶险的征兆。

赫尔曼·哈根顿在《恶土荒原上的罗斯福》一书中写道：“河狸们正夜以继日地忙着收集柳树枝。目光敏锐的人注意到，它们正在储备两倍于往年的冬粮。

“在这个秋天，鸟儿们也行为异常。野鸭和野鹅在 9 月

① 赫尔曼·哈根顿：《罗斯福在恶土荒原》，纽约：霍顿·米夫林出版公司，1921 年，第 429 页。

份——比以往提前一个月，就已经飞往南方。”[①]

罗斯福没有坐等大自然预示的情况降临，他在 10 月份就返回了东部，留下斯沃尔清理房屋。

当他离开时——在他关上房门的一刹那，罗斯福的内心一定有过短暂的迟疑。人一辈子能经历冒险的机会并不多。他后来回忆说，自己是在关闭通往“人生中最幸福的那段时光”的大门。[②]

艾克霍恩牧场一时变得沉寂，草原上开始飘起鹅毛大雪。

---

① 赫尔曼·哈根顿:《罗斯福在恶土荒原》，纽约：霍顿·米夫林出版公司，1921 年，第 431 页。

② 埃德蒙德·莫里斯:《西奥多·罗斯福的崛起》，纽约：兰登书屋，1979 年，第 338 页。

第 33 章　蓝雪之冬（1887 年）

在 1886—1887 年间，恶土荒原遭遇极端严冬。仿佛这里的自然环境也参与到书写罗斯福传奇的过程中来。随着故事走向尾声，致命打击时刻终于临近。时间是 10 月之初。紧随弥散于整个秋季的诡异雾霾，雪花飘落在恶土荒原上。由于遭遇一场史无前例的雪灾，西部拓荒者后来把那个冬天叫作“蓝雪之冬”。

自 1886 年 11 月 13 日晌午时分，雪开始降临恶土荒原，并且越下越大。气温急剧下降。从加拿大吹来的狂风让漫天大雪变得更加暴虐。

翌日凌晨，地面出现厚达 6–7 英尺的积雪。牛棚里的牛呼吸困难，尤其那些面朝北方站立的牛，由于鼻子和咽喉呛雪而窒息。

“早上一起来，我就发现，”林肯 · 朗后来这样描述那场暴风雪，“屋子里异常寒冷，只要能结冰的东西，全冻得硬邦邦的。

“朝南的窗户变得光线暗淡。推开前门，门口耸立着一堵冰雪凝结成的高墙，一直顶到了屋檐。

“从后门的玻璃望出去，我没看见有冰条垂下，可是当我推开门，差点被一阵风雪刮倒。空气中满是雪片，视线所及不到 50 英尺。我根本看不见房子周围的牛棚，甚至连围栏也看不见。

这场雪仿佛是一阵龙卷风，裹挟着纯白的、冰冷的尘土或细沙，打在人的皮肤上，就像鞭子抽一样的疼痛。”[①]

大雪一直持续到 11 月底，一场接一场的暴风雪袭击了恶土荒原，气温降到了零下 35 华氏度。

树木因为严寒而爆裂，到 1887 年元旦时，当地的气温是零下 41 华氏度，大雪还在不停地下。

牛的蹄子冻在冰雪里，身体也冻住了，就像一座座雕塑，直到第二年春天冰雪融化时，才轰然倒地。在大雪掩埋的房屋里，很多牧民在熟睡中死去。

积雪堆了足足有 100 英尺高，整个大草原仿佛盖上了一层厚厚的毯子。成千上万的牛活活被大雪掩埋。

牧民们为雪灾而抓狂。他们被困在不够暖和的小木屋里，孩子在赶往仓房的途中就冻死了。

很多人死了无法安葬，因为土地冻得像铁一样坚硬；遗体露天停放，很快就被冰雪覆盖。

牛群因为饥饿、寒冷和窒息而大批死亡。前一年的干旱导致牛群的草料匮乏，而过度放牧，让草料更加稀少。

一场酿成美国西部散养牛群“大死亡”的“完美风暴”开

---

① 赫尔曼·哈根顿：《罗斯福在恶土荒原》，纽约：霍顿·米夫林出版公司，1921 年，第 432—433 页。

始了。

牧场主一开始把牛群赶到峡谷地带躲避风雪，结果很多牛被大雪掩埋。后来，牛群又迁往梅朵拉。饥不择食的牛群开始啃食建筑物外墙上的防潮沥青纸。

当地居民不得不用木板挡住窗户，以免这些牛闯进屋子里来。

在 1887 年 1 月 28 日这天，最令人恐怖的暴风雪终于降临。一位幸存者后来这样写道："整整 72 小时，仿佛从洪荒时代以来全世界所有的冰雪，伴随着一场如群魔怒号的狂风，倾泻到恶土荒原上来。"①

铁道边，流浪的牛群簇拥在一起，遥望着远方驶来的火车，等待着从车上扔下的垃圾里觅食。小镇上的人躲在屋子里，听着大街上的牛群在饿死之前发出凄惨的叫声。

大草原上的牛大部分都死掉了，至少有成千上万头牛死了。

而寒冷天气和大雪势头不减，一直持续到了 3 月份。

这时候，冰雪开始融化了。"也就一两天的工夫，"林肯·朗回忆说，"雪就都融化了。融化的冰雪冲出了一道道沟壑，而且水势越来越猛，最后汇聚成滔滔大河，在大草原上横冲直撞。

"有一天，我们突然听到比流水声更响亮的声音从小密苏里河的方向传来。我们赶过去，看到了终生难忘的一幕。

---

① 埃德蒙德·莫里斯：《西奥多·罗斯福的崛起》，纽约：兰登书屋，1979 年，第 366 页。

“这条大河竟然决堤了，大水涌进了棉白杨树林里，再流淌到更低洼处，汇聚成一股声势浩大的急流，裹挟着巨大的冰块，一路上摧枯拉朽，荡平沿途的树木。我们还看到了堆积如山的死牛——这些尸体在急流中翻滚着向前，或者四足僵硬地向上伸着，漂浮在混浊的水面上。这些尸体在水中忽上忽下、忽隐忽现。”①

到处都是死牛。这让人不禁联想到尸横遍野的战场。牛的尸体把很多沟壑都填满了，有的甚至被发现挂在树枝上——饥饿的牛踏着积雪爬上去，试图啃食树皮和枯叶，结果把命丢了。

在大河沿岸，很多牛在寻找避难场所的途中死去。“我骑着马出去转了一圈，”梅里菲尔德后来说，“你们知道吗？我第一天出去，一头活的牲口也没有见到。”②

在这个蓝雪之冬，西部荒野的牧场主们损失了他们超过半数的牛。比如，哈什奈福牧牛组织饲养的10万头牛中，有75000头在暴风雪中死去。

林肯·朗的父亲饲养的3000头牛中，有两千四百多头死了。那些幸存的骨瘦如柴、身体孱弱的牛，无法让人相信，恶土荒原曾经有过绿草如茵、牛群遍野的繁荣景象。

随后肥料公司蜂拥而至，搜罗成千上万的死牛和病牛，死神之车在恶土荒原上沉重缓慢地行进。

---

① 赫尔曼·哈根顿:《罗斯福在恶土荒原》，纽约：霍顿·米夫林出版公司，1921年，第438页。

② 赫尔曼·哈根顿:《罗斯福在恶土荒原》，纽约：霍顿·米夫林出版公司，1921年，第438页。

罗斯福于 1887 年 4 月返回西部，他一下子被眼前的景象震惊了。在欧洲旅行途中，他听说达科他地区遭遇了严冬，当时他还希望这对他的牧牛生意影响不会太大。他从梅朵拉下了火车，然后骑马往草原深处进发，才发现情况糟透了。

“你无法想象比恶土荒原更荒凉的地方，”他写信告诉斯沃尔，“一切植物都不复存在，整个大地就像一具尸骨一样精光。饥饿的牛群只能靠啃食灌木蒿活命。

“野外积雪太厚了，人无法自由走动。你想纵马一口气跑 1 英里地都不可能。每一条水沟里都有死牛。在沃兹沃思洼地，我发现了将近 300 头死牛。在梦露家族的一处牧场上，仅仅在一块低矮灌木丛里，我就找到了 23 头死去的乳牛和牛犊。

“你们很幸运，提前从这里撤了；如果你们等到春天再走，我估计你们将会损失惨重。”①

梅里菲尔德对损失的评估很悲观。他说：“我不太清楚，在 1886 年秋天，我们在埃克霍恩牧场和马耳他十字牧场总共饲养了多少头牛。但是，在那个可怕的冬天之后，一头成年奶牛也没活下来，只剩下一些病弱的肉用公牛。”②

春季的牛群赶拢活动没法举行了，因为整个荒原上根本就没多少牛存活下来。在 1886—1887 年间，恶土荒原上的牧场究竟损失了多少头牛，并无官方数据可查。但有人估算，大多

① 赫尔曼 · 哈根顿：《罗斯福在恶土荒原》，纽约：霍顿 · 米夫林出版公司，1921 年，第 438 页。

② 赫尔曼 · 哈根顿：《罗斯福在恶土荒原》，纽约：霍顿 · 米夫林出版公司，1921 年，第 441 页。

数牧场主的损失在 75% 左右。

显然，罗斯福的投资已经灰飞烟灭，他作为大牧场主的日子到头了。

“牛群的损失让我伤心欲绝，”他写信向柯连娜倾诉，“情况甚至比我起初所担心的还糟。但愿我对于这笔投资最多损失近半的估计是正确的。我打算抽走投资。”[①]

然而，就算想抽走投资，他也不可能做到了。牧场主们开始在市场上疯狂抛售手中幸存的牛。跟其他任何市场一样，一旦抛售发生，牛的卖价就暴跌不止。

对于罗斯福而言，牛价暴跌就像是钉在棺材板上的最后一根铁钉。他心目中的那个西部已经变样儿了。他给好友洛奇写信说：“牧场损失惨重。这是我平生第一次完全不喜欢去查看我的牧场。我就想赶紧回家去。”[②]

西奥多 · 罗斯福的西部狂野大冒险终于结束了。

---

① 赫尔曼 · 哈根顿：《罗斯福在恶土荒原》，纽约：霍顿 · 米夫林出版公司，1921 年，第 441 页。

② E.E. 莫里森 编辑：《西奥多 · 罗斯福书信集》，坎布里奇，马萨诸塞州哈佛大学出版社，1951 年，第 127 页。

第 34 章　他生命中的浪漫时光

西奥多 · 罗斯福后来又多次返回西部荒野。他于 1889 年成为联邦政府的文官委员会成员。从那以后，他每年只能返回恶土荒原一次。南达科他于 1890 年并入联邦，正式成为美国的一个州。意识到人口分布线已延展到西海岸以后，美国人口调查局宣布西部疆域正式封闭。泰迪 · 罗斯福青年时代的那个西部，隐没于历史和电影里。在成为州长并被提名为副总统候选人以后，他于 1990 年又返回达科他。火车在两州交界处一个小站停下，第一个前来迎接他的人，正是当年陪他去猎杀野牛的乔 · 费里斯。

“乔，老伙计！”罗斯福惊喜地大叫，“还记得我们第一次见面的情形吗？”

“你当时差点要了我的命。我俩简直就像是天底下最惨的倒霉蛋。”[①]

罗斯福和乔 · 费里斯一起乘火车前往梅多拉。当火车驶近那片土地时，罗斯福变得激动起来，他眼含热泪，喃喃自语：

---

① 赫尔曼 · 哈根顿：《罗斯福在恶土荒原》，纽约：霍顿 · 米夫林出版公司，1921 年，第 465 页。

“这是我生命中浪漫时光开始的地方。”[①]泰迪·罗斯福从西部返回时，他已经变成一个虎背熊腰、活力充沛的人。

很多人都没认出来这个于1883年突然消失的男子。罗斯福变得更加魁梧，皮肤黝黑，面带红光，嗓音非常洪亮。

这时的罗斯福讲起话来喜欢身体前倾，挥舞拳头，每说一句话都咬牙切齿。他变成了一位身着正装、走路大摇大摆的牛仔，只是身后没有挂那支柯尔特手枪。

西部荒野已将他改造成另一个人，虽然他角逐纽约市长一职失败，他将很快跃上美国副总统的位置。1901年，在麦金莱总统遇刺身亡后，罗斯福补位成为美国历史上最年轻的总统，年仅42岁。

此前，他是一名热衷改革的联邦文官委员会委员、纽约警察总长，以及美国海军部助理部长。1898年，美西战争爆发后，他离开海军，率领主要由牛仔组成的第一志愿骑兵团，去古巴的圣胡安山参加战斗。

他做这些事情时，表现得无所畏惧，就像当年在西部荒野猎杀野牛和灰熊、对付恶人、赶拢牛群、追捕盗贼一样鲁莽和任性。

他是政敌口中那个“该死的牛仔”，他允许西部牛仔随时造访白宫的总统。西奥多·罗斯福让白宫充满了活力，也让整

---

① 赫尔曼·哈根顿：《罗斯福在恶土荒原》，纽约：霍顿·米夫林出版公司，1921年，第466页。

个美国生机勃勃。他就是“活力充沛”的西部精神的化身。

“他是时代活力的一个杰出象征。”[1]政治专栏作家马克·沙利文（Mark Sullivan）这样写道。也有些人称他为“那个该死的牛仔”，或者“美式利己主义者的一个典范”。[2]他也是一个会讲德语和法语、对历史和文学有精深见解的人。

1901 年，“美国世纪”才刚刚开始。大胆任性、精力旺盛的泰迪·罗斯福象征着这个生机勃发、大秀肌肉、准备挑战整个世界的年轻国家。罗斯福总统还派遣一支由最先进的战舰组成的舰队举行环球巡航，展示了美国在世界舞台上的存在和实力。

罗斯福最得意的名言就是“温言在口，大棒在手”。他发起并主导了连接两大洋的巴拿马运河的开凿。他起诉大企业，发动反托拉斯行动，把反垄断矛头指向 J.P. 摩根公司。他还妥善解决了 1902 年发生的美国煤矿工人大罢工——以前从未有哪位美国总统做过这样的事。后来，他成功调停日俄战争，赢得巨大国际声誉，并荣获 1906 年度诺贝尔和平奖。

这位对环境和资源保护有长远考虑的牛仔总统，通过签署行政命令，将美国西部超过四千万英亩的土地划为自然保护区。泰迪·罗斯福希望美国人的子孙后代，也能够像他年轻时那样亲近西部荒野。

---

① 大卫·麦卡乐：《马背清晨》，纽约：西蒙·舒斯特出版集团，1981 年，第 113 页。

② 大卫·麦卡乐：《马背清晨》，纽约：西蒙·舒斯特出版集团，1981 年，第 363 页。

泰迪·罗斯福是第一位奉行资源保护主义政策的美国总统，他最终设立了5个国家公园，创建了16个国家纪念地，包括大峡谷国家公园。更重要的是，当很多人连“资源保护主义”这个词的含义都还不清楚时，他就已经通过一系列行动让美国人开始意识到保护资源与环境的重要意义。

推举威廉·霍华德·塔夫脱做总统候选人以后，罗斯福鲁莽冲动的牛仔本色显露无遗。活力充沛的人生观促使他重返政坛，1912年，当他发现自己无法直截了当地取得共和党总统候选人资格时，干脆另起炉灶成立进步党，外号“雄麋党”。

在总统大选中，罗斯福和塔夫脱分散了属于共和党人的选票，结果是曾担任普林斯顿大学校长的民主党人伍德罗·威尔逊当选。共和党人永远也不能原谅罗斯福给了威尔逊获胜的机会。

随后，这位牛仔又一头扎进亚马孙河热带雨林，寻找从未有过外人涉足的困惑河的源头。这次探险行动差点儿夺去他的生命。途中，罗斯福体重增加，痛风、心脏病、哮喘和高血压一齐发作；这位中年探险家知道自己病得很厉害，担心拖累整个探险进程，便劝同行的儿子将自己留在河边等死。靠着毅力和决心，他最终还是活着回来了，身体却受到永久性的伤害。

罗斯福和伊迪斯有五个孩子——西奥多、科尔密特、伊瑟尔、阿奇博尔德和昆汀——但他很少说起前妻爱丽丝·李。提及她的名字，将违背他到西部荒野之后牢固建立起的“罗斯福价值体系”：那边是旧世界，这边是新世界，通往旧世界的门已经永久关闭。

甚至在 1913 年出版的自传里，他也没有提及他的第一次婚姻。在泰迪 · 罗斯福去西部之前和之后的人生之间，有一道永恒的分隔线。

西部荒野的生活把他以往的人生冲洗得干干净净，就像恶土荒原上融化的冬雪将冻死的牛冲向远方。死亡并消失符合大自然的秩序，罗斯福在跟亲友的通信中透露出这种观念。

在写给姐姐的一封信里，他谈到一位共同朋友的悲惨经历。这封信揭示了罗斯福面对内心伤痛时的心理动向："我当然知道她有多么痛苦，但眼下唯一能做的，是让过去的成为过去。事情已结束，就不要有执念，尤其不要再跟任何人唠叨，因为这是软弱和病态的表现。"①

内心的伤痛很少能阻止骑手急速前行，泰迪 · 罗斯福在整个人生道路上，都保持了决绝而迅疾的骑行姿势。他把心力都花在写作上，出版了 20 本关于历史、文学、政治和自然史的书籍，写了 10 万封信——或预告自己的行动，或事后总结得失。他还亲自撰写每一篇演讲稿。

他坚持骑马、射击、登山、划船、打网球和野外徒步，并一直在谋划重返白宫。泰迪 · 罗斯福在西部恶土荒原期间一直保持着阅读的习惯——即便是在追捕盗船贼的途中，他还在阅读托尔斯泰的小说。他反复阅读自己喜欢的书，把库柏、司各特、吐温、林肯等人的作品读了很多遍。

---

① 大卫 · 麦卡乐：《马背清晨》，纽约：西蒙 · 舒斯特出版集团，1981 年，第 365 页。

罗斯福的视力和总体健康状况一直不好。当他率军冲向圣胡安山时，携带了至少 12 副备用眼镜。在白宫里的一次拳击练习中，他的左眼意外受伤并永久失明。从亚马孙热带雨林探险回来之后，他的健康每况愈下。儿子昆汀在第一次世界大战中牺牲更让他伤心欲绝。

在回想自己的西部岁月时，罗斯福对参议员阿尔伯特·福尔（Albert Fall）说，如果硬要挑出一段最值得怀念的人生，“我会选择在牧牛场跟牛仔们一起度过的岁月。在那里，我们有过很多最接近大自然的美妙经历”[①]。

是真的，正如他所说，那是他生命中的浪漫时光。

---

① 大卫·麦卡乐：《马背清晨》，纽约：西蒙·舒斯特出版集团，1981 年，第 365 页。

第 35 章　最后的牛仔

西奥多·罗斯福生命中的浪漫时光始于 1883 年。这位心力交瘁、被哮喘折磨的年轻人，深更半夜独自在达科他的一个小站下了火车。西部荒野还在那里——还是那么狂野不羁——在那里，一个人和一个时代的命运交织在一起。美国西部成就了罗斯福，罗斯福则成为西部荒野的化身——个性鲜明、坚忍不拔，自负、独立而勇猛。

美国西部接纳了这位走投无路的男子，从肉体和精神上彻底重塑了他。泰迪·罗斯福首先成为牛仔，继而成为大牧场主。

他做了所有美国小伙梦想的事——投身于一场惊心动魄的冒险中。他赶上了西部荒野的这场历险，把它铭刻在灵魂中，成就了“活力充沛的人生”。

作为美国总统，泰迪·罗斯福体现了西部荒野的精神。他所推行的大棒外交，跟他在西部直面持枪匪徒时每每表现出的淡定并无二致。

跟工业托拉斯作对的那个人，正是当年敢跟试图强占其土地的侯爵作对的那个人。对公司罪犯和贪腐官员穷追不舍的罗斯福，就是当年那位沿河而下追捕盗船贼，并将其绳之以法的罗斯福。

遇刺受伤后，强忍子弹带来的痛苦和眩晕，坚持完成长篇演说的那个人，正是在达科他的恶土荒原上顽强跋涉、经受过严寒与酷热考验的那个人。

还有，只有对那片让他成为男子汉的西部土地怀着挚爱的人，才可能做出将几百万公顷荒野划作保护区这样惠泽子孙的英明决策。

罗斯福从西部获得宝贵经验，这些经验也得到后人的珍视。从离开恶土荒原那天起，一直到他生命的最后，那位独立自强、胸怀如西部荒野一般宽广的牛仔，就一直活在罗斯福的心里。他做每一件事，都会落实到行动上。他因此深受美国人民的爱戴。

牛仔的人生是活力充沛的人生。20世纪的美国人对那个正在消失的世界充满羡慕。

美国西部荒野的独特之处，在于其极度的自由和无限的机遇，而罗斯福将这种精神带进了他的总统生涯。

甚至在他就任总统以后，罗斯福还特别嘱咐手下："牛仔可随时来找我。"

泰迪·罗斯福投身于狂野西部所能赐予的最后一场大冒险，他成功扮演了西部神话中的每一种英雄角色。这是机遇、环境与个人三者的因缘巧合。西部荒野的非凡经历铸就了泰迪·罗斯福的非凡个性。

1903年，罗斯福作为美国总统重返梅多拉。下车以后，他对随行的约翰·巴洛斯（John Burroughs）说："我对这片土地了如指掌。我曾骑马经过、狩猎路过、步行穿过这里，我熟悉这里的四季和天气——这里就像是我的家。”

罗斯福很认可这段西部生活对于他个人成长的意义。在成为美国总统后，他曾经这样感叹：“要不是在北达科他经历了那些艰难岁月，我想我永远也不可能成为美国总统。”①

锻造总统之才的历程始于 1883 年。那时，美国的拓荒时代将近尾声，一位疾病缠身的年轻男子，来到这片恶土荒原，试图摆脱丧妻、丧母和事业挫败的困厄，恢复元气，东山再起。

西奥多·罗斯福与西部荒野的交融以及他的一系列冒险经历，对他后来的人生有着深远的影响。就像优秀小说那样，重要的是过程而不是结局。作为这些冒险历程的主人公，本身是一位作家，他因此能够用自己的话概括这段西部岁月。而对青春岁月的回顾，正好揭示了他对那段生命历程的感悟：

> 那片土地当时还是狂野西部，辽远的西部，是欧文·威斯特（Owen Wister）的小说、弗雷德里克·雷明顿（Frederic Remington）的画作所表现的西部，是印第安人、野牛捕猎者、士兵和牧牛工的西部荒野。
>
> 西部的那片土地如今永远地消失了，“就像那消失得无影无踪的亚特兰蒂斯帝国”，隐没到属于鬼魂和奇怪的死亡记忆之岛上去了。这里到处是寂静的旷野，孤独的河流，还有对擦身而过的游骑猎人熟视无睹的野生动物。
>
> 那是一片有牧牛场零星分布、属于那些敢于直面生死

① 莫里斯·埃德蒙德：《西奥多·罗斯福的崛起》，纽约：兰登书屋，1979 年，第 378 页。

> 的鲁莽骑手的土地。在那片土地上，我们过着自由而艰辛的生活，有马儿和猎枪相伴。我们曾经在仲夏的烈日下劳作，广阔平原热气氤氲、微微颤抖；在晚秋赶拢牛群时，我们有过彻夜骑行于寒风中的狼狈经历。
>
> 在柔和的春季，每一个夜晚我们都在灿烂星空下安然入梦；在冬季，我们骑行在遮天蔽日的暴风雪中，雪片砸在脸上火烧似的痛。
>
> 在那些单调的日子里，我们曾经驱赶着牛群，艰难缓慢前行；当我们成功阻止牛群踩踏，或顺利将它们带离充斥流沙或浮冰的凶险河流之后，也会感受到短至几分钟、长到数小时的兴奋。
>
> 我们深味劳碌、艰辛、饥饿与焦渴；我们亲见人们在侍弄牛马时，或在相互仇杀中暴毙；我们也感受到艰苦生活的脉动，而劳作的荣耀和生活的欢愉，终归于我们。[①]

1919年1月6日，泰迪·罗斯福因肺部血栓在熟睡中辞世，享年60周岁。他的小儿子阿奇博尔德·罗斯福给四个哥哥发电报说："老狮子去世了。"

副总统托马斯·马歇尔（Thomas Riley Marshall）这样总结罗斯福的辞世："死神不得不趁罗斯福熟睡时将他带走；假如罗斯福醒着，他俩一定会打起来。"

是真的，"最后的牛仔"一定会奋斗到死。

---

① 《西奥多·罗斯福自传》：纽约：查尔斯·斯克里布纳尔森出版社，1921年，第94—95页。

参考文献

劳伦斯·艾博特：《西奥多·罗斯福印象》，纽约：双日出版集团，1919年。

霍华德·K. 贝耶尔：《西奥多·罗斯福和美国崛起为全球大国》，巴尔的摩：约翰·霍普金斯大学出版社，1956年。

约瑟夫·巴克林·毕夏普：《西奥多·罗斯福和他的时代》，纽约：查尔斯·斯克里布纳尔森出版社，1920年。

H.W. 布兰兹：《西奥多·罗斯福：最后的浪漫主义者》，纽约：蓓基出版社，1997年。

道格拉斯·布林克利：《荒野勇士》，纽约：哈珀·柯林斯出版集团，2009年。

大卫·波尔顿：《西奥多·罗斯福：自信的帝国主义者》，费城：宾夕法尼亚大学出版社，1968年。

迈克尔·R. 坎菲尔德：《西奥多·罗斯福在野外》，芝加哥：芝加哥大学出版社，2015年。

保罗·卡特赖特：《博物学家西奥多·罗斯福》，纽约：哈珀出版社，1956年。

凯思琳·道尔顿：《西奥多·罗斯福：奋发有为的人生》，纽约：艾尔弗雷德·A. 克诺夫出版社，2002年。

罗杰·L. 迪西尔维斯多：《西奥多·罗斯福在恶土荒原》，纽约：沃克出版公司，2011 年。

丹·埃利什：《西奥多·罗斯福》，纽约：马歇尔·卡文迪什基准出版社，2008 年。

赫尔曼·哈根顿：《罗斯福在恶土荒原》，纽约：霍顿·米夫林出版公司，1921 年。

赫尔曼·哈根顿：《少年时代的西奥多·罗斯福》，纽约：哈珀出版社，1928 年。

费迪南德·考尔·埃格尔哈特：《我所了解的西奥多·罗斯福》，纽约：1919 年。

斯蒂凡·洛兰特：《西奥多·罗斯福的人生与时代》，纽约：双日出版集团，1959 年。

大卫·麦卡乐：《马背清晨》，纽约：西蒙·舒斯特出版集团，1981 年。

坎迪斯·米勒德：《怀疑之河》，纽约：安科尔图书公司，2005 年。

内森·米勒：《西奥多·罗斯福的一生》，纽约：威廉·莫洛出版社，1992 年。

埃德蒙德·莫里森：《西奥多·罗斯福的崛起》，纽约：兰登书屋，1979 年。

乔治·莫里：《西奥多·罗斯福的年代与现代美国的诞生》，纽约：哈珀罗出版社，1958 年。

卡尔顿·普特南：《西奥多·罗斯福》（卷一：形成时期），纽约：查尔斯·斯克里布纳尔森出版社，1958 年。

爱德华·勒内翰:《狮子的骄傲:西奥多·罗斯福和他的家族》,纽约:美国牛津大学出版社,1998 年。

科琳·罗斯福·罗宾森:《我的哥哥西奥多·罗斯福》,纽约:斯克里布纳尔出版社,1921 年。

克米特·罗斯福:《漫长的道路》,纽约:大都会出版社,1921 年。

西奥多·罗斯福:《都是一家人》,纽约:乔·帕·普特南森出版公司,1929 年。

西奥多·罗斯福:《西奥多·罗斯福自传》,纽约:查尔斯·斯克里布纳尔森出版社,1921 年。

西奥多·罗斯福:《大牧场主狩猎指南》,纽约:乔·帕·普特南森出版公司,1885 年。

西奥多·罗斯福:《西奥多·罗斯福书信集》,E.E. 莫里森编辑,坎布里奇,马萨诸塞州,哈佛大学出版社,1951 年。

西奥多·罗斯福:《牧场生活与狩猎之道》,纽约:百年出版公司,1899 年。

西奥多·罗斯福:《西奥多·罗斯福书信选辑》,H.W. 布兰兹编辑,纽约:库珀·斯贵尔出版社,2001 年。

西奥多·罗斯福:《奋发有为的人生》,纽约:百年出版公司,1904 年。

西奥多·罗斯福:《西奥多·罗斯福青少年时代的日记》,纽约:查尔斯·斯克里布纳尔森出版社,1924 年。

西奥多·罗斯福:《荒野猎人》,纽约:乔·帕·普特南森出版公司,1893 年。

西奥多·罗斯福：《西奥多·罗斯福作品集》，纽约：乔·帕·普特南森出版公司，1893 年。

威廉·斯沃尔：《比尔·斯沃尔讲述西奥多·罗斯福的故事》，纽约：哈珀兄弟公司，1919 年。

威廉·罗斯科·赛耶：《西奥多·罗斯福的私密传记》，波士顿：霍顿·米夫林出版公司，1919 年。

弗里德里克·杰克逊·特纳：《美国历史上的边疆》，纽约：亨利·霍尔特出版公司，1921 年。

爱德华·瓦根内希特：《西奥多·罗斯福的七个世界》，纽约：朗文出版社，1958 年。

路易斯·华伦：《"水牛比尔"的美国》，纽约：艾尔弗雷德·埃·克诺夫出版社，2005 年。

欧文·威斯特：《罗斯福：一段友情》，纽约：麦克米伦出版公司，1930 年。

索　引

F

G

H

I

“星宿海”书目

书名	作者	定价
西奥多·罗斯福：西部狂野时代	〔美〕威廉·黑泽尔格鲁夫	58 元